PHILIPP RUCH

WENN NICHT WIR, WER DANN?

EIN POLITISCHES MANIFEST

W0040422

PHILIPP RUCH

WENN NICHT WIR, WER DANN?

EIN POLITISCHES MANIFEST

LUDWiG

Verlagsgruppe Random House FSC® N001967
Das für dieses Buch verwendete
FSC®-zertifizierte Papier *Super Snowbright*
liefert Hellefoss AS, Hokksund, Norwegen.

Originalausgabe 11/2015

Copyright © 2015 by Ludwig Verlag, München,
in der Verlagsgruppe Random House GmbH
Redaktion: Thomas Bertram
Umschlaggestaltung: Hauptmann & Kompanie
Werbeagentur, Zürich
Satz: Leingärtner, Nabburg
Druck und Bindung: CPI books GmbH, Leck
Printed in Germany
ISBN 978-3-453-28071-7

www.ludwig-verlag.de

Inhalt

Vorwort
Ein Zeitalter der politischen Schönheit

Im Juni 2004 fischte ein ausrangiertes Handelsschiff 37 Flüchtlinge aus dem Mittelmeer. Das Schiff war von einer Menschenrechtsorganisation eigens für den Zweck gechartert worden, Menschenleben zu retten. Nach der spektakulären Rettungsaktion schossen sich der italienische Staat, die deutschen Medien und die europäische Politik auf das Schiff ein. Es wurde von den italienischen Behörden beschlagnahmt und von der deutschen Öffentlichkeit verdammt und rettete keine einzige Menschenseele mehr. Es verging ein ganzes Jahrzehnt, bis die dramatische Lage der Flüchtlinge an den EU-Außengrenzen erneut ins Bewusstsein der europäischen Öffentlichkeit rückte.

Der Mann, der vielleicht eine Art Seismograph des humanistischen Gewissens und Handelns in Deutschland ist, Rupert Neudeck, beobachtete und erkannte die dramatische Lage auf dem Mittelmeer bereits 2004. Mit seiner korrekten Einschätzung der politischen Lage kam er aber nicht an gegen das Dehydrieren, das Ertrinken, das Überfahrenwerden Hunderttausender Menschen, die sich eigentlich voller Hoffnung in ein neues Leben aufmachen. Inzwischen hält das Massensterben auf dem Mittelmeer schon über ein Jahrzehnt an. Aber auch jetzt, wo die Bilder der überfüllten Flüchtlingsschiffe sich ins kollektive Gedächtnis brennen, ist es die Verteidigungsministerin, die dem Hauptverantwortlichen für die Katastrophe, Thomas de Maizière, in den Rücken fällt, und nicht eine entschlossene deutsche Zivilgesellschaft. Während der Innenminister auf Grenzabschottung und harte Rückführung von »Zugängen«, wie er Flüchtlinge mit Vorliebe nennt, setzt, schickt Ursula von der Leyen das letzte Aufgebot der deutschen Marine, um Menschenleben zu retten – Kriegsschiffe werden zu Rettungsbooten, genau wie ein Jahr zuvor, als die italienische Marine sich kurzerhand der europäischen Humanität annahm und 150 000 Menschen das Leben rettete. Die italienische Marine hätte dafür den Friedensnobelpreis verdient.

Aber wo bleiben die Menschenrechtler, die gegen die militärische Grenzabschottung protestieren? Humanität heißt, alles in seiner Macht Stehende zu tun, um Menschen nicht sterben zu lassen, alle politisch verfügbaren Ressourcen zu mobilisieren, um Menschenleben zu retten. Denn dafür sind sie letztlich da, die deutsche Marine, die Außenpolitik, der Menschenrechtsausschuss des Bundestages, die großen Menschenrechtsorganisationen.

Dieses Buch richtet sich nicht an jene Menschen, die, wie Rupert Neudeck oder Elias Bierdel, seit mehr als einem Jahrzehnt auf die Tragödie im Mittelmeer aufmerksam machen. Es richtet sich nicht an die Kassandras unserer Zeit, die seit 2004 rufen; Jean Ziegler, Harald Glöde, der unermüdlich einen kleinen Verein namens »Borderline Europe« leitet, Marily Stroux, die 2010 im griechischen Hinterland über Massengräber stolpert, in denen Hunderte ertrunkener Flüchtlinge verscharrt wurden, oder den Unternehmer Harald Höppner, der ein Schiff charterte, um Auswandernden das Leben zu retten.

Dieses Buch richtet sich vielmehr an all jene, die glauben, in dieser Welt nichts ausrichten zu können, die überzeugt davon sind, dass es auf sie nicht ankommt und dass sie keinen Unterschied machen. Dieses Buch ist aus unzähligen Gesprächen mit jungen Menschen, *Landlust*-Lesern und Bilderbuch-Biobauern hervorgegangen. Es sind mitunter Menschen, die aufs Land gezogen sind, weil sie glauben, dort glücklicher zu werden als in der städtischen Gesellschaft oder mit der Politik. Diese Menschen sind entmutigt, fühlen sich wertlos, sind manchmal verzweifelt. Sie versuchen, im Kleinen ihre Position in der Welt zu finden. Dieses Buch taucht ein in ihre Vorstellungswelt und schöpft aus einem ganzen Fundus von Gesprächen mit jenen, die im landläufigen Sinne als die *Unpolitischen* bezeichnet werden: Nichtwähler, Träumer, Verunsicherte, Politikverstoßene, Eskapisten.

Mit diesen Menschen habe ich nächtelang, wochenlang, teilweise jahrelang debattiert, sie beobachtet, ihre Aufzeichnungen gelesen und mich mit ihren Ideen und Ansichten beschäftigt. Diese Ideen stellen für einen politischen Philosophen eine Herausforderung dar, weil sie mit der Ideengeschichte oftmals unvereinbar sind – in der Regel handelt es sich um puren Eklektizismus. Aber kann man einem Menschen wirklich vorwerfen, dass seine intellektuelle Verarbeitung von Sigmund Freud oder Jean-Jacques Rousseau, von Thomas Hobbes oder Max Weber nicht der reinen Lehre entspricht? Im Laufe der Zeit amalgamieren sich Konzepte und Ansichten zu einer amorphen Masse, das ist unvermeidlich. Wir sind gezwungen, uns unsere Welt zurechtzulegen. Wir sind gezwungen, uns eine Vorstellung von der Welt und von uns selbst zu machen. Dass diese Vorstellungen mitunter nicht mit den großen Strängen der Ideengeschichte übereinstimmen, ist verständlich. Dennoch geht es um mehr.

Ich habe versucht, all jene Vorstellungen in dieses Buch zu legen, die mir als ursächlich für Unmut, Ohnmacht und Teilnahmslosigkeit erscheinen. Ich nenne sie toxische Ideen. Es gibt Vorstellungen, Gefühle und Anschauungen, die uns vergiften, weil sie uns voneinander trennen. Sie führen zu einer Zersprengung der Öffentlichkeit, die der Katastrophe auf dem Mittelmeer seelenruhig zusehen kann – und dort nichts mehr sieht. Wenige verstehen überhaupt, was diese Katastrophe mit uns zu tun hat. Was sie aus uns macht. Das Ausmaß an Gleichgültigkeit benötigt eine Toxikologie. Wenn dieses Buch an der Herstellung einer zeit- und ortlosen Öffentlichkeit – an dem, was mutige Denker einst als *Menschheit* bezeichneten – mitwirken kann, hat es sein Ziel schon erreicht. Mit Menschheit sind wir alle gemeint. Sie schlummert in jedem Einzelnen von uns. Aber sie ist ein politischer Fixstern, der seit zwei Jahrzehnten bedrohlich sinkt.

Das Blumenmeer nach dem Tod von Lady Di oder Michael Jackson, die Massenaufläufe bei königlichen Hochzeiten, mit Liveübertragungen auf allen Kanälen, der mediale Crash vor einer Klinik, in der Michael Schumacher liegt – diese medialen Ikonen unserer modernen Anteilnahme sind die passenden Kontrastfolien zur Teilnahmslosigkeit gegenüber den Mittelmeertoten. Die Bilder der Särge passen so gar nicht zu dem Bild, das wir von uns selbst haben. Sie verkörpern das Kollabieren unseres Anspruchs auf moralischen Fortschritt. Das gilt auch im umfassenderen Sinn.

Wurden wir schon einmal in Gruppen zusammengetrieben? Hatten wir schon einmal Angst, an Ort und Stelle vergewaltigt zu werden? Haben wir schon einmal unsere eigene Vernichtung gefürchtet? Das größte Infrastrukturprojekt unserer Zeit ist eine gigantische Schallmauer um Europa herum. Dieser Schallschutz ist mentaler Art und schützt uns davor, die Hilfeschreie weiter hören zu müssen. Wir wollen nicht zum Ort der Schreie und Leiden dieser Welt werden. Wir wollen selbst noch etwas zum Schreien und Leiden haben.

Waren wir schon einmal vollkommen rechtlos? Hat schon einmal jemand auf uns geschossen? Ist unsere Mutter schon einmal beinahe verhungert, weil sie uns durchfüttern wollte? Glaubten wir schon einmal, der Tod wäre die Erlösung? Dass Millionen Menschen auf ihren Sofas dahinschlummern, in Gedanken vielleicht bei nichts anderem als ihrer Reisekrankenversicherung, während die Fernsehnachrichten ihnen in drastischen Bildern zeigen, welches Inferno sich in Syrien abspielt, macht uns zu einer Zivilisation mit hässlichen Zügen. Ich will in so einem Land eigentlich nicht leben. Wie sollen wir der nächsten Generation erklären, dass wir die Mittel besaßen, Krieg, Hinrichtung, Vergewaltigung und Hunger zu stoppen, uns aber nicht dazu durchringen konnten, etwas zu tun?

Was wird den Historikern am Ende des 21. Jahrhunderts an uns auffallen? Was werden sie in uns sehen? Sie werden eine Selbstbezogenheit in den reichen Nationen dieser Erde feststellen, die ihnen steinzeitlich vorkommen wird, eine Selbstbezogenheit, die so gar nicht zum kosmopolitischen Geist und den humanistischen Idealen passt, mit denen wir uns brüsten. Vermutlich werden uns die Historiker am Ende des 21. Jahrhunderts als »die Primitiven« titulieren: »Sie hörten die Hilfeschreie nicht, trotz weltumspannender Kommunikationskanäle. Sie fanden, dass sie das alles nichts anginge. Sie leisteten den Geflüchteten, den Verwundeten, den Traumatisierten, keine Gastfreundschaft. Sie sahen die Narben des Krieges nicht. Sie kümmerten sich um sich selbst.« – Wer nur sich selber liebt, missbraucht das Leben, meinte Shakespeare.

Ich bin aufgewachsen in einer Welt, die sich mehr oder weniger um Partys drehte. Die Gedanken gut gekleideter, aufgehübschter junger Menschen kreisten um nicht viel mehr als um die Frage, wohin man ab Donnerstag ausging. Wenn man sie gefragt hätte, was sie beruflich machen, hätten sie guten Gewissens antworten können: »Feiern!« Feiern war für die meisten eine professionelle Angelegenheit. Doch viele kamen schnell dahinter, dass es eigentlich nichts zu feiern gab. Dass das Scheinwerferlicht auf der Tanzfläche gegen die Wirklichkeit anstrahlte. Dass es Dinge gab, die unsere volle Kraft und Energie viel eher verdienten.

Unsere Zeit wäre geradezu prädestiniert, Menschen mit herausragenden moralischen Qualitäten hervorzubringen, Politikerinnen und Politiker, die ihr Handeln daran orientieren, was politisch, historisch und moralisch »schön« ist. Schaut man sich die Nachrichten an, wäre nichts dringender als Menschen, die Probleme ernsthaft anpackten. In Deutschland hätten wir die Mittel und die Sicherheit, uns ohne Gefährdung unseres Lebens für die Menschheit einzusetzen.

Aber gerade jetzt, wo der Kampf um Menschenrechte und Humanismus so einfach geworden ist, scheinen Politik und Öffentlichkeit jedes Interesse daran verloren zu haben. Die Geschwister Scholl wurden vom NS-Regime hingerichtet, nur weil sie sechs Flugblätter gegen Hitler verteilt hatten. Ossip Mandelstam kostete ein Gedicht gegen Stalin zunächst die Freiheit, später das Leben. Heute werden russische Dissidenten in Fahrstühlen exekutiert. Chinesische Oppositionelle vegetieren in Gefängniszellen dahin. Im Kongo verschleppt der Geheimdienst Menschenrechtler, die dann »versehentlich« sterben. In Deutschland hat sich derweil eine historische Sensation ereignet: Es ist schwierig geworden, für sechs Flugblätter, Bücher oder Gedichte verfolgt, verhaftet oder ermordet zu werden. Das wiedervereinigte Deutschland müsste und könnte ein Eldorado der Menschenrechtsbewegungen sein. Große Menschenrechtler könnten darum ringen, die Menschheit zu retten. Die Bundesrepublik hätte die Kraft, bewundernswerte Menschen hervorzubringen, die Großes im Sinn hätten und täten. Für die verfassungsmäßigen Rechte, die alle Aktivitäten rund um den Schutz der Menschheit garantieren, ist viel Blut geflossen. Während die Freiräume geschaffen und die Gesetze verabschiedet wurden, die Druckereien, öffentlichen Plätze und Zeitungen vorhanden sind, fehlt eigentlich nur noch eines: der Menschenrechtler selbst. Und zwar seit mehr als 25 Jahren.

Beim politisch-humanistischen Willen herrscht zurzeit Windstille. Unseren Politikern mangelt es an Visionen, sie sind von Ratlosigkeit gezeichnet. Sie wissen nicht, was zu tun ist. Merkels Schulterzucken ist die Pathosformel einer zielentleerten und stillgestellten Zeit. Was Politiker tun könnten, interessiert sie offenbar nicht. Viele scheinen das Wort »Schönheit« nicht einmal zu verstehen. Aber wenn man es gegen den Begriff »Politik« schlägt, erzeugt es den Funken einer Revolution.

In der politischen Wissenschaft werden jedes Jahr ganze Berge von Arbeiten über das Verhältnis von »Politik und Religion« geschrieben. Aber es gibt keine einzige Abhandlung zum Verhältnis von Politik und Schönheit. Wie kann es sein, dass der politische Einfluss des hinterletzten religiösen Spinners *en détail* aufgearbeitet wird, während uns über die politische Wirkung oder über den gesellschaftlichen Einfluss von Schönheit selbst elementare Erkenntnisse fehlen? Die Politik kennt das Wort Schönheit nicht mehr. Sie muss es lernen.

Politik wird als hässliches Geschäft wahrgenommen. Macht, Intrigen, Auftragsmorde, Korruption, Schmutzkampagnen. Wo soll da der Sauerstoff für Schönheit sein? Es geht nicht darum, schlechte Zustände schönzureden oder Politik zu »ästhetisieren«. Ich schließe sogar aus, dass Ästhetik überhaupt etwas mit Schönheit zu tun hat. Es geht um die grundsätzlichen Ziele. Wenig von dem, was wir heute politisch wollen, bietet Stoff für große Literatur. Oder kann man sich einen Pindar für Merkel und ihre »großen Ideen« – die Abwrackprämie, Autobahn-Maut und CDU-Wahlprogramm – vorstellen?

Manche zweifeln: Wären visionäre Lichtgestalten nicht gerade in der Politik gefährlich? Diese Sorge ist zynisch. Es ist viel gefährlicher, die höchsten politischen Ämter eines Landes mit Mittelmäßigen und Langweilern zu besetzen. Zwischen 30 und 60 Prozent der Wahlberechtigten gehen mittlerweile nicht mehr zu den Urnen. Was sagt das über diejenigen aus, die Politik betreiben? Es ist an der Zeit, diese Wahlenthaltung persönlich zu nehmen. Sollten Historiker eines Tages den politischen Willen unserer Zeit beurteilen, dürfte das einer Bankrotterklärung gleichkommen. Was wollen wir erreichen? Erreichen, nicht verwalten! Zukünftige Generationen werden staunend vor dem Rätsel stehen, was diese Zeit eigentlich wollte. Wir haben unser politisches Wollen den Zufällen der Geschichte überlassen. Aber wo bleiben unsere eigenen Antworten?

Was werden die Archivare über uns im Jahr 2099 herausrücken? Läuft unser ganzes politisches Wollen auf die Inzahlungnahme alter Autos hinaus? Dieser Politik ist der Sinn für Größe, Kraft und Schönheit abhanden gekommen. Wir leben in einer Trockenphase der Weltgeschichte. Es gilt, sie mit Schönheit zu tränken.

Die meisten Politiker sind so eingespannt in ihre Welt, dass sie nicht dazu kommen, sich den wirklich wichtigen Fragen zu stellen. Was will ich erreichen? Wofür will ich einmal stehen? Welches ist die größte Tat, mit der mein Name einst verbunden werden soll? Mangelnde Zeit frisst oft, was uns wichtig ist und uns am Herzen liegt. Doch die Zeit für dieses Nachdenken müssen wir uns nehmen. Es gilt, Ideen wachzurütteln. Und sie müssen von strahlender Schönheit sein.

In demokratischen Systemen ist das Politische ein Kampf der Worte. Denken wir an Parlamentsdebatten, Ansprachen und Wahlkämpfe. Wenn Politik aber ein Kampf der Worte ist, dann ist sie letztlich das Geschäft der Poesie und Schönheit. Von nichts ist die politische Gegenwart heute weiter entfernt: Die Sprache, die unsere Politiker sprechen, ist mutlos, uninspirierend und leer. Es ist viel die Rede von unpolitischen Bürgern. Aber dass Menschen nur politisch werden können, wenn Politik etwas in ihnen weckt, liegt auf der Hand. Ohne das Gefühl, Teil von etwas Bedeutsamen zu sein, gehen Menschen nicht wählen. Bürger politisiert man mit Mut, Wagnissen und Visionen. Politik ist ein Epos, das überzeugen muss.

Den politischen Zielsetzungen der großen Parteien fehlt es spürbar an Größe, Visionen, Mut und Schönheit. Die Abwesenheit an Schönheit und Seelengröße bei jenen, die man der Bevölkerung als Kandidaten für das Amt des Bundeskanzlers präsentiert, machen mich sprachlos. Wenn die Wahlbeteiligung auf neue historische Tiefstände fällt, liegt ein Schlüssel zur Erklärung in der politischen Blindheit für das Schöne. Man kann Menschen nicht für dumm verkaufen. Das Kanzleramt beinhaltet den wichtigsten Job im drittmächtigsten

Land der Welt. Wer denkt da ernsthaft an Angela Merkel, die beim ersten Mal eher unabsichtlich gewählt wurde und dann von ihrem Koalitionspartner mit weiterem uninspirierenden Personal als alternativlos zementiert wurde. Wofür genau will Merkel in die Geschichtsbücher eingehen? Wofür steht ihre Regierung? Merkel wird gerne als die mächtigste Frau der Welt bezeichnet. Was weiß sie mit dieser Macht anzufangen? Was hat sie aus diesem Land gemacht? Offenbar versteht sie es, den Status quo zu bewahren. Aber für die drängenden Probleme des 21. Jahrhunderts hat sie nur ein Schulterzucken übrig.

Ich traue der deutschen Bevölkerung eine absichtsvolle Politik zu. An der Person Merkel sind aber beim besten Willen keine Absichten zu erkennen. Da ist jemand zufällig in ein Amt gerutscht, statt von den Deutschen gezielt hineingewählt worden zu sein. Das Problem ist, dass Merkel das missversteht und glaubt, das Volk habe *sie* gemeint. Merkels Nominierung ist eine Metapher für die Orientierungslosigkeit Deutschlands im Jahr 2005. Damit sich diese Ratlosigkeit nicht fortsetzt, damit das Volk in einer Wahl überhaupt die Möglichkeit bekommt, Absichten zu bekunden, brauchen wir Entwürfe für das, was politisch schön wäre.

Wer im *Zedler,* einem der frühesten Lexika der Aufklärung, den Eintrag »Wort« nachschlägt, kann sich nur die Augen reiben, wie akribisch dort die Macht der Worte dargelegt ist. Das Problem scheint zu sein, dass wir heute noch in den faustischen Oppositionsbegriffen von Welt und Buch denken. Worte, Kunst und Vorstellungen scheinen zu einer Bücherwelt zu gehören, der grundsätzlich jeder Einfluss auf die »Welt« abgesprochen wird. Ich kenne eine Menge Leute, die ernsthaft glauben, Bücher würden sie von der Welt und vom Leben *trennen* – und nicht sie ihnen näherbringen. Dieselben Menschen, die den Kopf darüber schütteln, wie man meinen konnte, die Welt sei eine Scheibe, erliegen heute viel gravierenderen Wahrnehmungsstörungen.

Die Romantiker mögen sich durch Tatenlosigkeit auszeichnen – viele schöne Bücher, nicht eine einzige schöne Tat. Wir können uns an der Schönheit sattsehen und ihre Wirkung durch Genuss abfedern. Aber keine schöne Tat kommt uns veraltet oder zu oft vor, wie

Jean Paul schrieb. Und über den »moralischen Zauber und Genuss« herrscht keine Zeit. Heute ist klar, dass die junge Generation für ihre Opposition gegen die alte ein großes Schlagwort braucht. Alle großen Schlagwörter wurden aus einer Ahnung geboren. Alle großen Manifeste, die ganze Jahrhunderte angeführt haben, begannen mit einer Ahnung. Schönheit ist eine dieser Ahnungen, die niet- und nagelfest gemacht werden kann.

Dafür müssen wir aber bereit sein, uns von dem zu trennen, was uns hässlich macht. Darunter fallen toxische Vorstellungen ebenso wie korrupte Waffenfabriken. Deutschland besitzt heute die drittgrößte Rüstungsindustrie weltweit. Das ist eine Beleidigung unserer politischen Intelligenz. Wie der Export von Waffen in die totalitärsten Regime dieser Welt mit der deutschen Geschichte zu vereinbaren ist, hat noch kein Politiker plausibel darlegen können. Die kommerzielle Produktion von Waffen auf deutschem Staatsgebiet muss endlich gesetzlich verboten und unter Strafe gestellt werden. Es gibt Dinge, die dürfen nichts mit Märkten, Umsätzen und Gewinnen zu tun haben. Warum sollte eines der reichsten Länder der Welt Geld mit der Vernichtung von Menschenleben verdienen? Warum sitzen deutsche Ingenieure an ihren Schreibtischen und ersinnen immer perfidere »Spitzentechnologie« zur Tötung von Menschen?

Die Formel von den Deutschen als Volk der Dichter und Denker stammt von Wolfgang Menzel. Menzel schrieb 1836: »Die Deutschen thun nicht viel, aber sie schreiben desto mehr. [...] Das sinnige deutsche Volk liebt es zu denken und zu dichten, und zum Schreiben hat es immer Zeit. [...] Was wir in der einen Hand haben mögen, in der anderen Hand haben wir immer ein Buch.« In 179 Jahren hat sich doch einiges getan. Statt der Bücher halten die Menschen heute Smartphones in der Hand, und statt zu dichten und zu denken, produzieren und exportieren sie Waffen. Wer in einem der zahllosen Kriegsgebiete dieser Welt nachfragt, wofür »Made in Germany« steht, erhält nicht die Antwort BMW oder Mercedes, sondern: G3. Das G3 ist das weltweit meistverkaufte Gewehr nach der Kalaschnikow. Wir sind maßgeblich an der Weiterentwicklung, der Herstellung und dem Export von Tötungstechnologie beteiligt. Wer weiß, was all die Rüstungsingenieure in der Energiewende erreicht hätten?

Ahnen wir, was uns in den kommenden Jahrzehnten bevorsteht? Was geschieht, wenn es noch in unserer Generation zu den Ereignissen kommt, die ich als die »Großen Katastrophen« bezeichne? Was wissen wir von den großen Völkermorden, die uns in Asien und Afrika erwarten? Wir leben im Anbruch des genozidalsten Jahrhunderts der Weltgeschichte. Welche Regierungsstelle im Land der Holocausttäter befasst sich mit der Verhinderung der neuen Völkermorde? Wurden angesichts der Massentötungen in Syrien Sonderstäbe im Kanzleramt eingerichtet? Hat man versucht, auch nur ein einziges Menschenleben aus dem Kriegsgebiet zu retten? An welcher Stelle ist Merkel gegen die Vernichtung von mindestens 200 000 Menschen eingeschritten und hat die Bevölkerung aufgerüttelt? Die Frage der Menschenrechte ist eine Frage des Einsatzes der eigenen Rechte zum Schutz der Rechtlosen und Entrechteten. Sonst haben *wir* diese Rechte nicht verdient. Die eigenen Rechte verkörpern ein überhistorisches Gewissen. Wie können wir glauben, diese Rechte zu verdienen, wenn wir nicht alles in unserer Macht Stehende tun, damit sie allen gewährt werden? Wir brauchen Widerstand im Namen der Humanität Europas. Wir müssen uns schützend vor die Untaten unserer Politiker stellen.

Als die Literaturnobelpreisträgerin Doris Lessing vor mehr als einem Vierteljahrhundert Afghanistan bereiste, geriet sie an die Frontlinie eines erbitterten, asymmetrischen Krieges, eines Krieges, in dem modernste Hightech- gegen Steinzeitwaffen standen. In Peschawar stieß Lessing auf einen Kommandanten der Mudschahedin, der klagte: »Wir schreien um Hilfe, doch der Wind weht unsere Worte fort.«

Dieser Satz hat seit über 25 Jahren nichts von seiner Aktualität eingebüßt. Es scheint, als erreichten den Westen Hilfeschreie nicht mehr. Die universale Auffassung von Verbrechen war, dass sie jeder Mensch unter jedem Himmel hört. Die neue Wirklichkeit scheint zu sein: Es hört sie keiner unter keinem Himmel. Als zählten Hilferufe nicht. Als würden Worte auf dem Transportweg zwischen den neuen Genoziden und unserer Wohlstandswelt vom Winde verweht.

Man muss es so hart ausdrücken: Es ist unser Wegschauen, das Menschen *rechtlos* macht. Der 5. Juni 2009 ist ein Tag, den ich nie vergessen werde. Angela Merkel besucht an der Seite von US-Präsident Barack Obama das Konzentrationslager Buchenwald. Neben den beiden »Mächtigen« der Welt wandelt einer der einflussreichsten Überlebenden des Holocaust: Elie Wiesel. Wiesel gründete inmitten des Völkermords in Bosnien-Herzegowina das Washingtoner Holocaust Museum. Und als im Frühjahr 1993 die versammelte Weltgemeinschaft anmarschierte (darunter Bill Clinton, Al Gore und Roman Herzog), schmetterte er den Politikern ins Gesicht, dass es keinen Sinn habe, hier zu sitzen und an das Blutbad der Nazis zu erinnern, wenn auf dem Balkan ein ebensolches neues Blutbad tobe. Er flehte den US-Präsidenten vor aller Augen sichtlich bewegt an: »Bitte stoppen Sie das Blutbad in diesem Land!« Das ist Elie Wiesel. Als Merkel am 5. Juni 2009 mit Obama aus dem Konzentrationslager Buchenwald tritt, darf auf der anschließenden Pressekonferenz auch Wiesel ein paar Worte sagen. Merkel wirkte während der Worte Wiesels auf eine panische Weise orientierungslos, als ginge sie das alles nichts an. Sie dürfte bis heute nicht verstanden haben, was dieser komische Kauz eigentlich wollte.

Für unsere Zeit ist die Abwesenheit großer Visionen charakteristisch. Große Visionen als erstes Anzeichen für die Notwendigkeit einer psychiatrischen Einweisung zu sehen, wie es ein ehemaliger Bundeskanzler unter großem Beifall der Intellektuellen einst tat, beschreibt bereits einen Gutteil unserer geistigen Verfassung. Merkel versprüht nicht den Charme einer Frau, die die Menschheit leidenschaftlich in eine bessere Zeit steuern wird. Auch die EU fällt mehr durch bürokratische Kleinkriege, umstrittene Wirtschaftsförderungen und eine brutale Flüchtlingspolitik auf als durch Haltung, Anstand und Großzügigkeit. Die Bürger danken es mit niedriger Wahlbeteiligung und an Hass grenzenden Ressentiments. Die Macht von Visionen wird notorisch unterschätzt. Visionen und Ziele geben Kraft und schützen davor zu fallen. Wer sich einer Vision verschreibt, für den wird die Frage nach der Sinnhaftigkeit der Welt obsolet. Eine beispiellose Visions- und Ziellosigkeit hält unser Zeitalter im Würgegriff oder besser: hat die Zeit ausgerenkt. Es kommt darauf an, sie wieder einzurenken. Visionen und Ziele verleihen die dazu notwendige Kraft.

Die geistige Armut der Seele und der Wunsch nach einer leidenschaftlichen Zukunft treiben junge Europäer seit Neuestem in die Arme politischer Fundamentalisten. Deutschland, Europa und dem Westen den Rücken kehrend, kämpfen sie im Wüstensand für eine neue Gesellschaftsordnung und opfern dafür bereitwillig ihr Leben. Mit dem Primat der Leidenschaftlichkeit glauben diese Fanatiker wenigstens an etwas. Glauben, um des Glaubens willen. Fühlen, um des Fühlens willen. Nicht öffentlicher Alkoholkonsum oder die Freizügigkeit unserer Gesellschaft ist es, was diese jungen Männer abstößt. Es ist im Kern die politische Visionslosigkeit. Die Gleichgültigkeit, mit der wir unsere eigenen Ideale »vertreten«. Die Widersprüche zwischen den Grundsätzen unserer Verfassung und der Realität derer, die diese Verfassung leben und Menschen unabhängig von ihrer Herkunft gleich gut behandeln sollen, sind himmelschreiend.

Da ist das Schicksal Ali Rezas. Die Saat seiner Frage genügt, um Sturm zu ernten. Reza flüchtete aus einem Land, in dem auch deutsche Panzer nicht für Sicherheit sorgen konnten. Reza wurde in Deutschland als Erstes eingesperrt. Er hatte niemanden umgebracht und auch nichts geraubt. Sein Verbrechen war es, deutschen Boden betreten zu haben. Jede Zeit hat ihre humanistische Schlüsselfrage. Um 1500 war es die Bergung des antiken Denkens. Um 1700 war es die Verhinderung von Chaos, Krieg und Anarchie. Im vergangenen Jahrhundert war es der Kampf gegen den Nationalsozialismus. Ali Reza gelang es in einem Interview, unserer Menschlichkeit mit wenigen Worten den Spiegel vorzuhalten: »Warum ist jemand auf der Welt, wenn es nirgendwo einen Platz für ihn gibt?«

Ist es wahr, dass es in Deutschland keinen Platz für Reza gibt? Könnten nicht, wenn wir wollten, Millionen Rezas in Deutschland Platz finden? Braucht Deutschland in den nächsten Jahrzehnten nicht Millionen Rezas, um nicht zu schrumpfen? *Gewollt zu werden* von einem Land, das nicht das eigene Heimatland ist, ist ein hohes, ein nobles und schönes politisches Ziel. Gewollt zu sein ist politisch zweierlei: die oberste Raison unserer parlamentarischen Demokratie und der erste Leitsatz all unserer humanistischen Ansprüche. Wenn wir Flüchtlinge einsperren und wie Kriminelle behandeln, haben wir die einfachsten mitmenschlichen Motive nicht verstanden. Dann müssen wir alle Humanität erst wieder erlernen. Wir leben in einer Zeit, die nicht will und selbst nicht einmal weiß, warum sie nicht will. Warum will Deutschland nicht? Es lohnt sich, auf Plakatflächen großflächig das Gesicht von Ali Reza zu zeigen, der die Passanten befragt: »Warum ist jemand auf der Welt, wenn es keinen Platz für ihn gibt?«

Jede konternde Antwort besteht aus den Mächten des Geizes, der Niedertracht, der Kleinlichkeit und der Angst. Alles Mächte, für die wir uns schämen müssten, hätten sie uns wirklich im Griff. »Warum wollt ihr mich nicht? Was habt ihr gegen mich, dass ihr euch hinter Bürokraten, hinter Regelungen und Gesetzen versteckt, die alle dazu führen, dass ich eingesperrt werde, meine besten Jahre hinter Gittern verbringe und der einzige Unterschied zum 20. Jahrhundert darin besteht, dass ich nicht hungern muss und dass ihr mich nicht wirklich töten wollt.«

Wie human ist die Vorstellung, dass in einem Land kein Platz für Menschen ist? Die Wirtschaft brummt, die obersten Arbeitgeberverbände klagen über Lehrstellen- und Fachkräftemangel, und die deutsche Bundesregierung wirbt mit einem Millionenetat in Fernost für Pflegekräfte, die den Betrieb der deutschen Altersheime sichern sollen. Gleichzeitig versuchen Zehntausende syrischer Ärzte und Krankenpfleger auf mörderischen Wegen nach Deutschland zu gelangen. Diese moralische Schizophrenie werde ich niemals verstehen. *Wir* sind es, die in Wirklichkeit an Ali Reza zugrunde gehen. Nicht so schnell, dass wir es gleich merken würden. Es ist ein schleichender Verfall. Zuerst kippt die Produktivität, dann die Innovation, dann das BIP und schließlich die Rentenkasse, dann kippen die Altersheime, die Klärwerke. Deutschland schrumpft jährlich um 300 000 Menschen. Wahrscheinlich ist die Einwohnerzahl längst unter die magische 80-Millionen-Grenze gefallen. Aber für Ali Reza bleibt kein Platz. Warum genau kein Platz ist, wenn ganze Landstriche verfallen, darüber wird nirgends diskutiert. Rezas Frage stellt unser Lügengebilde bloß. Vor dieser Frage wird sich unser Zeitalter einst rechtfertigen müssen: Warum wollten wir ihn nicht?

Wir leben in einer Zeit, der der Glaube an das eigene Tun abhanden gekommen ist. Es ist die Zeit der großen Verwalter. Politik wird verwaltet. Wohlstand wird verwaltet. Flüchtlinge werden verwaltet. Wir, mit einer so bedeutenden wie einzigartigen Vergangenheit, stehen vor dem Abgrund. Unsere Epoche ist gezeichnet vom Gefühl der Machtlosigkeit, sei es im Hinblick auf den Krieg in der Ukraine, auf Ebola oder weil wir in der Telefon-Hotline nie jemanden erreichen, der uns hilft. Mit einer seltsamen Hoffnung auf die Kräfte der Wirtschaft und der Unterhaltungsindustrie scheinen wir das Ende der Geschichte einzuläuten. Dass das höchste Bruttoinlandsprodukt der deutschen Geschichte und der berauschendste Freizeitpark den gefühlten Mangel an Handlungsfähigkeit ersetzen können, ist jedoch unwahrscheinlich. Folgerichtig prognostizieren die Zukunftsforscher eine Konjunktur der Religion. Nach all den freiheitlichen Errungenschaften der letzten Jahrhunderte wäre das ein bombastischer Rückschritt.

Die Ausrede »Man kann nichts tun« ist Symptom dieser Lage und Lüge zugleich. Wer sich einmal einsetzt, macht in der Regel die Erfahrung, dass er oder sie etwas bewegen kann. Diesen Weg geht auch das Zentrum für Politische Schönheit. Wo die Politik versagt, ist es die heilige Pflicht von Künstlern, Dichtern und Denkern, einzuspringen und das politische Vermächtnis dieser Zeit zu retten und das zu betreiben, was man im scharfen Kontrast zu Meinungsbildung politische »Sehnsuchtsbildung« nennen muss. Wir wollen nicht »Interessen«, »Meinungen« oder einen blindgefassten »Willen« ins Zentrum der Politik stellen, sondern Hoffnungen, Träume, Visionen. Es gilt, die verschütteten Ideale zu bergen, die vergrabenen Sehnsüchte, die unterdrückten Wünsche und verbrannten Hoffnungen.

Im Mai 2009 verübten wir vom Zentrum für Politische Schönheit auf Pferden einen Thesen-Anschlag am Hauptportal des Deutschen Bundestages. Eine These lautete: »Menschen werden nicht nur von Ursachen, sondern auch von Zielen bewegt. Schönheit, Größe und Vollkommenheit sind Ziele.« Eine andere: »Hoffnungen sind nicht dazu da, aufgegeben zu werden.« Hoffnungen sind ein gewaltiger Rohstoff. So bewirbt das Zentrum für Politische Schönheit in den

Strukturfonds der EU-Außengrenzen, der eigentlich Helikopter, Überwachungskameras und Kriegsmarine anschafft, seit 2009 eine Steinbrücke, die von Afrika nach Europa reichen soll. Ein Architekturbüro hat die Pläne für dieses Jahrhundertwerk der Humanität längst entworfen, damit niemand mehr auf dem Weg nach Europa (oder Afrika) ertrinken muss. Als wir als Ad-hoc-Maßnahme 1 000 fest verankerte Rettungsinseln auf dem Mittelmeer vorschlugen (»Seerosen für Afrika«), wurden wir gefragt, wem damit geholfen sei, wenn im Mittelmeer 1 000 Rettungsinseln schwappten. Unsere Antwort: »36 000 Menschen im Jahr. Fast einer halben Million pro Jahrzehnt. Gesetzt den Fall, dass die Flüchtlingswellen nicht zunehmen, wovon nur wenige ausgehen.« Das war 2009. Damals bauten wir in kleinen »technischen Abteilungen« Farbbomben und färbten deutsche Schwimm- und Freibäder rot, um auf das blutdurchtränkte Mittelmeer hinzuweisen. Wir wollten den Sarkophag, den man schützend über den Atomreaktor von Tschernobyl errichtet hat, über den drei größten Rüstungsfabriken Deutschlands errichten, damit keine tödlichen »Produkte« mehr den Fabriken entweichen. Was wir brauchen, ist eine mutige Politik. Wir wollen Deutschland die Hoffnung zurückgeben, die es mit Merkel, Kauder, Altmeier und all den anderen Spießgesellen verloren hat.

Aktionskunst versucht sich immer an der Rettung der Gesellschaft. Das Material des Bildhauers ist der Stein. Das Material des Aktionskünstlers ist die Gesellschaft. Wir wollen niemanden töten und keine Mauer wiedererrichten. Wir planen politische Unternehmungen, die der Nachwelt als Akte strahlender Schönheit, als Wohltaten der Menschheit erscheinen. Wir versuchen eine Epoche der politischen Schönheit, Größe und Poesie durchzusetzen. Manchmal entstehen historische Umbrüche aus Staubwirbeln. Manche behaupten, dass das Zentrum für Politische Schönheit diesen Wind sät.

Das Zentrum ist eine Ideen-, Gefühls- und Handlungsschmiede für Menschen, die anstreben, Schönes und Großes zu tun. Es betreibt seit Jahren eine parallele deutsche Außenpolitik. Momentan planen wir, in all die Länder zu reisen, die Merkel besuchen will. Wir landen dann jeweils eine Stunde vor ihr, um Deutschland ordentlich zu repräsentieren. Falls vom Buffet etwas übrig bleibt, darf die Kanzlerin sich gerne bedienen. 2010 präsentierten wir im Namen von 6000 Überlebenden des Genozids von Srebrenica ein Mahnmal gegen die Vereinten Nationen: die Säulen der Schande, hinter denen sich ganz Bosnien-Herzegowina versammelte. 2011 entlarvten wir das völlige Fehlen ethischer Grundsätze bei der Deutschen Bank. Ihr Pressesprecher geriet mit der Aussage auf unser Diktiergerät, dass die Menschen in Somalia selbst schuld seien, wenn sie sich die hohen Brotpreise nicht leisten könnten. Die Bank wollte klagen, aber das sorgte nur dafür, dass sich die herzlose Aussage millionenfach im Internet verbreitete. Entsetzlicher war aber eigentlich eine Aussage des Pressesprechers von Merkel, der behauptete, die Bundeskanzlerin könne akut nichts zum Hunger von über einer Milliarde Menschen sagen, weil es dafür »jetzt keinen Anlass gibt«. Danach gefragt, was er sich unter einem Anlass vorstelle, meinte er: eine Konferenz oder eine Tagung.

2012 sorgte das Zentrum für Politische Schönheit dafür, dass die verschwiegenen Waffenhändler des Leopard-II-Panzers bundesweit bekannt wurden. Der von der deutschen Regierung forcierte Deal mit Saudi-Arabien, mitten im Arabischen Frühling, platzte schließlich. Im vergangenen Jahr haben wir für die Bundesregierung ein komplettes Hilfsprogramm entwickelt – die »Kindertransporthilfe des Bundes«. Nach dem Vorbild der britischen Kindertransporte im Zweiten Weltkrieg, bei denen deutsch-jüdische Kinder aus Deutschland gerettet wurden, suchten wir im Auftrag der Bundesfamilienministerin deutsche Pflegefamilien, die bereit waren, syrische Kinder aufzunehmen. Wir wollten wenigstens ein Prozent der Kinder aus der Krisenregion retten, was 55000 Pflegefamilien entsprach. Wir wurden überwältigt von einer Welle der Hilfsbereitschaft, und allein in den ersten 48 Stunden meldeten sich über 1000 Familien an. Der Druck auf die Regierung wuchs, und sie musste uns, statt vor Gericht zu ziehen, ins Kanzleramt einladen.

Gute Politik sollte künstlerisch sein. Es gibt in diesem Land viele politische Künstler, aber keinen einzigen künstlerischen Politiker. Weil Akte politischer Schönheit so selten sind, versucht das Zentrum für Politische Schönheit, diese Handlungen aus den Flussläufen der Geschichte zu bergen. Kunst kann gesellschaftliche Konflikte nicht nur zur Detonation bringen. Sie kann auch mit ihrer Lösung experimentieren. Denk- und Handlungsverbote können im Medium des Theaters aufgelöst werden, um die höchste Form der Kunst in Szene zu setzen: gute – und schöne – Politik.

Aber das, was wir wirklich erreichen wollten, eine Agenda mutiger politischer Taten, haben wir längst nicht geschafft. Als wir zum Ersten Europäischen Mauerfall aufriefen, wurde das Gorki-Theater in Berlin von der Bundespolizei umstellt. Helikopter kreisten über dem Haus mit seiner wundervollen Intendantin und versuchten die Vorstellung zu beenden. Die Zeitungen titelten: »Die Außengrenzen der EU werden am Gorki-Theater in Berlin verteidigt.« Rund 100 Aktivisten gelang zwar der Ausbruch aus der Umkesselung, aber die EU-Außengrenze konnten sie, mit Bolzenschneidern ausgerüstet, aufgrund eines massiven europaweiten Polizeiaufgebots nicht abbauen. Dafür misslang allerdings auch das Ansinnen der Bundesregierung, den 25. Jahrestag des deutschen Mauerfalls als gegenwartsvergessenes Oktoberfestgedenken zu veranstalten. Die weißen Gedenkkreuze am Verlauf der ehemaligen Berliner Mauer flüchteten aus dem Hochsicherheitstrakt des Regierungsviertels an die EU-Außengrenzen – in einem Akt der Solidarität zu den neuen Mauertoten.

Die Künste sind die Impulsgeber einer Nation. Auf den Künsten ruht eine Gesellschaft. Realität ist die Zukunft. Und Zukunft ist formbar. Es gibt zwischen Politik und Kunst keine Trennung, die aufrechtzuerhalten wäre. Die Parteien haben zwar alles – vom Postboten bis zur Fraktionsvizevizechefin –, aber was ihnen ganz offensichtlich fehlt, ist die Freiheit, über den historischen Sinn unseres politischen Wollens nachzudenken. Das ist nicht weiter schlimm. Man muss es nur erkennen. Die Kunst kann die Politik aus dieser aussichtslosen Lage, in die sie sich selbst manövriert hat, befreien – eine historische Chance. Wir leben in einer arbeitsteiligen Gesellschaft: Die Politik kümmert sich um das Alltägliche, politische Kunst um den Rohstoff, aus dem unsere Zukunft gemacht ist: Hoffnungen, Ansprüche und Ambitionen.

Das Zentrum für Politische Schönheit ist gedacht als Maximalbastion gegen die Kleingeistigkeit (mikropsychia) und Selbstbezogenheit unserer Zeit. Die Grundfrage lautet immer: Was ist das

Größte, Schönste, Wirkmächtigste, das wir tun könnten? Jemand hat geschrieben, der Mythos lege das Geschehen als Tun aus. In diesem Sinne führen wir Politik radikal in ihren Handlungschancen vor. Wir wollen die Wirklichkeit zeigen, die sein könnte, gerade nach den ideologischen Großkatastrophen des 20. Jahrhunderts.

Elie Wiesel sagte, im 20. Jahrhundert habe es nur drei Sorten von Menschen gegeben: die Killer, die Opfer und die Danebensteher *(bystanders)*. Bis heute haben viele den Sinn der künstlerischen Entscheidung, sich ausschließlich mit Massensterben zu beschäftigen, nicht vollends verstanden. Es ist die Dunkelheit, die Erkenntnisse erleichtert. Die dunkelsten Stunden der Menschheit zeigen am deutlichsten, was politisch schön war oder ist. Die von den Tätern angerichtete Finsternis schluckt die Danebensteher und lässt jene Handlungen aufblitzen und funkeln, die moralisch und politisch schön sind.

Es gibt auch andere hoffnungsvolle Aktionen in Deutschland, dennoch bleiben es Einzelfälle. Was ist zu tun in einer Zeit, in der sich Menschen ohne Aufgabe sehen? Dass gerade jüngere Menschen daran zerbrechen, bleibt als Kollateralschaden viel zu unbeachtet. Kein Politiker oder Denker unserer Zeit verhandelt dieses Problem in einer Weise, die einen wirklichen Ausweg bietet. Vielleicht kann dieses Buch ein Anfang sein, den mühsamen Weg zu beschreiten. Es soll die Problematik, die uns an den Scheideweg von Zukunft und Bedeutungslosigkeit gebracht hat, aufrollen und jene humanistischen Überzeugungen aufzeigen, aus denen Akte politischer Schönheit geboren werden können. Es geht um nicht weniger als die letzte verbliebene Utopie, die das ideologische Schlachtfeld des 20. Jahrhunderts uns hinterlassen hat: die Mitmenschlichkeit.

Prolog
Die Wirkmacht von Ideen

Wenn wir zurückdenken, werden wir uns alle an einen Augenblick erinnern, in dem eine Idee unser Leben veränderte. Wir kennen den Schub, der uns durchströmt, wenn wir erkennen, dass es sich bei dem, was wir hören, lesen oder uns ausdenken, um einen genialen Einfall handelt. Voller Tatendrang gehen wir in die Welt hinaus, mit der Gewissheit dieser Idee im Kopf. Aber wie lange liegt das zurück? Der Glaube fehlt uns, *wir* seien Teil einer bedeutsamen Zeit. Wir haben das Empfinden dafür verloren, etwas Beispielloses gehe in unserer Zeit vor sich und werde die Welt verändern. Mit dem Scheitern der Großideologien des 20. Jahrhunderts ist auch die Erwartung ausgebrannt, eine Idee könne das Leben der Menschheit beflügeln.

Seitdem die Großideologen untergegangen sind, liegt die Sicht frei auf den Hintergrund: Millionen orientierungslose Menschen. Die Anspannung, mit der Menschen einmal ihrer Zukunft entgegenfieberten, fließt heute in die Einrichtung von Wohnzimmern. Die Sehnsucht nach der Zukunft kauft heute schwedische Einrichtungshäuser leer. Die westlichen Demokratien schaffen einen unfassbaren materiellen Reichtum. Wir erleben einen nie da gewesenen Aufschwung: Von 1970 bis 2015 hat sich das deutsche Bruttoinlandsprodukt von 500 Milliarden Euro auf 3 000 Milliarden *versechsfacht* – bei einer schrumpfenden Bevölkerung. Die Methode, Wohlstand am Bruttoinlandsprodukt festzumachen, mag viele Schwächen haben – so wurde die Straße, in die ich gezogen bin, mittlerweile zum vierten Mal saniert (dieser Irrsinn taucht in den Zahlen des BIP nicht auf; diese suggerieren, dass wir letztlich im Besitz von vier Straßen sind). Aber selbst wenn sich unser Wohlstand in den letzten fünfzig Jahren »nur« verdreifacht hat, grenzt diese Leistung schlicht an ein Wunder.

Unsere Ökonomien sind derart leistungsfähig, dass weniger als fünf Prozent der Gesamtleistung auf das entfallen, was wir überhaupt zum Überleben brauchen. Das ist beispiellos in der Geschichte der Menschheit. Nie zuvor hatten wir derart viel Zeit, Reichtum und Luxus. Unsere Demokratien erstrahlen im Glanz von Größe. Wir müssen nicht länger auf die Stärksten und Besten setzen, um unsere Gesellschaft voranzubringen. Wir ermöglichen schwachen und behinderten Menschen einen Alltag in Würde und Teilhabe. Die Größe der Demokratie ist unermesslich. Doch die meisten Menschen leben ihr Leben im Zeichen einer geistigen Kapitulation. Sie scheinen zu warten, aber worauf? Statt die Verhängung wirtschaftlicher Sanktionen gegen einen russischen Diktator zu fürchten, sollten wir uns ab und zu fragen, wofür wir bereit sind, die restlichen 95 Prozent der wirtschaftlichen Gesamtleistung zu opfern.

Churchill entwirft in seiner legendären Blut-Schweiß-und-Tränen-Rede eine so gänzlich andere Vision von Demokratien, dass man nicht umhinkommt, ihr Respekt zu zollen und sich zu fragen, was unsere Beschwichtigungspolitik gegenüber Diktaturen zur Folge hat. In der Rede stellt er am 13. Mai 1940, drei Tage nach seiner Ernennung zum Premierminister, vor dem Britischen Unterhaus sein Regierungsprogramm vor:

»Es wurde ein aus fünf Ministern bestehendes Kriegskabinett gebildet (…) man muss bedenken, dass wir uns im Anfangsstadium einer der größten Schlachten der Weltgeschichte befinden, dass wir an vielen Punkten Norwegens und Hollands kämpfen, dass wir im Mittelmeer kampfbereit sein müssen, dass der Luftkrieg ohne Unterlass weitergeht (…). Sie werden fragen: Was ist unsere Politik? Ich erwidere: Unsere Politik ist, Krieg zu führen, zu Wasser, zu Lande und zur Luft, mit all unserer Macht und mit aller Kraft (…); Krieg zu führen gegen eine ungeheuerliche Tyrannei, die in dem finsteren trübseligen Katalog des menschlichen Verbrechens unübertroffen bleibt. Das ist unsere Politik. Sie fragen: Was ist unser Ziel? Ich kann es in einem Wort nennen: Sieg – Sieg um jeden Preis, Sieg trotz allem Schrecken, Sieg, wie lang und beschwerlich der Weg dahin auch sein mag; denn ohne Sieg gibt es kein Weiterleben (…) kein Weiterleben für den jahrhundertealten Drang und Impuls des Menschengeschlechts, seinem Ziel zuzustreben.«

Aus Churchill spricht eine große Unbarmherzigkeit, Kompromiss-
losigkeit und Entschlossenheit, die ich aggressiven Humanismus
nenne. Er ist sich mit bewundernswerter Weitsicht der diplomatischen Grenzen in der weltgeschichtlichen Kollision mit einem Diktator – ein Jahr *bevor* der Holocaust überhaupt begonnen hat! – bewusst. Wann sieht man heute einen Politiker in die Arena mit
Ökonomen steigen und darum ringen, dass die 95 Prozent der wirtschaftlichen Gesamtleistung ein Luxus und ein Privileg sind, die
wir für unsere Überzeugungen, wie »Nieder mit Diktatoren!«, zu
opfern haben?

Wenn wir in der Geschichte zurückblicken, sehen wir Menschen,
die mit ihrer kühnen Sicht der Dinge begeisterten. Das letzte denke-
rische Großereignis, die letzte geistige Sensation, die ganze Konti-
nente entzückte (und zerriss), liegt weit über einhundert Jahre zurück. Marx' Tod war mehr als der Tod einer Universaltheorie. Es
war das Begräbnis der Hoffnung, philosophische Programme könnten die Welt nicht nur deuten, sondern auch verändern. Heute sind
wir abgeklärt und meinen, nichts könne uns mehr so mitreißen wie
die Menschheit damals, als sie »noch« ihren Denkern folgte – sei es
in der Epoche der Aufklärung, der Romantik oder des Kommunismus. Unsere Wirklichkeit besteht nicht aus Großideologien, Universalanschauungen und Propaganda. Sie zeichnet sich gerade durch
deren Abwesenheit aus. Sehen wir gen Osten, wo sich in Russland
nach langen Jahren geistiger Leere eine »Vision« zu formieren scheint,
so geben wir uns recht, dass Visionen und Propaganda in die Irre
führen. Aber auch wenn wir durch den Genozid in Tschetschenien
längst ausführlich über Putins Qualitäten als Massenmörder unter-
richtet sein müssten, fürchten wir den Rückgang des Bruttoinlands-
produkts mehr als die Bedrohung durch einen Völkermörder. Wir
glauben, frei zu sein von der Macht der Ideen, und rühmen uns, ra-
tional Entscheidungen zu fällen. Soweit *unser* Selbstverständnis.

Die Ideen, die uns leiten, sind so tief in uns eingesickert, dass wir
sie als solche gar nicht mehr erkennen. Eine der Ideologien zei-
tigt gerade tödliche Konsequenzen auf dem Mittelmeer. Es ist die
Ideologie der bürokratischen Rationalität, verkörpert vom deutschen Innenminister. Wir sind geradezu eingesperrt in dialektische

Ideologien, durch die wir die Welt sehen. Dialektische »Klassiker« leiten uns eisern durch alle Lebenslagen. Begriffspaare wie Natur – Kultur, innen – außen, Individuum – Gesellschaft, objektiv – subjektiv und die Abgrenzungen zueinander kennt jedes Kind. Diese Ideen ordnen unseren Alltag. Weil neue Ideen ausbleiben, fällt uns nicht auf, in welchem Ausmaß wir durch diese dialektischen Gegensätze geprägt werden. Sie sind die Schienen, welche die Richtung vorgeben, in die wir seit Jahrzehnten rollen.

Der Mensch ist grundsätzlich hilflos. Er ist auf die Vorstellungen von Schriftstellern und Philosophen angewiesen. Erst aus der geistigen Arbeit anderer ist so etwas wie unser Selbstverständnis entstanden. Wie unerklärlich wären wir uns, wenn wir die Idee eines Unterbewusstseins nicht hätten? Wie sähe unsere Welt ohne die großen Ideen Nationalstaat, Würde und Demokratie aus? Ideen sind allgegenwärtig. Wie sehr sie uns bestimmen, hat einst der Philosoph Georg Wilhelm Friedrich Hegel beschrieben. Er hat beobachtet, wie Ideen in so intime Bereiche wie Familie, Haus oder Nationalstaat eindringen. Hegels Idee des Weltgeistes ist uns nicht mehr ganz geläufig. Aber was uns verständlich bleibt, ist der Gedanke an Vorstellungen, die uns anleiten und orientieren.

Hegels wichtigster Schüler, ein Journalist aus Trier, lenkte den Blick auf die materiellen Gegebenheiten, unter denen Ideen entstehen. Seiner Ansicht nach zielen Ideen einzig darauf ab, Macht auszuüben. Hinter den vermeintlich unschuldigen Ideen versteckten sich Besatzungstruppen der Herrschenden, die ihre Macht zementieren wollten, indem sie die Köpfe okkupierten. Die Korruption von Ideen durch Adel, Geld und Macht nannte Karl Marx »Ideologie«. Für Marx kam es darauf an, nicht mehr nur die Ideen, sondern die Welt tatsächlich zu verändern. Es gehört zur Ironie der Philosophiegeschichte, dass der Mann, der Ideen am wenigsten verändernde Kraft zutraute, mit den eigenen Ideen das politische Weltgeschehen ein ganzes Jahrhundert lang beherrschte. Marx dokumentiert wie kein Zweiter die revolutionäre Sprengkraft von Ideen.

Wenn wir unsere geistige Situation betrachten, müssen wir gestehen, dass wir nicht mehr die *eine* Weltanschauung haben, sondern deren Tausende. Wenn wir uns für den Menschen und die Gesellschaft interessieren, gibt es nicht eine Universalanschauung, sondern eine ganze *Sintflut von Theorien*. Die Physik weiß, dass nach Newton Einstein kam, und die wenigsten interessieren sich heute noch für das, was Newton dachte. Aber bei den Vorstellungen über den Menschen ist das anders. Die Theoriebildung über den Menschen verläuft nicht progressiv. Während es für die Medizin keinen Sinn ergibt, zu einer Lehre aus dem Jahr 1450 zurückzukehren, lässt sich das für die Deutung des Menschen nicht derart schlüssig feststellen. Überzeugungen werden nicht dadurch antiquiert, dass sie alt sind. Bei antiken Denkern finden sich Gedanken über den Menschen, die das, was wir heute über uns wissen, bei Weitem in den Schatten stellen. Gerade junge Menschen haben ein Bedürfnis nach Orientierung. Aber ist dieses Chaos an Theorien für einen Einzelnen überhaupt noch erfassbar? Sind wir in der Lage, Universalanschauungen hervorzubringen?

Wir sind gemeinhin überzeugt, dass die Welt zu komplex geworden ist, als dass sie sich in einen Kopf bringen ließe. Dabei wird gerne mit den Universalgelehrten früherer Epochen argumentiert, die nicht nur ein einziges Gebiet erfassen konnten, sondern neben Philosophie noch die höhere Mathematik beherrschten, Flugkörper konstruierten und Kirchenkuppeln entwarfen. Aber warum muss ein Denker die Funktionsweise von Glühbirnen oder Mikroprozessoren studieren, um eine Universalanschauung von Mensch und Politik hervorzubringen? Von dem, was die damaligen Fabriken produzierten, wusste Marx herzlich wenig. War er deshalb kein Universalgelehrter? Was muss jemand, der eine »Welttheorie« aufstellen will, die uns vielleicht in einen neuen Bedeutungszusammenhang stellt oder ein neues Ziel gibt, eigentlich wissen? Trifft das Vorurteil, der ganze Theorieballast überfordere das menschliche Auffassungsvermögen, überhaupt zu?

Meiner Erfahrung nach überschätzen wir die Komplexität, die in der Geschichte der Ideen herrscht. Ein Blick auf die Rezeptionsgeschichte bezeugt, dass Ideenentwicklung keineswegs so unberechenbar ist, wie manche Denker uns glauben machen wollen. In der Ideengeschichte gibt es asphaltierte Wege, die sehr weit in die Vergangenheit zurückreichen. Es existieren einige wenige Hauptströme des Geistes, von denen Ausläufer abgehen. Theorien verbrauchen sich nicht mit der Zeit, in der sie entstanden sind, sondern spinnen lange Fäden, die bis in unsere Zeit hineinreichen. Wir sind teilweise abhängig von Vorstellungen, die jemand vor 2500 Jahren im Schatten einer Platane erdacht hat. Hinzu kommt, dass kein Argument wirklich neu ist. Ein Denker wie Nietzsche mag 23 Jahrhunderte nach Platon in einer anderen Weltgegend gelebt haben – die beiden kannten sich trotzdem. Platon hat sich mit Denkern wie Freud, Kierkegaard oder Nietzsche dezidiert auseinandergesetzt, auch wenn sie erst lange nach ihm geboren wurden. Sie hießen zu Platons Zeiten nur anders. Der Freud, den Platon kannte, hieß Archilochos, und seine Gedanken waren Legion: Was den Menschen widerfahre, bestimme ihre Sinne.

Nietzsche, Rousseau, Hegel, Hobbes – dies sind einige der Urheber jener Vorstellungen, die wir von uns selbst haben. Ihr Denken hat äußerst erfolgreich bis in die Gegenwart überwintert – ohne dass ihre Namen den meisten noch geläufig wären. Es gibt viele Nord- oder Südwindpassagen in der Sturmflut der Ideen. Bis zur nächsten Universaltheorie ist es gar nicht so weit. Vielleicht zimmert in diesem Moment bereits ein politischer Denker an ihr.

TEIL I

Wer sind wir?

Wie wir uns selbst sehen

Dieses Buch gründet auf einer einfachen Beobachtung: dass Ideen und Vorstellungen toxisch sein können. Es gibt Ideen, die das Verhältnis zu uns selbst vergiften. Giftstoffe schaden unserer Gesundheit, sie schwächen uns und machen uns krank. Die meisten Menschen fragen sich gemeinhin nicht, welchen Einfluss Ideen auf sie haben. Sie gehen davon aus, dass Ideen wahr oder falsch sein können, aber letztlich nicht »giftig«. Die wenigsten Menschen fragen sich, ob die Wirkung einer Vorstellung gut oder schlecht ist. Sie gehen davon aus, dass Vorstellungen verschroben oder schön sein können – aber toxisch? Ich will noch einen Schritt weiter gehen: Der Ort, an dem jemand lebt, ist für sein Wohlbefinden nicht so entscheidend wie die Vorstellung, die er von sich und der Gesellschaft hat, und die Wörter, mit denen er sich und die Welt begreift.

Jede Zeit stellt mehrere Lehren bereit, wie das Innere des Menschen zu deuten sei. Diese sich verselbstständigenden Lehren dürfen wir uns nicht als einheitliche Theoriekörper vorstellen. Vielmehr wirken sie auf den menschlichen Geist wie Architektur auf eine Stadt. Da gibt es manchen Wolkenkratzer, aber auch jede Menge Spielhöllen, Betonbunker, Spielplätze, Kinos, Parkanlagen, Flüsse und Wälder. Manche der Gebäude sind abrissreif. Andere sind strahlend schön. Ihre Entstehung verdankt diese geistige Stadt den unterschiedlichsten Baumeistern: Theorien, Meinungen, Erzählungen, Bildern, Informationen, Begriffen, Betrachtungsweisen. Manche Baumeister haben ganze Wolkenkratzer hinterlassen – mit Namen wie Psyche, Selbstbewusstsein, Unterbewusstsein oder Außenwelt. Kleinstöckige Häuser sind mit Gefühlsbegriffen (den *Begriffen* für unsere Gefühle) versehen, wie Einsamkeit, Liebe und Verzweiflung.

Größte Autorität genießen in dieser Stadt die Baumeister der Naturwissenschaften. Ihre »Erkenntnisse« führen zur Einrichtung

ganzer Regierungsviertel. Natürlich kommt es auch zu Parallel-
regierungen und Bürgerkriegen. Wenn die Hirnforschung verkün-
det, dass sie das Bewusstsein nicht finden könne, und es für eine
Fata Morgana hält, detonieren Bomben in den entsprechenden
Trugbildern – etwa im Wolkenkratzer Bewusstsein oder freier
Wille. Wenn jemand erklärt, dass das Subjekt eine Fiktion sei, stürzen die entsprechenden Wasser- und Elektrizitätswerke wie von
selbst ein.

Aber auch scheinbar beiläufig Aufgeschnapptes, das nichts mit
uns zu tun zu haben scheint, kann städtebaulich einschneidend wirken. Etwa die Zahl 7 000 000 000. So viele Menschen leben zurzeit
auf der Erde. Diese scheinbar nebensächliche Zahl hat das Gesicht
ganzer Stadtteile verändert. Die Information über die schier unfassbaren Dimensionen des Universums nimmt anderen Vierteln der
Stadt das Sonnenlicht. Ebenso tauchen die Zweifel darüber, dass
ein einzelner Mensch etwas ausrichten kann, ganze Landstriche in
Schatten.

In den meisten Städten herrscht eine große Verwahrlosung, die
dem entspricht, was ich als Toxik von Vorstellungen bezeichne.
Nicht wenige Menschen erschöpfen und vergiften sich selbst mit toxischen Ideen, ohne je die Oberhand zurückzugewinnen. Wir unterschätzen, wie tief greifend unser Denken, Fühlen und Handeln von
dem gesteuert wird, was in dieser Stadt steht. Die Stadt heißt »Menschenbild«.

Gedanken als krankmachend oder ungerecht zu klassifizieren
muss insbesondere Naturwissenschaftlern merkwürdig vorkommen. Man schließe für einen Augenblick die Augen und stelle sich
vor, die Aussagen, die Naturwissenschaftler über den Menschen
treffen, stammten aus dem Mund eines spanischen Querulanten des
19. Jahrhunderts. Die Biologie stellt einige unterhaltsame Analogien
auf, die im Kern keinen Unterschied darin sehen, ob der Mensch
versucht, die Revolutionsschrift eines russischen Intellektuellen zu
verstehen, oder ein Affe mit einer Bananenschale spielt. Der Chemie
stellt sich unser Denken als biochemischer Vorgang dar, der sich aus
Hormonen und Nervenzellen zusammensetzt. Für die Physik ist
der Mensch eine zufällige, vorübergehende Erscheinung. Was hat es

mit der »Erkenntnis« auf sich, dass wir uns genetisch nur zu zwei Prozent von Affen und zu zehn Prozent von jeder beliebigen Pflanze unterscheiden?

Wir würden diesen spanischen Querulanten aus dem 19. Jahrhundert für einen Nihilisten halten. Das geistige Erbe unseres Selbstbildes stammt aber nicht nur aus der Feder unwissentlicher, sondern auch vieler bekennender Nihilisten. Viele derjenigen, denen wir unsere Selbstdeutung »verdanken«, haben keinen Hehl daraus gemacht, dass sie im Menschen ein dummes Tier sehen, das sich ständig selbst betrügt und etwas vormacht. Die menschliche Seele wird von einer ganzen Armada toxischer Ideen regiert, gegen die wir meinen, nichts ausrichten zu können – weil sie nun mal »wahr« seien. Was lässt sich gegen die hegemonialen Deutungsangebote der Naturwissenschaften schon sagen?

Zunächst einmal dies: Jede Lektüre von Aristoteles ist ungleich präziser, profunder und ergiebiger. Besitzen die antiken Metaphern zum Verständnis des Menschen noch eine unvergleichliche Schönheit, sind die Reduzierungen des Denkens auf Gehirnareale und Botenstoffe nicht gerade schön (das ist gerade der Grund dafür, dass sie als wissenschaftlich gelten können). Aber diese Vorstellungen hämmern auf unseren Geist ein, beeinträchtigen unsere Gesundheit, und manche der Giftstoffe ruinieren die Seele vollends.

Bereits zu Beginn des vorigen Jahrhunderts mehrten sich die Stimmen, die vorhersagten, dass die Naturwissenschaften *nichts Wesentliches* über den Menschen enthüllen könnten. Aber was ist dann mit der Entschlüsselung der Gene, dem medizinischen Fortschritt oder der Theorie des Urknalls? Die Frage ist nicht, was die Naturwissenschaften der Gesellschaft gebracht haben, die Frage ist, was sie uns über uns selbst erzählen können, das wir nicht schon vorher wussten.

Wenn wir diesen »Erkenntnissen« über uns selbst Glauben schenken – und ich bin überzeugt, das tun die meisten von uns, ohne zu zögern –, dann trivialisieren wir uns (vom Brutalisieren ganz zu schweigen). Das einhellige Charakteristikum der Lehrgebilde, die auf uns einprasseln, ist die Entlarvung des Menschen als hässliche Bestie. Was macht es aus einem, wenn man auf die Straße tritt und

Menschen als Bündel von Chemie, Fleischmasse und Trieben sieht? Man verliert, was bei den meisten Menschen Aufmerksamkeit weckt: seine Achtung.

Während wir von allen Seiten – von Medien, Politikern, Wissenschaftlern und Intellektuellen – Nachhilfeunterricht darüber erhalten, was der Mensch in Wirklichkeit sei, hören wir erstaunlich wenig darüber, was uns schön macht. Darüber schweigt das Lehrerkartell auffallend. Die Entzauberung des Menschen, der vermeintlich nüchterne Blick, ist in Wahrheit ein *Blick ohne Schönheit*. Mit diesen Widerwärtigkeiten im Kopf, deren Verkünder allzu oft sich auch noch erdreisten, im Gewand von Wertfreiheit, Objektivität und Neutralität aufzutreten, sind junge Menschen verloren.

Dieser Blick ist toxisch. Dennoch zieht die Mehrzahl der Menschen dieses trojanische Pferd nihilistischer Demagogie in ihren Geist, ohne zu fragen, was es dort anrichtet. Den Menschen ohne Schönheit zu sehen macht die Betrachtung nicht, wie manche irrtümlich meinen, neutral, sondern hässlich. Sie glauben, Schönheit sei eine Wertung, die es konsequent zu vermeiden gilt. Gerade jene, die im Namen der Objektivität ihre Erkenntnisse popularisieren, verstehen nicht, dass der konsequente Verzicht auf Schönheit eine Ent-Wertung darstellt – und den Menschen hässlich macht. Hässlichkeit ist zwar seit geraumer Zeit *de facto* das Kriterium für Wissenschaftlichkeit. Aber gemessen an den Ansprüchen handelt es sich nach wie vor um eine Wertung.

Naturwissenschaftler glauben, den Menschen besser ergründen zu können, als es Schriftsteller in Romanen tun. Sie nehmen diesen ganzen »Hokuspokus« gar nicht mehr zur Kenntnis und verklären Ignoranz zur Methode. Die meisten Baumeister in der Stadt des menschlichen Geistes wissen auf verzweifelnde Weise keine Antwort auf die Frage, *ob* der Mensch schön ist. Nicht, dass sie keine Beweise für die Schönheit finden könnten, sondern sie setzen schlicht voraus, dass der Mensch *nicht schön ist*. Diese Entzauberung als »Fortschritt« unseres Wissens über uns selbst zu sehen, dieser Optimismus entgeht mir.

Es geht nicht darum, die Leistungen der Naturwissenschaften zu leugnen. Es geht um den Eindruck, den ihre Einsichten, die oftmals in Form von Raubkopien oder Hörensagen überhaupt erst in unseren Geist vordringen, dort hinterlassen. Tag für Tag erreichen uns neue Hiobsbotschaften über die Trivialisierung und Relativierung des Menschen. Dass es kein Fortschritt sein kann, uns den freien Willen abzusprechen, liegt auf der Hand. Die Sache wäre aus der Welt, würden wir solchen Einsichten mit einem gesunden Misstrauen begegnen. Aber das tun nur wenige.

Toxische Ideen bestimmen, *was* wir von uns verstehen und wie. Sie durchdringen, was wir täglich erleben. Sie leiten unsere Vorstellungen darüber an, was die Gesellschaft ist, was eine Beziehung ist, was Arbeit ist. Während sich die Naturwissenschaften zum ultimativen Antwortgeber aufschwingen, haben Intellektuelle über die Herrschaft der Roboter und die Akkumulation des Kapitals nachgedacht. Nicht wenige sind daran gescheitert, die Fragen zu behandeln, die Menschen wirklich beschäftigen und erschüttern: Wozu könnte der Mensch fähig sein? Wie kann er moralisch und schöner werden?

Die toxische Sicht auf unser Leben hat nicht dazu geführt, dass wir uns besser fühlen, zufriedener sind oder in einer schöneren Welt leben. Das einzige Ergebnis, das sie vorweisen kann, ist *die Entmutigung des Menschen*. Wozu, so müssen sich junge Menschen fragen, soll ich noch denken? Chemikalien reagieren auch ohne mein Zutun. Das Geschehen dieser Welt vollzieht sich als Teil eines natürlichen Ablaufs. In den letzten einhundert Jahren ist etwas in den Vordergrund getreten, das sich als »Bewusstsein der Zwänge« apostrophieren lässt. Das, was uns vermeintlich zwangsmäßig im Handeln bestimmt, uns in freien Entscheidungen beschneidet, ist in den Vordergrund des menschlichen Selbstverständnisses gerückt: der Einfluss der Chemie, der Gene, des Milieus, der Kindheit, der ökonomischen Verhältnisse, des Gehirns, des Kapitalismus, der kulturellen »Werte«. Im Kern geht es um das Bild vom restlos bedingten Menschen. Es geht darum aufzudecken, was den Menschen *wirklich* determiniert. Aber wird der Mensch überhaupt von irgendetwas »bestimmt«? Werden Menschen überhaupt von irgendwelchen Faktoren »gemacht«? Was bestimmt uns eigentlich?

Man hätte auch die Fähigkeit des Menschen voraussetzen können, sich selbst zu bestimmen. Doch die Demoralisierung des Menschen griff in allen Disziplinen um sich. Es gibt kein »Ich«? Es gibt kein selbstbestimmtes Handeln? Keinen Willen, der uns Einzigartigkeit verleiht? Aus dem Mund des spanischen Querulanten hörten sich diese Ansichten nur wie dumme und ruinöse Formen sozialen Denkens an. Warum wird in diesen Selbstbildern die Schwäche und Hilflosigkeit des Menschen derart übertrieben? Was geschieht mit Menschen, wenn sie diese Lehrsätze glauben? Sie fragen sich: *Wozu* soll ich überhaupt leben? Um zu arbeiten? Um mich fortzupflanzen? Das Universum ist so groß, die Erde derart übervölkert, und mein »Gehirn« gaukelt mir auch noch vor, ich sei von irgendeiner Bedeutung.

Obschon das Wunder, das wir sind, von Intellektuellen aller Zeiten beschrieben wurde, werden beinahe alle Regierungsviertel in der Stadt des Geistes von trivialisierten pseudonaturwissenschaftlichen Ansichten besetzt. Diese Ideen waschen unser Denken vermeintlich rein von Poesie, Phantasie und nicht zuletzt: Schönheit. Wir meinen, der Wahrheit näherzukommen, wenn wir diese Phänomene ganz aus der Stadt hinauswerfen. Unglücklicherweise sind es gerade diese Phänomene, die das Leben wertvoll machen.

Der »Fortschritt« des 20. Jahrhunderts bei der Erkenntnis des Menschen besteht in der selbst gewollten und völlig freiwilligen Hinnahme geistig-existenzieller Armut. Es ist uns selbst innerhalb kürzester Zeit gelungen, die Bodenverhältnisse in der Stadt des Geistes in eine staubtrockene Wüste zu verwandeln und die schöneren Stadtteile einzuäschern. Die zentrale Frage, die sich unsere Gesellschaft angesichts mannigfaltiger Krisen stellen muss, lautet: *Wollen* wir diesen Vorstellungskosmos vermeintlich naturwissenschaftlicher Erkenntnisse überhaupt teilen? Welchen Einfluss haben diese Bilderwelten auf uns? Wollen wir das, was wir sind, durch die Linse einer Optik brechen, durch die kein vernünftiger Mensch ernsthaft sich selbst sehen wollen kann?

Waren die Denker, die den Menschen als etwas Einzigartiges begriffen haben, naiv? Wer sich auf die Bedeutung chemischer Prozesse oder den ökonomischen Nutzen des Menschen beruft, dem muss die Betonung unseres Wertes als übertriebene Romantisierung erscheinen. Der Mensch ist im Laufe der Evolution aus dem Tierreich hervorgegangen (oder ist sogar ein Tier geblieben). Wir sind offenkundig aus Materie gemacht. Aber *sind* wir Materie? In diesem Buch will ich darlegen, welche weitreichenden Konsequenzen es hat, unseren Wert zu leugnen. Das Ausmaß an Wertschätzung hat auf unsere Kultur, auf unsere geistige Potenz und auf die Werke, die wir hinterlassen, einen beträchtlichen Einfluss. Je mehr wir durch die Brille der Naturwissenschaften die Zufälligkeit und Bedeutungslosigkeit des Menschen zu erkennen meinen, desto zufälliger und bedeutungsloser werden wir.

Wir vergiften uns schleichend selbst. Und bestimmte Ideen entfalten ihre toxische Wirkung durch die Wertlosigkeit einer Methode, die sich selbst als wertfrei versteht, einer Methode, die bei der Frage, was gut ist, einwendet, dass *gut* eine Wertung sei – als handle es sich um eine Krankheit. Der Enthusiasmus, mit dem manche Journalisten gerade die toxischen Erkenntnisse über das Wesen Mensch »enthüllen«, macht mich misstrauisch. So wurde kürzlich in einer Zeitung mit viel Aufwand und bunten Diagrammen suggeriert, der Mensch bestehe »in Wirklichkeit« zu 80 Prozent aus Wasser. *Das tut er mit Sicherheit nicht!* Ein ganzes Kollektiv von Wissenschaftlern trat vor ein paar Jahren wie die Generäle einer Invasionsarmee vor die Mikrofone und Fernsehkameras, um einer naiven deutschen Öffentlichkeit zu erklären, dass der Krieg längst verloren sei. Sie hätten mit ihren Messmethoden keinen freien Willen finden können. Der Mensch mag glauben, dass er selbst entscheide, »in Wirklichkeit« aber steuere sein Gehirn.

Diese populären Vorstellungen davon, wie es »in Wirklichkeit« sei, lassen selten ein gutes Haar an uns. Ihre Verkünder geben das als Versuch aus, *objektiv* zu sein. Aber was ist Objektivität in der Sphäre des Menschen? Besteht der Mensch zu 80 Prozent aus Wasser oder eher zu 80 Prozent aus Liebe, Mitgefühl, Neid und Wut? Wie lässt sich der Terror eines Stalin objektiv betrachten? Was soll eine »wertfreie« Analyse des Nationalsozialismus sein? Ohne Schönheit und Hässlichkeit, ohne Subjektivität und Humanität dringen wir nicht zur wirklichen Bedeutung der Dinge durch, die uns gerade »in Wirklichkeit« etwas angehen.

Die gefährliche Toxik unserer Ideen und Vorstellungen wird erst möglich, wenn wir uns vernachlässigen. Wenn wir beiseitelassen, was Menschen seelisch schadet. Die meisten spüren die nachlässige Behandlung. Sie drückt sich aus in einem schlechten Gewissen, das einen sagen lässt: »Ich muss mehr auf mich selbst hören!« Dieses Gewissen subventioniert ganze Industriezweige spiritueller fernöstlicher Praktiken, Selfmade-Häkelkurse oder Auflagen apolitischer Magazine *(Landlust)*.

Die meisten ahnen, dass sie eine Sekunde zu früh den Blick vor dem senken, was schön sein könnte. Was soll die Abwehr? Gestatten wir uns den Genuss nicht, oder befürchten wir, dass nur *wir* – »subjektiv« – etwas als schön empfinden? Die meisten scheinen vor dem, was mitreißend und inspirierend auf die Seele wirken kann, eher zu erschrecken. Statt an Gefühlen zu entbrennen, versuchen sie herauszufinden, wo diese Biester herkamen. Sie fischen nach Dingen, die in ihrer »Innenwelt« schwimmen. Ausgerechnet dadurch sabotieren sie, was ihre desolate Situation retten könnte.

Wenn wir von Schönheit sprechen, richten wir den Blick immer auch nach vorne, auf eine erstrebenswerte Zukunft. Dem Kartell der Demagogen, die – sei es beabsichtigt oder unbewusst – die Ideologie von der Hässlichkeit des Menschen verbreiten, ist es gleichgültig, was sein kann. Sie interessiert, was ist. Sie verzichten auf eine Unterscheidung zwischen guten und schlechten Gedanken, was erst zu dem Chaos geführt hat, in dem viele festsitzen. Dieses Chaos verdreht, wie der Philosoph Eric Voegelin pointiert bemerkt, empirische Wahrheiten zu ontologischen Lügen. Es wird schlicht behauptet, dass das, was empirisch vorgefunden wird, auch nur so sein könne und ergo: so sein müsse.

Ideen beleben die Seele oder trocknen sie zur Wüste aus. Toxische Ideen und ihre unsichtbaren Schadstoffe aufzudecken ist eine dringliche Aufgabe. Einige Wissenschaftler und Intellektuelle vermögen festzustellen, dass der Mensch aggressiv und brutal *ist*. Was sie ignorieren, sind all jene Ideen, die uns verraten, wie er besser *wird*. In einem Kino hörte ich eine junge Frau zu ihrem Freund sagen, er solle mehr Zuneigung zeigen. Nach einer nachdenklichen Pause fügte sie hinzu: »Wenn du sie wirklich hast!« In dieser Bemerkung steckt der gesamte Einfluss der Methode, empirische Wahrheiten zu ontologischen Lügen umzubiegen. Die junge Frau unterstellte ihrem Freund, dass er nichts sein könne, was er nicht »habe«. Für die meisten von uns stellt es sich genau so dar wie für diese Frau: Menschen sind festgelegt auf das, was sich »in ihnen« befindet.

Wir stehen einem Kartell gegenüber, das uns auf eine Fülle von biochemischen Prozessen, Neuronen, Körperfunktionen und Umwelteinflüssen reduziert. Ehrfurcht vor Gedanken? Wir sind gänzlich unfähig, zwischen höher und tiefer, schön und hässlich, selbststeigernd und -schädigend zu unterscheiden. Die Abwertung des Menschen wird dort am eindrücklichsten, wo Hirnforscher über die Gipfelleistungen des menschlichen Geistes sprechen. Als wollten sie sagen: »Nicht überbewerten, ist alles *nur* Chemie.« Manche versteigen sich sogar offen zu der Behauptung: »Das können wir in ein paar Jahren auch.« Sie sind zwar nicht in der Lage, Joseph Beuys' Installation *Das Ende des 20. Jahrhunderts* zu betrachten und nachzuempfinden, aber sie glauben, bald dieselben Gefühle erzeugen zu können. Sie suggerieren, in nicht allzu ferner Zukunft die Bedeutung unserer Erlebnisse biochemisch reproduzieren zu können. Was sie dabei lehren, ist vielleicht die dominierendste Lehre überhaupt: Gefühle als chemische Phänomene zu interpretieren. Hätte Shakespeare gewusst, dass es sich bei der Liebe »in Wirklichkeit« um Serotonin und jede Menge Endorphine handelt (die daher rühren, dass sie versuchen, uns zum Paarungs- und Fortpflanzverhalten zu »animieren«) – *Romeo und Julia* wäre nie entstanden. Nicht wenige unserer Zeitgenossen entwerten ihre gesamten seelischen Erlebnisse in dieser Toxik. Angesichts der trojanischen biochemischen Verheißungen, uns endlich darüber aufzuklären, was Denken und Fühlen *eigentlich* sind, geben wir schlussendlich die Anstrengung auf, unsere Seelen zu vervollkommnen.

Die Europäische Union ist bereit, Milliarden in das Modellbauprojekt eines »Human Brain« zu stecken, während sie Tausende Menschen zwanghaft davon abhält einzureisen. Das ist vollkommen absurd. Das Ergebnis wird ein Apparat voller Pseudoerkenntnisse aus tendenziösen Prämissen und Schlussfolgerungen sein. Auch wenn hochsubventionierte Hirnforschung und unterlassene

Lebensrettung auf den ersten Blick wenig gemein haben: Es kann nicht ernsthaft darum gehen, Hirnrealen irgendwelche dubiosen Fähigkeiten zuzuordnen, vielmehr muss es uns darum gehen, nach oben zu blicken, zu dem, wozu wir fähig wären. Wo sind die Hirnareale für Unterlassungen und Lebensrettung?

Es *erscheint* heute als möglich, den Menschen in naher Zukunft ohne sein Zutun auszubessern. Noch ist der Mensch aggressiv. Aber warten wir ab, was das Großreich der Pharmazie in seinen Laboren entwickelt. Der Glaube an die Biochemie ist an die Stelle eines ernsthaften Studiums der Literatur getreten. Klassischerweise hatten Bücher den Auftrag, den Menschen zu verbessern. Cicero glaubte, dass ein Mensch nur dann human werden könne, wenn er seine Seele an Büchern bilde. In der Tat entstanden einige der wichtigsten Bücher in der Absicht, Kriege zu verhindern und Unrecht einzudämmen, das heißt die Menschheit durch Wissen zu humanisieren und zu befreien. Ciceros Idee der *studia humanitatis* griffen Denker in der Renaissance auf, und so entstanden – kurz gefasst – die modernen Universitäten. Die Vorstellung dahinter war, seine Seele durch das Studium von Texten wie aus einem Steinblock herauszuhämmern. Aber die Renaissance-Humanisten dachten dabei weniger an Bücher über die Chemie des Gehirns. Sie dachten daran, die Seele mit dem Feuer von Büchern zu inspirieren. In seinen Taten solle das nachhallen, was der Mensch in Büchern finde. Die großen philosophischen Ideen sollten sich im Leben niederschlagen und einen unabhängig machen. Das Projekt, das Schriftsteller über Jahrhunderte betrieben, *den Menschen zu humanisieren,* erscheint angesichts einer genetisch beweisbaren Formel von der Gleichheit aller Menschen beinahe als pathetisch. Wir lesen nicht länger, um etwas zu *werden.* Was wir sind, lässt sich mithilfe kostspieliger Geräte messen. Und die Apotheken haben in den Herzen jenen Platz eingenommen, auf dem einst Bibliotheken standen.

Unsere Erfahrungen durchzieht ein Mangel der Seele, dessen Ökonomie, Biochemie oder Industrie niemals Herr werden können. Denn ihre treibenden Vorstellungen vom Menschen sind keine Tatsachen. Viele mögen *glauben,* dass sie das sind. Aber es handelt sich um Vorstellungen, zumal toxische. Diese Vorstellungswelten, die sich in den Regierungsvierteln des Geistes eingenistet haben, genießen hohe Autorität. Sie treten gar nicht mehr in den Konkurrenzkampf mit anderen Entwürfen. Ein Satz, der mit den Worten beginnt: »Naturwissenschaftler haben herausgefunden, dass …«, wird kaum je angezweifelt, während derselbe Satz, wenn er von Balzac stammte, belächelt oder gar verachtet würde. Ich mache mir oft das Vergnügen, gerade wissenschaftsgläubige Zeitgenossen damit in die Irre zu führen, dass ich die »neuesten« Erkenntnisse aus den Sozialwissenschaften Balzac, Nietzsche oder Georgias in den Mund lege. Aus »Sozialwissenschaftler haben herausgefunden, dass …« wird: »Balzac hat herausgefunden, dass …« Durch diesen Transfer offenbart sich auch für meine Gesprächspartner in der Regel die ganze Anhäufung kurioser Trivialitäten und oberflächlicher Annahmen über das, was Menschen vermeintlich sind. Es zeigt sich, dass die Forschung wenig Handfestes und Tiefsinniges zu sagen hat. Was wir an »hohen Erkenntnissen« über uns selbst herausgefunden haben, hätte Balzac vielmehr gelangweilt. Ungenaue Vorstellungen führen zu trivialem Denken (und Fühlen). Je genauer die Vorstellung von einem Phänomen ist, desto aufregender die Entdeckungen. Die Literaten des 18. und 19. Jahrhunderts wären bei der Präsentation der »neuesten« neurowissenschaftlichen Erkenntnisse schlicht eingeschlafen. Sie hätten sie weder ernst genommen noch überhaupt als Form von »Wissenschaft« akzeptiert. Tatsächlich machten sie sich auch ständig lustig über die Kartographierung des Denkens. So bilanzierte Melchior Adam Weikard im Jahr 1775 die Meinungen darüber, *wo* im menschlichen Körper das Denken angeblich sitze:

»Die Seele (…) hat ihren Sitz in dem Obermunde des Magens, oder in der Gegend der Herzgrube (…). Descartes hat beym Menschen die Seele in die Zirbeldrüse einquartieret; la Peironie nach dem Camisius hat ihr das Corpus callosum (den Markbalken) angewiesen. Struve hat sie in den [Ver]Dauungswerkzeugen, und andere im Blute gesucht. Schelhammer ertheilte ihr das verlängerte Rückenmark, Vieüssen die gestreiften Körper, Nuck den eyförmigen Mittelpunkt. Die Seele wohnt in der Brust, behaupten einige, denn auf der Brust, sagen sie, empfindet man Beklemmung in Traurigkeit, auf der Brust fühlt man Flammen im Liebesgeschäfte. Ein von Nationalstolze aufgeblähter italiänischer Schriftsteller behauptete in plumpem Scherze, daß die Deutschen ihre Seele nicht wie andere Menschen in dem Kopfe, sondern wie Maulthiere, auf dem Rücken hätten.«

Die Frage, womit der Mensch überhaupt denkt, war schon im 18. Jahrhundert ein äußerst populärer Kassenschlager. Die zeitgenössische Literatur tat das Ihre, um dieses Gefasel nach dem »Wo?« zu parodieren: Goethes Mephisto fand das Denken im Bauchnabel, Kleist im Ellenbogen.

Das Perfide daran ist, dass selbst noch die Leere und die Depressionen, die aus den toxischen Vorstellungen folgen, chemisch gedeutet werden. Aber die chemische Sichtweise ist Teil der fühlbaren Toxik des Geistes. Was macht es aus einem menschlichen Geist, wenn darin alle »alten« Vorstellungsgebäude der Renaissance und des Humanismus abgerissen wurden? In *Die Gabe* hat Nabokovs junger Held folgende Begegnung:

»Der Bus fuhr weiter – und jetzt kam er an seinem Ziel an – der Wohnung einer alleinstehenden und einsamen jungen Frau, sehr hübsch trotz ihrer Sommersprossen, stets im schwarzen Kleid, das am Hals offen war, *und mit Lippen wie Siegellack auf einem Brief, in dem nichts steht.* Sie schaute Fjodor unentwegt mit nachdenklicher Neugier an und hatte nicht nur keinerlei Interesse an dem bemerkenswerten Roman von Stevenson, den er seit drei Monaten mit ihr las (davor hatten sie im gleichen Tempo Kipling gelesen), sondern verstand auch nicht einen einzigen Satz und schrieb die Wörter auf, wie man sich die Adresse eines Menschen aufschreibt, von dem man weiß, dass man ihn nie besuchen wird.«

Nichts ist schrecklicher als ein Mensch, »in dem nichts steht«. Aber das ist die Situation der meisten modernen Seelen. Zieht man den Grad an Trivialität ihrer Einsichten über den Menschen (und damit auch über sich selbst) in Betracht, dann steht da nicht gerade viel. Tatsächlich erfüllen Bücher ein tiefes geistiges Bedürfnis des Menschen. Menschen dürsten nach Wissen, nach Meinungen, Sichtweisen, Metaphern. Ohne Vorstellungskraft und Bildwelten werden wir wahrhaft bildlos, ungebildet. Die Wolkenkratzer sind dann ganz eigentlich aus Pappe. Selbst wenn sich eines Tages herausstellte, dass das Gefühl, das Nabokovs Worte in uns hinterlassen, biochemisch reproduzierbar wäre, bliebe *das Gefühl* allein ohne Kraft und Einfluss auf die Architektur des Geistes. Die chemische Empfindung eines Werkes verflöge – die Leere bliebe. Wir sind es gewohnt, aus dieser Luft zu lesen. Aber bei humanistischer Bildung ist es umgekehrt: die Belehrung verfliegt – und die *Lehre* bleibt. Mit den steinernen Palästen des Geistes kommen wir weiter. Aber was hinterließe der Hokuspokus der Hirnforschung mehr als die Sehnsucht nach dem nächsten Kick?

Drei Viertel der Gesellschaft haben sich längst in kleinen engen Privatkapellen eingeschlossen, um vor dem Orkan, der da draußen um die Deutung des Menschen tobt und all unsere Schönheit hinwegreißt, in Deckung zu gehen. Die Menschen haben sich in Kapellen der Ohnmacht verschanzt. Aber in diesen Kapellen verlieren sie den Glauben an das eigene Tun. Die unermessliche Leere dieser Kapellen heißt jetzt *Serotoninmangel* oder *reaktive Depression*. Aber eine Vielzahl der Depressionen bleibt in psychologischer Hinsicht (unter »Psychologie« verstehe ich ganz allgemein den Bereich der menschlichen Selbstdeutung) vollkommen unerklärlich. Serotonin irrt an dem vorbei, was der menschliche Geist ist. Wir sehen zwar die symbiotische Beziehung von Depression und Ohnmacht. Aber die geistigen Ursachen, die Vorstellungen und Ideen, die einen in diese Kapelle treiben, werden durch eine chemische Analyse nicht sichtbar.

Unter dem Wüstensand unserer Ansichten und Meinungen liegt eine politische Architektur verschüttet, die wir freilegen können. Es ist die Idee vom Wert des Menschen. Ich werde versuchen zu erklären, wie Depressionen und Ohnmachtsgefühle mit der Erfahrung der eigenen Werthaftigkeit zusammenhängen. Schon allein die Rede vom *Wert des Menschen* will sich nicht so recht in diese verwüstete Geisterstadt fügen. Wer alle Phänomene auf materielle Gegebenheiten zu reduzieren gewohnt ist, der wird für seine Ohnmacht nicht die Werthaftigkeit und Schönheit eines Menschenbildes verantwortlich machen wollen. Aber genau darum geht es. Die Grenze unseres Geistes findet sich in dem Menschenbild, das architektonisch unseren Seelen zugrunde liegt. Das Menschenbild ist der Stadtplan in jeder Seele. Dieses Bild regiert uns – unsere Vorstellungen, Gefühle und Handlungen. Es besitzt entweder ein freundliches oder ein feindliches Gesicht. Und es besteht viel weniger aus Erkenntnis, als dass es selbst *Bekenntnis* ist: *zum Menschen oder gegen ihn.*

Das Bild, das wir vom Menschen haben, müssen wir zwangsläufig immer auch auf uns selbst beziehen. Wie wir »den Menschen« sehen, so verstehen wir auch uns selbst. Wir sind diesem Menschenbild aber keineswegs ausgeliefert. Wir könnten es hinterfragen, den Grundriss ausradieren und jederzeit neu malen. Die Häuser würden ganz von selbst folgen. Die Seele eines vermeintlich »psychisch kranken« Menschen kann durch die Winzigkeit eines Satzes (in dem manchmal Jahrzehnte geistiger Arbeit stecken) wieder ins Lot gebracht werden. Depressionen können handstreichartig geheilt werden. Es klingt phantastisch, aber ein einziger Satz kann uns von einer Jahre währenden Leere erlösen.

Sprache ist Denken. Wir haben gelernt, uns in den verfestigten Dogmen und Lehrsätzen, die sich in psychologischen Grundbegriffen kristallisieren, selbst zu sehen. In Begriffen steckt manchmal die Vorstellungswelt eines ganzen Jahrhunderts – von der Denkarbeit und den Vorleistungen, die Denker zu diesen Ideen geführt haben, ganz zu schweigen. Das wird offenbar bei Begriffen, in denen frühere Zeiten gedacht, gehandelt und sich und die Welt verändert haben, Begriffen, die wir zwar noch in Büchern antreffen, die wir aber für unsere Selbstdeutung nicht länger benutzen. So mokierte sich Goethe über den omnipräsenten psychologischen Grundbegriff seiner Zeit, das *Gemüt*. Wie sehr dieses Gemüt eines der untergegangenen Selbstverständnisse des Menschen verkörpert, wird vielleicht bei Goethe noch am deutlichsten: »Gemüth hat jedermann, Naturell mehrere; der Geist ist selten, die Kunst ist schwer. Das Gemüth hat einen Zug gegen die Religion, ein religiöses Gemüth mit Naturell zur Kunst, sich selbst überlassen, wird nur unvollkommene Werke hervorbringen.«

Begriffe sind Denken. Begriffe wie Unterbewusstsein, Kultur

oder Identität sind zu den zentralen Schlagwörtern des menschlichen Selbstverständnisses aufgestiegen und unverzichtbar, wenn wir uns selbst erklären wollen. Wenn unsere Begriffe das Denken anleiten, muss jeder Begriffswechsel zu einem Denkumschwung führen. Es macht einen erheblichen Unterschied, ob ich eine Handlung als »unterbewussten Trieb« oder als ein »weit her kommendes Geschehen« denke. Aber woran entscheide ich das? Es macht einen Unterschied, ob ich »das Unterbewusstsein« oder körperliche »Regungen« (in früheren Zeiten konnten sich noch ein Bein, die Gefühle oder das Herz selbsttätig regen) am Werk sehe.

Die Vorstellungen, Gefühle und Handlungen, die daraus folgen, sind je ganz andere. Eine Veränderung in der Sprachregelung *ist* eine Veränderung im Denken. Und jede Veränderung in der Sprachregelung ist eine Veränderung im Fühlen. Gerade das spielerische Herantasten an unsere Seele ermöglicht es, ganz anders mit uns selbst ins Gespräch zu kommen. Einen nicht gewohnten oder sogar antiquierten Begriff zu benutzen kann nicht nur Fragen aufwerfen, sondern den gesamten Vorstellungsboden aufreißen und abgesichert erscheinende Selbstdeutungen zum Einsturz bringen (nichts anderes tun Philosophen seit Jahrhunderten), genau so wie Wörter heilen, Rückhalt vermitteln und den Boden zementieren können. Das richtige Wort, gesprochen in einem Moment tiefster Erschöpfung, richtet ganze Völker wieder auf. Diese Wirkung kennt die Politik. Deshalb war die Rhetorik einst die Schule aller Politiker. Warum haben die Hirnforscher des 20. Jahrhunderts eigentlich nicht die Wirkung von Wörtern auf den menschlichen Körper untersucht?

Es ist eine Sache, innere Stimmungen als »Todestrieb« zu interpretieren. Es ist etwas völlig anderes, dieselben Stimmungen als »neronisch« zu denken. Die Interpretation eines psychologischen Phänomens ist eine reine Bezeichnungsfrage. *Bezeichnen ist Interpretieren!* Für den Zustand, den wir selbst gerne als »Depression« deuten, existiert eine breite Palette veritabler Ersatz- und Konkurrenzbegriffe. Nicht wenige davon könnten das Ereignis besser und viel präziser fassen als der Gummibegriff Depressionen: Apathie, Melancholie, Einsamkeit, Verzweiflung, Lethargie, Ohnmacht, Niedergeschlagenheit, Antriebslosigkeit, Trostlosigkeit, Trauer. Die Regungen der Seele sind grundsätzlich mehrdeutig. Wer oder was sagt uns eigentlich, dass dieser oder jener Begriff der richtige ist? Unsere Gefühle? An Gefühlen haftet keine Namensplakette, die einem verriete, wie sie heißen. Worte können definiert, Gefühle müssen interpretiert werden.

Es ist eine befreiende Erfahrung, die unterschiedlichsten Begriffe für unsere Gefühle durchzuspielen, weil diese Gefühlsbegriffe je ganz eigene Konsequenzen haben. Antike Autoren schildern unzählige Situationen, die wir heute als Depressionen begreifen würden. Xenophon etwa beschreibt in der *Anabasis,* wie ein Haufen Soldaten auf eine waghalsige Expedition nach Persien aufbricht und dann, in aussichtsloser Lage von Feinden umzingelt, in Depressionen verfällt. Das gesamte Heer macht stellenweise schlapp. Interessant ist, zu welchem Wort Xenophon für diese Erscheinung greift: »Mutlosigkeit«. Dass die Menschen urplötzlich mutlos werden, ist ein stehender Topos in alten Texten. Allerdings – und das ist wichtig: Depression und Mutlosigkeit können vielleicht auf dieselbe Situation Bezug nehmen, aber sie legen sie vollkommen unterschiedlich aus. Depression ist nicht dasselbe wie Mutlosigkeit. Schon der Begriff Mutlosigkeit spielt einem die Alternative des Mutes zu. Die Mutlosigkeit blickt den Mut immer verliebt mit an. Aber worauf genau blickt die Depression? – Ins Leere.

Es macht einen Unterschied, ob sich jemand als mutlos oder als depressiv *bezeichnet.* Der Depressive hat im Gegensatz zum Mutlosen keine Handlungsmöglichkeiten. Wenn die Depression einen Endbahnhof verkörpert, ist die Mutlosigkeit eine Durchgangsstation. Während letztere dazu herausfordert weiterzuziehen, an sich zu arbeiten und mit seinem Schicksal zu ringen, suggerieren Kopfbahnhöfe die Finalität, in ihnen auszusteigen und auf ihrem Boden zu siedeln. Der Zustand der Mutlosigkeit kann nicht das Ende einer Geschichte sein (er entwickelt Zugkräfte in Richtung Mut). Eine Depression kann, wie wir leider wissen, sehr wohl auch buchstäblich zum Ende der Lebensgeschichte werden.

Im Bezeichnen, in der Artikulation wird *der Akt der Selbsterkenntnis* vollzogen. Der delphische Orakelspruch sollte nicht »Erkenne dich selbst!« lauten, sondern: *»Bezeichne dich selbst!«* Bezeichnen ist immer schon Interpretieren. Und Interpretieren begrenzt oder eröffnet all unsere Denk-, Fühl- und Handlungsräume. Jede Bezeichnung wirft ein anderes Licht auf das Klima, in dem wir uns sehen, verstehen, denken und empfinden. Das Phänomen dahinter ist mehrdeutig und wird durch die Artikulation als »Ohnmacht« oder »Antriebslosigkeit« erst fixiert.

Deshalb kommt es erheblich darauf an, womit sich Menschen bezeichnen, welche Begriffe und Vorstellungen sie verwenden. Schon die Neufassung eines »psychischen Problems« mit einem weniger pathologisierenden Wortschatz hat in der Regel einen Effekt, der nicht anders als *therapeutisch* zu nennen ist. Ideen, Begriffe und Vorstellungen haben uns in einer Weise im Griff, dem wir mit dem Vokabular von Chemie, Biologie oder Hirnforschung nicht einmal ansatzweise nahekommen. Dieses Vokabular vernebelt den Einfluss, den es auf jeden von uns hat. Wir stehen in einer brennenden Stadt. Wie zu Neros Zeiten ist der Brand weitestgehend selbst gelegt. Die Neros der Moderne haben vielerlei Namen. Sie haben Schadstoffe in unsere Atemwege geleitet. Die Gegenwart des Denkens atmet Asche. Und das macht uns zu Seelen ohne Atem.

Dieses Buch stellt Anklage, Aufruf und Anleitung zu mehr Humanität in der menschlichen Selbstdeutung dar. Es geht vordergründig um so etwas Altmodisches wie »Manieren« bei der Selbstauslegung, die nicht weniger als die Grundlage für unser Fühlen, Denken und Handeln sind. Dem Verlust an Humanität geht der Verlust humaner Begriffe und Konzepte voraus. In unserem selbstdeutenden Vokabular übersteigt die Zahl der Begriffe, die den Menschen verächtlich machen, bei Weitem die Anzahl jener Begriffe, die ihn wertschätzen und poetisieren. Dass wir für das systematische Schlechtmachen eigentlich keine guten Gründe haben, werde ich darzulegen versuchen.

Eine humane Selbstdeutung setzt einen wertschätzenden Blick voraus. Auf dem Grundriss unseres Geistes, wo ganze Stadtviertel Egoismus, Triebnatur, Narzissmus oder Minderwertigkeitskomplex heißen, wird diese Erkenntnis tendenziell unterlaufen. Diese Termini sind es, die unsere Erfahrungen verändern, kontaminieren und verzerren. Für die hässlichen Seiten gibt es tausend Wohnviertel, für die schönen eine kleine Vorstadtsiedlung unbelehrbarer Idealisten.

Viele der Wörter, mit denen wir das Phänomen Mensch heute zu fassen versuchen, sind nicht zufällig aus der Erklärung schwerer psychischer Störungen hervorgegangen. Späteren Zeiten wird viel klarer vor Augen stehen als uns, dass wir uns sehr direkt vom Standpunkt der Psychiatrie aus betrachten. Es wird kommenden Generationen als Kapitulationserklärung erscheinen, die eigenen Erfahrungen im Erfahrungshorizont und Vokabular der Psychiatrie zu deuten. Das Ergebnis dieser Selbstausforschung steht in der Regel von vornherein fest. Es äußert sich in der gängigen Überzeugung, dass die Grenze zwischen psychischen Krankheiten und vermeintlicher psychischer Gesundheit »fließend« sei – wobei schon das Wort »psychisch« diese Suggestivbotschaft aussendet. Das Beste im Menschen? Das Höchste der Gefühle? Strahlende moralische Schönheit? Das sind für uns nicht so reale Phänomene wie die »anale Phase« oder »neurotisches« Verhalten. Damit ist die zentrale Schieflage unserer Selbstdeutung benannt. Mit derartigen Konzeptionen lässt sich wunderbar unterstellen, verdächtigen, verletzen und entlarven. Aber wertschätzen?

Die wichtigsten Konzepte, Worte und Vorstellungen, mit denen wir uns und die Welt verstehen, haben Schönheit vollkommen ausgeschlossen. Sie halten schon ihre Existenz für unmöglich. Was sie nicht bedenken, ist: Die Leugnung von Schönheit macht nicht objektiv oder wertneutral, sondern verschlägt sie ins Unterholz der Hässlichkeit. Wer Schönheit nur ein einziges Mal erlebt hat, wird nicht an ihrer Existenz zweifeln. Wie heißt es bei Dostojewski: »Die Schönheit rettet die Welt.«

Wir haben grundsätzlich die Möglichkeit, den Menschen mit Schönheit oder mit Hässlichkeit zu sehen. Worin besteht die Minimalanforderung an eine humane Selbstdeutung? Sie muss noch den kleinsten Mann dazu auffordern, *sich selbst zu achten.* Die Tuchfühlung mit dieser Anforderung darf durch keinen noch so großen wissenschaftlichen Fortschritt bei der Betrachtung des Menschen zunichtegemacht werden.

Die gesunkenen Erkenntnisse

Im Lichtkegel unserer Vorstellungen dominiert das Bild vom Menschen als einer Kreatur, die sich mit der Gesellschaft *arrangiert*. Wir unterstellen, diese Kreatur gehe vertragsähnliche Verhältnisse ein, in denen sie sich zu zivilisiertem Verhalten verpflichtet. Im Gegenzug erhält sie Leistungen, die ihr dienen. Das heißt, wir leben im Flimmer des eigenen Vorteils und kalkulierten Nutzens – so die vermeintliche Annahme. Die Leistungen, zu denen sich die Kreatur Mensch verpflichtet, scheinen durchweg zu ihrem Nachteil zu sein: Die Handlungen zielen auf das Unterdrücken einer Vielzahl *natürlicher* Wünsche. Das Individuum darf seiner Brutalität nicht hemmungslos nachgeben, bloß weil ihm danach ist. Es darf nicht töten, und eine Reihe von Aufgaben zum Schutz und Wachsen der Gemeinschaft muss es ebenfalls übernehmen. Das alles kostet nicht nur Zeit, sondern verursacht auch erhebliches Leid. Der individuelle Preis für gesittetes Verhalten ist hoch. Denn die Hemmung der natürlichen Wünsche führt zu einem unnatürlichen Leben. Die Natur des Individuums steht der Kultur gegenüber. Der Mensch unter Menschen ist künstlich. Zur Kompensation wird er überhäuft mit Annehmlichkeiten, die ihn seinen Nachteil vergessen machen sollen: Schulbildung, medizinische Versorgung, Schutz seines Lebens, Garantie von Nahrung und Ähnliches mehr.

Das theoretische Fundament dieser gezähmten Kreatur lieferten Naturrechtsphilosophen wie Thomas Hobbes und John Locke. Ihre Überlegungen unterstrichen die Notwendigkeit des Staates. Um diese Notwendigkeit möglichst eindrücklich darzustellen, entwarfen sie einen vorkulturellen Zustand, den Naturzustand. Hobbes veröffentlichte 1651 sein berühmtes Buch *Leviathan*. Wie immer der Mensch vor 1651 gesehen worden war, danach teilte man ihn auf in seinen realen Zustand in der Gesellschaft und in einen gedachten Zustand *vor* dem Eintritt in die Gesellschaft.

Das Bild, das er vom einzig der Natur überlassenen Menschen zeichnete, ist an atmosphärischer Wucht kaum zu überbieten: ein Krieg der Titanen, ein Kampf jeder gegen jeden – die Hölle auf Erden. Für Hobbes ist der Mensch zu fast allem fähig: Raubzüge, Plünderungen, Vernichtung. Wir zerschmettern, vergewaltigen und erschlagen einander. Der Naturzustand wird geschildert als Höllenfeuer, aus dem wir erst nach Jahrtausenden herausfanden. Keiner, auch nicht der Stärkste, sei seines Lebens sicher. Hier gibt es keine Kultur; keinen Ackerbau, keine Werkzeuge, keine vorausschauende Versorgung, keine Poesie – vor allem aber: keine Schönheit. Die Menschen leben in einem andauernden Kriegszustand. Nach Hobbes ist das Leben im Naturzustand einsam, kümmerlich, roh und – vor allem – kurz!

Der Naturzustand ist eine Denkchiffre, die unseren Alltag entscheidend beeinflusst. Wie sähe die Welt ohne Polizei, Richter oder Militärgewalten aus? Wie würden sich Menschen in einer Welt ohne Staat verhalten? Hobbes meinte, einzig der Natur überlassen, würde diese Welt im Chaos versinken. Wir würden einander umbringen, sodass ein Staat – und somit Kultur – notwendig sei. Der Mythos ist bestechend.

Aber während es einen Zustand *vor dem Staat* gegeben haben mag, hat es nie einen Zustand der Menschheit *vor der Kultur* gegeben. Während sich der Staat denkerisch eliminieren lässt, ist eine vorkulturelle, »natürliche« Menschheit ein dramatischer Denkfehler.

Die Meinung, die Hobbes von den Menschen hat, verrät viel über ihn und seine Zeit. Über seine Zeit, weil sie historisch tatsächlich von Großkriegen erschüttert wurde, und über ihn, weil er wohl apokalyptische Erfahrungen gemacht hatte. Hobbes' Naturzustand ist eine versinkende Welt, die bedauerlich kurze Lebensspannen bereithält.

Die Ungereimtheiten sind nicht zu übersehen. Bei Hobbes setzt sich die Menschheit aus lauter Einzelkämpfern zusammen. Anderen begegnet der Einzelne bestenfalls kurz, um sich all die Dinge anzutun, welche die Gründung des Staates notwendig machen. Von dem, was wir über die Menschen in der Steinzeit tatsächlich wissen, sind Hobbes' Vorstellungen allerdings weit entfernt. Denn diese Menschen waren stets in Gruppen organisiert. Und an der Spitze so mancher Stammesverbände standen nicht grausame Machtherren, sondern Frauen. Doch sobald wir bezweifeln, im Naturzustand jenen gewissenlosen Schuften zu begegnen, die noch nicht durch das Sozialisierungsprogramm der Kultur gegangen sind, bröckelt die Bilderwelt Hobbes'. Dahinter kommt die Dialektik von Einzelkämpfer und Gemeinschaft zum Vorschein. Das heißt, diese Welt besteht entweder aus Einzelkämpfern, die nur die Natur kennen, oder sie besteht aus Gemeinschaften, die aus der Kultur herauswachsen. Die Grundbehauptung dahinter ist stets die gleiche: In der Natur herrscht Asozialität, in der Kultur ist die Bestie gebändigt. In Hobbes' Theorie ist der Einzelne ein Verbrecher, der Gemeinschaften sprengt, wenn er sie nicht ganz meidet. Was aber, wenn es diesen Einzelkämpfer nie gegeben hat? Die Menschheit hat sich zu allen Zeiten in Gemeinschaften organisiert. Einzelkämpfer mag es gegeben haben, aber sie wurden eher ausgeschlossen. Wie es ihnen gelungen sein soll, in nahrungsarmen Gebieten einzig auf sich gestellt zu überleben, bleibt ungeklärt. Wie Norbert Elias es ausdrückt: »Ein Mensch für sich, ein Mensch ohne Gruppe, hatte in dieser wilderen Welt keine sehr großen Überlebenschancen.«

Meine These lautet: Weil Hobbes' egoistischer Einzelgänger durch den Boden unseres kulturellen Denkens eingebrochen ist, verkennen wir, wie stark wir aufeinander angewiesen sind. Diese Angewiesenheit geht weit darüber hinaus, sich in einer arbeitsteiligen Gesellschaft zu organisieren, um effizienter zu produzieren oder irgendwelche egoistischen Interessen zu verfolgen. Die Abhängigkeit, die ich im Auge habe, ist seelischer Natur. Unsere Seelen sind auf Berührung angewiesen. So sehr wir das aus den Theorien verbannen mögen, unsere Erfahrungen vermitteln stur das Gegenteil. Wir brauchen einander. Dieser Aspekt der Realität hat sich ideengeschichtlich bis heute kaum niedergeschlagen.

Wir teilen die Sicht des Individualismus, die suggeriert, es käme einzig auf den einzelnen Menschen an. Doch in diesem Punkt irren die Philosophen des Naturzustands. Sie glauben, das Charakteristische an einem vorkulturellen Zustand sei die Gemeinschaftsfeindlichkeit des Menschen. Aber die Natur widersetzt sich diesen lauten Zwischenrufen. Tatsächlich sind wir aber nie allein. Ärzte und

Krankenschwestern entbinden Babys. Eltern ziehen sie groß. Und während wir aufwachsen und gedeihen, werden wir von so vielen Menschen berührt und geführt, dass die Vorstellung von einem selbstbestimmten Leben arg strapaziert wird.

Hobbes' Bild vom Einzelgänger ist nicht schlüssig. Wie soll ein Kind ohne seine Eltern überleben? Wie soll es geistige Fähigkeiten entwickeln? So erklärt man vielleicht das Verschwinden des Neandertalers, aber nicht die Natur des Menschen. Auch John Locke teilte Hobbes' wirkmächtige Sicht, wir verhielten uns in der Gesellschaft wie voneinander isolierte Atome. Für Locke werden wir als Gleiche geboren. Die Ungleichheit entsteht in dem Moment, wo wir aneinander geraten. Aus diesem »Aneinander-geraten« spricht eine Skepsis gegenüber dem Mitmenschen als solchem. Wir misstrauen dem Individuum und unterstellen ihm nackten Egoismus.

Hobbes' und Lockes Problematisierung einer natürlichen Asozialität bekam eine neue Dimension, als Marx diesen Topos aufgriff. Für ihn war der Kapitalismus die Ursache der Gemeinschaftsfeindlichkeit des Menschen. Damit verlagerte er die Ursache von der Natur in die Kultur. Er entwarf das Nirwana eines solidarisch-sozialen Endzustands, in den die Geschichte nach der längsten Phase der Ausbeutung münde. Marx' Theorien erzeugten eine derartige Heilserwartung, dass sich Kulturforscher veranlasst sahen, den Marxismus als Religion zu behandeln. Marx' Annahmen über den Menschen sind ebenso optimistisch wie romantisch. In den Getreidefeldern eines kommunistischen Endzustands kennt der Mensch weder Hass noch Neid. Es gibt weder Ungerechtigkeit noch schwere Misshandlung. Marx verneinte die Frage, ob Herrschaft und Knechtschaft (in diesen Begriffen scheint zum letzten Mal Hobbes' Natur- bzw. Kriegszustand auf) für den Menschen natürlich sind. Seine Theorie mündet in die Idee eines Endzustands, der die unnatürliche Knechtschaft beseitigt. Knechtschaft ist für Marx kulturell bedingt und hat nichts mit der menschlichen Natur zu tun. Hobbes und Locke hingegen halten nicht nur die Gleichheit für natürlich, sondern auch Hinterlist, Bosheit und Feindseligkeit. Für Marx sind all dies durch räuberisches Kapital bedingte Phänomene.

Hobbes und Locke sind die geistigen Wegbereiter eines der berühmtesten Denker des 19. Jahrhunderts. Ihre Konzeptionen wirken wie eine Blaupause für den Sozialdarwinismus, den Herbert Spencer 1852 erstmals schriftlich formulierte. Sieben Jahre später kam Charles Darwin auf die Idee, die Mord-und-Totschlag-Theorie auf alle Lebewesen der Erde auszuweiten. Mit dieser ideengeschichtlichen Volte gelang Darwin der »philosophische« Durchbruch: Er erklärte die Gesetzlosigkeit des menschlichen Naturzustands zum Gesetz der Natur an sich. Gewalt wurde zum Recht, wenn nicht gar zum Gebot. Nicht nur durfte fortan der Starke den Schwachen treten, er schien im Namen der Evolution sogar dazu beauftragt zu sein. Aus dieser Perspektive hält jede Rücksichtnahme, jeder Humanismus nur die Wende zum Guten auf. Im Sozialdarwinismus ist das Gute die ungebremste Triebkraft.

Hier treffen wir auf einen jener Ströme, an dessen Ufern sich Philosophen seit Jahrhunderten niederlassen und ganze Pflanzstädte aus dem Boden stampfen. Die gravierenden moralischen Folgen dieser Kolonien verdienen eine genaue Betrachtung. Wer weiß, ob wir hinter der Grundbehauptung der menschlichen Natur als unberechenbarer Einzelgängerin nicht den Treibstoff für neuzeitliche Kriegserklärungen entdecken?

Gerade Ökonomen fragen immer wieder nach dem Nutzen von Ideen. Sie wollen den »Sinn« des Geistes quantifizieren. Ihnen fehlt die Phantasie, die Macht von Vorstellungen und Grundannahmen auch nur zu erahnen. Wenn wir einen Beweis für den Wert des menschlichen Geistes suchen, finden wir ihn hier: Weltkriege werden ausgelöst durch die Macht von Vorstellungen. Die schrecklichsten Waffen, die wir besitzen, sind nicht atomarer oder biologischer Art, die grausamsten Waffen sind Ideen. Die Gefahr, die von Ideen ausgeht, wird durch die Vorstellung verdeckt, was dem Territorium der Phantasie entspringe, sei irreal. Die Realität entziehe sich der Wirkmacht von Deutungen. Die meisten bemerken die Wirkmächtigkeit von Ideen erst, wenn es schon zu spät ist und Lebensläufe einstürzen, Kriege ausbrechen und alle Hoffnungen schwinden.

Die Wirkmächtigkeit, die Hobbes' kriegerische Grundlegung der menschlichen Natur entfaltet hat, erklärt sich kaum durch ihre Evidenz. Es scheint schon eher eine theoretische Vorliebe zu sein, den

Menschen als aggressiv einzustufen, ihn grundsätzlich von seiner Asozialität her zu denken und alle sozialen Neigungen, sein Bedürfnis nach Geist, Wärme und Verwandtschaft zu übergehen. Wenn Naturkatastrophen die Insignien der Staatlichkeit ausreißen, halten wir Geschichten über Plünderungen und Vergewaltigungen für den erwartbaren Regelfall. Wenn die Zivilisation zusammenbricht, schimmert der Kriegsherd des Naturzustands hervor. Der »Lack« der Zivilisation bröckelt, so heißt es dann. Gerade Fernsehkameras suchen mit Vorliebe nach Plünderungen und Chaos, während Geschichten über Mitmenschlichkeit und Rettung in Vergessenheit geraten. Dabei stellt sich im Nachhinein oft heraus, dass viele Geschichten über Gewalt und Barbarei von Kameraleuten mühsam gesucht wurden. Journalisten sind darauf trainiert, sie aus dem Sumpf der Wirklichkeit herauszufiltern. Die Theorie sagt uns, was eintreten muss. Die Realität wird nach entsprechenden Indizien durchkämmt.

Möglicherweise lösen Hobbes' Annahmen des menschlichen Wesens die verheerenden Auseinandersetzungen erst aus, die sie eigentlich abbilden sollen. Wenn wir von einem Gegner glauben, dass er kein Recht kennt, fühlen wir uns ermutigt, Unrecht zu begehen, um Ungesetzlichkeit abzuwenden. Wir unterstellen Unvernünftigkeit, die wir dann präventiv unterbinden. Die amerikanische Regierung erklärte gewissen Diktatoren nicht den Krieg, weil diese im Besitz strategisch wichtiger Erdölreserven waren, sondern weil sie ihnen nicht zutraute, vernünftig damit umzugehen. Die Theorie von der Bestie im Menschen, die sich vor allerlei Staatlichkeit und Kultur nur verstecke, findet sich im Großen wieder: Das Verhalten, das wir den 193 Staaten auf der Erde zuschreiben, weist frappierende Ähnlichkeiten mit Hobbes' im Inferno versinkender Welt auf, wo jeder nur für sich kämpft und jedes Mittel recht ist.

Wenn die politische Elite eines Landes überzeugt ist, über Bestien zu herrschen, dann blättert der Schutz der Menschenrechte. In der Terminologie der Ökonomen kann diese Vorstellung Absatzmärkte zerstören. In der Sprache der Philosophen wird das Leben sinnlos. Wenn Regierungen glauben, sie herrschten über einen Haufen egoistischer Nichtsnutze, gelangen demokratische Ziele an ihr natürliches

Ende. Das Ziel des Politischen muss es sein, Zustände zu schaffen, in denen die Menschen leben wollen.

Die Mehrzahl der Politiker, Intellektuellen und Medienschaffenden jedoch vernachlässigt die Frage, was sein sollte. Mit der »normativen« Einordnung von Fragestellungen glauben sie, diese auch aufzuheben zugunsten ihrer Betrachtungsweise, die nach dem fragt, was in der menschlichen Verfassung *sicher* ist. Dass wir uns an sicheren Vorgaben orientieren, ist die eigentliche Revolution. Die darwinistische Naturwissenschaft beispielsweise hat uns attestiert, egoistisch und einzelgängerisch zu sein. In Wirklichkeit wird aber kaum raubendes und unmoralisches Verhalten nachgeahmt. Vorbildhaft ist kein Rudolf Höß, der schier unerschöpflich das »logistische Problem« organisierte, das Millionen von Leichen für ihn bedeuteten. Vorbildlich ist ein Mann wie Varian Fry, der 1940 Tausende Intellektuelle aus Frankreich vor dem sicheren Tod rettete. Keine Kriegsunternehmer wie General Aidid in Somalia, sondern Menschen wie William Penn, die mit ihrem Vermögen Pennsylvania gründeten. Es herrscht ein statistisches Ungleichgewicht zwischen den Vorfällen, die beweisen sollen, wir seien unter der kulturellen Haut Bestien, und der Vielzahl eigener Erfahrungen, die dem radikal widersprechen. Dem drastischen Einzelfall wohnt ein derartiger Schockcharakter inne, dass wir meinen, vom Einzelfall auf ein generell schlechtes Wesen schließen zu können. Dabei ist es gerade die Schockstarre, durch die sich das eigentliche Wesen verrät. Hobbes imaginiert den Naturzustand in einer Zeit, in der schon das Sichnicht-Erheben eine beispiellose Ungehobeltheit darstellen kann. Inmitten raffiniertester Kulturleistungen entwirft Hobbes das Bild einer dunklen verbrecherischen Natur des Menschen.

Vor über 2 300 Jahren formulierte ein Philosoph eine Vorstellung, die uns heute fernliegt. Es ist kein Zufall, dass ausgerechnet Thomas Hobbes diesen Philosophen am sorgfältigsten studierte. Es erklärt die Vehemenz, mit der er die Ideengeschichte vom Gegenteil zu überzeugen suchte. Aber es erklärt nicht, warum die Denker, die auf Hobbes folgten, seine Gedanken übernommen haben. Die Rede ist von Aristoteles. In seiner Vorstellung von der Natur des Menschen ist der Mensch auf andere Menschen angewiesen. Er braucht die Gesellschaft, so Aristoteles, um zu werden, was der Mensch überhaupt sein kann. Um Mensch zu sein, braucht es Menschen. Aristoteles schreibt in seiner *Politik*, in Gemeinschaft würden Menschen glücklich, in Einsamkeit verkümmerten sie. Ein Mensch, der kein Teil der Gemeinschaft sei, sei »entweder ein wildes Tier oder gar ein Gott«. Während das wilde Tier Thomas Hobbes zur Ausarbeitung einer eigenen politischen Theorie inspirierte, fühlte Nietzsche sich durch die Verklärung der Staatenlosen zu Göttern angestachelt.

Ein ideengeschichtlicher Vorgänger, den Hobbes benutzt und der erst die Anmaßung seiner Überlegungen verständlich macht, ist der antike Typus des Tyrannen. Nicht das demokratische Athen allein, weite Teile des hellenischen Raums verachteten und fürchteten die Alleinherrschaft der selbst ernannten großen Männer. Tyrannen sind auffallend stark vertreten in den intellektuellen Debatten der Griechen. Sokrates, der nicht zuletzt verdächtigt wurde, durch seine Schüler ein tyrannisches Regime in Athen installiert zu haben, inspirierte eine Vielzahl gebildeter junger Männer, über das Politische und über Tyrannenherrschaft nachzudenken. So besitzen wir den *Hieron*-Dialog Xenophons, in dem ein Intellektueller mit einem Tyrannen darüber verhandelt, ob es besser sei, eine öffentliche oder eine private Person zu sein. Platons *Politeia* beeindruckt seine Leser durch akribische Schilderungen der seelischen Rückkoppelungseffekte »ungerechter« Taten. Auffallend ist, wie gut die antiken Tyrannen in Hobbes' Naturzustand passen. In der Tat scheinen sie ihm entstiegen zu sein, auch wenn es sich ideengeschichtlich umgekehrt verhält.

Hobbes' Tyrannen inspirierten Hegel zu seiner berühmten Unterscheidung zwischen Herr und Knecht, die Marx wiederum zur Grundlage seiner Weltinterpretation nutzte. Anleihen beim antiken Typus des Tyrannen haben über Hegel und Machiavelli auf Nietzsche und seine Idee zweier unterschiedlicher Morallehren gewirkt (Herren- und Sklavenmoral). Im Sand des Hegel-Nietzscheanischen *Herrn* lässt sich der antike Tyrann ausheben. Dabei drehen Hegel und Nietzsche durch geschicktes Verschütten ihrer antiken Inspirationsvorlagen die Wertigkeit kurzerhand um. Der antiken Philosophie ist der Tyrann verdächtig, weil er Sklave seiner Lüste bleibt. Sie sind das Einzige, was der Tyrann nicht knechten kann, das Einzige, was ihn wirklich versklavt. Insofern ist ausgerechnet der Tyrann niemals Herr im eigenen Haus. Hegel synthetisierte die Vorstellung eines Tyrannen mit einem Begriff, der heute untergegangen ist. Hegel gab der Idee des Herrn die entscheidende Kehrtwende: Er bezeichnete ihn als vornehm und edel.

Diese Umwertung ist unvereinbar mit dem Denken der Antike, in der die Edlen Helden waren, die sich für andere einsetzten. Das Edle war ein Status, den jemand erhielt, wenn er sich für die Gemeinschaft einsetzte. Es bleibt offen, ob diese Umwertung plausibel sein kann. Die moderne Philosophie hat die empirischen Erfahrungen mit Diktatoren nie ideengeschichtlich verarbeitet. In Philosophieseminaren wird so ziemlich alles gelehrt, nur nicht der Holocaust und welche Konsequenzen er für die Anthropologie hat. Sollen wir ernsthaft erwägen, Diktatoren seien *edel*?

Heute bezweifeln wir mehr denn je, dass wir einander brauchen. Wir vermuten in der menschlichen Natur eine ideengeschichtliche Raubkopie des antiken Tyrannendiskurses. Aber möglicherweise verstellt diese Raubkopie der Wirklichkeit aus dritter oder vierter Hand die Sicht auf die ihr widersprechenden Erfahrungen: die menschliche Sehnsucht nach Nähe, Liebe und Geborgenheit; den Willen zu Berührung und Verführung; den Wunsch nach Kraft und Inspiration; das Streben nach geistiger Verwandtschaft. Aristoteles stand unser Bedürfnis nach anderen Menschen klar vor Augen. Wir haben diese grundsätzliche Angewiesenheit abgedrängt. Was sich heute als geistige Revolution ausnimmt, galt in der antiken Welt als selbstverständlich: Der Mensch ist nicht erst in Kultur, sondern schon von Natur aus ein soziales Wesen.

Die Blausäure der Individualität

Die Hobbes'schen Tyrannen (die »Naturmenschen«) schließen sich im Kulturzustand zusammen, um ihre brennende und gesetzlose Welt in den Griff zu bekommen. Für Hobbes entsteht Kultur, um die Welt vor dem Untergang zu bewahren. Diese archetypische Vorstellung von Natur und Kultur ist uns derart geläufig, dass die Konzeption unserer Wünsche sich schon vollständig in dieser Dialektik erschöpft. Wir meinen die Gegensätzlichkeit von Natur und Kultur regelrecht körperlich spüren zu können. Die überzeugendsten Beweise dieser Deutung unserer Welt sind noch heute Staudämme, Weltraumsatelliten oder Biotechlabore. Im 19. Jahrhundert überhitzte sich die Naturbeherrschung in dem Phänomen, das wir heute als Industrielle Revolution bezeichnen. Die Abfälle aus Fabriken kontaminierten Flüsse und Wälder. Als Reaktion auf den menschlichen Eingriff formten Philosophen schließlich die bis heute vorherrschende Auffassung von »Natur«. Sie verwischten das Chaos, das beherrscht werden musste, und betonten die Heiligkeit, die es zu verehren galt: Roggenfelder, Rehe, Sonnenuntergänge. Die enorme Wirkmächtigkeit der Romantik wird erst im Lichte dessen, wogegen sie sich wendet, verständlich.

Die romantische Auseinandersetzung mit der menschlichen Kultur brachte eine der bedeutsamsten Dichotomien hervor, nämlich die von Individuum und Gesellschaft, wobei die Gesellschaft der Kultur und das Individuum der Natur entspricht. Gerade junge Menschen sehen sich in den Fängen einer Gesellschaft, die ihre Neigungen und Talente auf Ausbildung, Beruf und Alter reduziert. Zwangsläufig haben sie den Wunsch, mehr zu sein als das, was »die Gesellschaft« in ihnen sieht. Sie werden durch Schulen und Universitäten geschleust, wo sich niemand ernsthaft für sie interessiert. Wo immer sie in den Orbit der Gesellschaft eintreten, droht ihre Individualität zu verglühen. Ob sie in den Aufruhr eines Marktplatzes, die Anonymität einer Behörde oder die Leere der Nachrichtenwelt tauchen, als Menschen, als Individuen in all ihrer unausgeprägten und ungeformten Schönheit verenden sie. Gesellschaft empfinden sie als die Vernichtung ihrer Individualität. Sie fühlen sich einer fremden und kasernierenden Welt ausgeliefert, vor der sie sich als Menschen zu bewahren versuchen.

Diese kategoriale Verschiedenheit der Gesellschaft von der menschlichen Natur schließt den Staat mit ein. Der Staat besitzt in dieser Wahrnehmung dieselben Merkmale wie die Gesellschaft – er ist die Blausäure der Individualität. Im romantischen Denken bestehen alle Länder aus einem sagenumwobenen Machtapparat, den der so wertfreie Max Weber »das stahlharte Gehäuse der Hörigkeit« nannte.

Doch die Feindin des Verlangens nach einem Mehr-Sein ist nicht eine gebieterische Gesellschaft, sondern die triviale und kümmerliche Erkenntnis dessen, was wir als Menschen sind, fühlen und tun können. Gerade junge Menschen sind heute kaum noch in der Lage, Aristoteles' Gedanken einer grundsätzlichen Angewiesenheit des Menschen nachzuvollziehen. Gerade junge Menschen sehen Glück und Erfüllung jenseits der einengenden Gesellschaft in der Natur. Doch wenn sie das nötige Kleingeld haben, um sich ihre Träume in der Natur, abseits der großen Städte, zu erfüllen, kehren sie schnell zurück. Als Rückkehrer sehnen sie sich nach Gesellschaft und unterstreichen damit die Relevanz von Aristoteles' Überlegung.

Die antike Vorstellung, ein Staat bestehe aus Menschen, ist uns heute einigermaßen fremd. In unserer Vorstellung bestehen Staaten aus Städten, Landschaften, Häusern, Gesetzen, Schulen, Anweisungen, kurz: aus lauter Unmenschlichkeiten – nur nicht aus Menschen. Staat meint einen Moloch, dem wir nicht unsere Existenz verdanken, sondern der unsere Schönheit zu Fall bringt. Die antike Vorstellung von stolzen Bürgern, die sich als Besitzer ihres Staates fühlen, scheint heute keine Gültigkeit mehr zu haben. Staaten sind eher stahlharte Gehäuse der Wirklichkeit, als dass Menschen in ihnen ihr Verlangen nach Mehr-Sein stillen könnten.

Kein Philosoph spielte den Ankläger der Gesellschaft besser als der Vater der modernen, zutiefst apolitischen Psychologie. Sigmund Freud meinte, Menschen unterdrückten in der Gesellschaft ihre eigenen »Triebe«. Freud glaubte ernsthaft, der »Naturmensch« sei glücklicher gewesen als der »Kulturmensch«. In diesem Vorstellungskosmos steht das Individuum der Gesellschaft diametral gegenüber. Die Gesellschaft versuche, den natürlichen Durst danach, mehr zu sein, mittels Geld oder Karriere zu stillen. Sie achte das, was wir wirklich sind, ebenso wenig wie das, wonach wir uns wirklich sehnen. Das Verhalten junger Menschen gleicht Flutopfern, die entschlossen sind, ihre Besonderheit vor dem zersetzenden Einfluss der Gesellschaft in Sicherheit zu bringen. Das ist ein Schauspiel, das seit mehreren Jahrzehnten stetig wieder aufgeführt wird. In die Rolle der Gesellschaft schlüpfen Ämter, Schulen, Politiker, Medien oder das Korsett der Arbeitswelt.

Diese Perspektive erlaubt letztlich nicht, sich als Teil der Gesellschaft zu fühlen. Das Individuum ist nicht Teil der Gesellschaft, sondern ihr auf eine sonderbare Weise äußerlich. Das Individuum tritt gerade gegen die Gesellschaft an. Diese Polarität zieht sich durch die Tagebücher und Aufzeichnungen jeder jungen Generation seit dem 18. Jahrhundert: Auf der einen Seite steht die eigene Einzigartigkeit, auf der anderen das bedrohliche seelenlose Etwas namens Gesellschaft. Wer so dumm ist, sich als Teil der Gesellschaft zu sehen, hat sich von seiner Individualität verabschiedet.

Seit Nietzsche, Le Bon oder Ortega kennen wir die Denkfigur des einsamen Großen, der sich hemmungslos der breiten Masse erwehren muss. Masse sind die anderen, ein grauer, denkfauler Einheitsbrei, dem das große Genie entgegentritt und zwar mit der Maßgabe: je genialer, desto brutaler. Es ist irritierend, wie viele Menschen sich als Individuen sehen und wie wenige als Masse. Das hat eine Gesellschaft zur Folge, in der jeder sich selbst in der Rolle des Individuums wiedererkennt und alle anderen Menschen als Masse verteufelt. Gerade junge Menschen sehen sich der Gesellschaft gegenüber – worin nicht weniger Verachtung nachklingt als im Wort Masse. Dabei gilt es, die innere Natürlichkeit zu bewahren. Die Persönlichkeit würde von der Unpersönlichkeit der Gesellschaft nur zersetzt. Weil Gesellschaft und Individuum sich gegenseitig ausschließen, haben wir eigentlich keine Erklärung dafür, in welcher Weise Individuen eine Gesellschaft konstituieren können.

Die späte Rache einer jeden Gleichsetzung von Gesellschaft, Kultur, Staat und Masse als das, was dem Individuum gegenübersteht, ist die eines notwendig werdenden Eskapismus. Interessant ist, dass im dialektischen Gegensatz von Individuum und Gesellschaft *Gesellschaft* jede Legitimität einbüßt. Wir wissen nicht, wozu sie eigentlich da ist, aber sie stört, und deshalb muss gegen sie in irgendeiner Form revoltiert werden.

Die Dialektik von Individuum und Gesellschaft entstand im Horizont der polaren Anschauung von Natur und Kultur. Dahinter verbirgt sich die Vorstellung, Natur sei *die Einzelerfahrung der Wirklichkeit*, Kultur die kollektivierte. Der gedankliche Trick dahinter ist, die Verflechtung, die zwischen Menschen besteht, zeitlich nachfolgend zu denken: Natur bezeichne das Zeitalter des Menschen *vor* seinem Eintritt in die Gesellschaft, also jene Phase, bevor er sich selbst vernichtet, Kultur hingegen das Zeitalter *nach* seinem Austritt aus der Natur und damit den Sturz in ein Blausäurebad. Durch diesen Trick erscheint die Gesellschaft nicht als Ursache des Individuums, sondern als sein Ende. Dahinter steckt dieselbe Vorstellung wie bei Hobbes: Von Natur aus ist der Mensch ein Einzelgängerwesen, das erst nachträglich mit Foltermethoden zu einem nützlichen Mitglied der Gesellschaft gemacht, sprich: »sozialisiert« wird.

Die Dialektik von Individuum und Gesellschaft hat gravierende Auswirkungen auf das Selbstverständnis des Menschen. Die Polarität schließt den Menschen als Bedingung der Möglichkeit von Gesellschaft aus – schließlich ist das Individuum ihr Gegner. Im politischen Extremfall erleichtert das den Massenmord. Diese Dialektik suggeriert allerdings auch, dass Individuen *jenseits* von Gesellschaft existieren und – noch absurder – dass die Gesellschaft auch jenseits von Individuen existiert. Bis heute hat aber noch niemand eine Gesellschaft ohne Menschen gesehen.

Niemand setzt uns in Beziehung zu anderen Menschen, weil davon ausgegangen wird, wir existierten *auch allein*. Neurowissenschaftler versuchen Bewusstsein zu erklären, indem sie es auf das Gehirn reduzieren. Sie ignorieren, dass unser Bewusstsein Gesprächspartner hat. Was, wenn es weniger durch ein körperliches Organ als durch andere Menschen hervorgebracht wird?

Diesem Verständnis widerspricht die Erfahrung: Gesellschaften *sind* Menschen – und Menschen sind Gesellschaften. Wann immer Menschen aufeinandertreffen, verwickeln sich Gedanken, Willenskräfte und Phantasien zu einem unbeabsichtigten Phänomen: zu Kultur. Diese ist, so wenig sie die Schöpfung eines Einzelnen ist, *jenseits* der Beteiligten denkbar. Wir mögen Individuum und Gesellschaft begrifflich gegenüberstellen, in der Realität verbietet sich diese Möglichkeit: Eine Gesellschaft besteht *einzig* aus Individuen und nichts als Individuen. Jahr für Jahr werden im Bundestag Hunderte Aktenmeter neuer Gesetze beschlossen. Jahr für Jahr werden neue Berufsbilder geschaffen. Und Jahr für Jahr zerbrechen alte, vermeintlich unverrückbare Wahrheiten und Gewohnheiten. Wir machen diese Gesellschaft nicht nur, wir sind sie im elementarsten Sinne. Wer, wenn nicht wir? Wer glaubt, auf ihn komme es bei der Belebung, Formung und Stabilisierung der Gesellschaft nicht an, der täuscht sich. Alle kommenden Generationen sind auf uns im Hier und Jetzt angewiesen. Sie sind abhängig von dem, was wir tun, was wir unterlassen, was wir schützen und was wir schaffen.

Nicht wenige Menschen gelangen durch toxische Auffassungen zu der ernsthaften Überzeugung, sich als Einzelgänger schon durchschlagen zu können. Sie glauben, dass es ihnen ohne die Gesellschaft besser ergeht. Mit ein paar Büchern und CDs werde die Einsamkeit schon erträglich. Aber wer hat die Bücher geschrieben? Wer hat die Musik komponiert? Den Raum des Alleinseins füllen wir mit den Begabungen und übermächtigen Gefühlen anderer Menschen. Die meisten leugnen lebenslang, in Isolation unterzugehen. Und die (kulturelle) Vorstellung eines Robinson Crusoe, der auf einer einsamen Insel überlebt, stützt diese Sichtweise. In der Vergangenheit konnte sie keinen seelischen Schaden anrichten. In der Gegenwart fackelt sie die Menschheit. Der beispiellose Wohlstand mächtiger Industrienationen hat in den vergangenen fünfzig Jahren mehr Menschen ein selbstbestimmtes Leben ermöglicht als jemals zuvor. Durch das steigende Handelsvolumen der internationalen Geldströme sind Millionen Menschen reich geworden. Sie brauchen nicht zu arbeiten, und ihre Einkäufe werden geliefert. Aber statt wie in der Antike »Politik zu treiben«, schotten sie sich immer mehr ab.

Die Entzauberung des Menschen

Unsere Kinder wachsen in dem Bewusstsein auf, dass die ganze Welt verstehbar sei. Bei diesem Bewusstsein geht es nicht darum, dass jemand wirklich versteht, wie Gas eine Laterne zum Leuchten bringt oder wie ein Blatt Papier entsteht. Die wenigsten Menschen wissen etwas Essenzielles über das, was ihnen täglich begegnet. Dennoch erscheint ihnen diese Welt restlos aufgeklärt. Die Jugend hetzt mit Kopfhörern durch die Stadt. Jedes Rätsel lässt sich nachschlagen. Gerade die epischen Leistungen der Naturwissenschaften suggerieren, dass alles aufgeklärt werden könne. Man müsse nur wissbegierig genug sein.

Das Entscheidende an diesem Bewusstsein ist eine psychologische Beruhigung: Alle Rätsel sind letztlich aufklärbar. Das Bewusstsein, in dem wir uns eingeigelt haben, befreit von Neugierde und Staunen. Da ist nichts, was wahrhaft unerklärlich *erscheint*. Die mutmaßlich wichtigste Folge dieses Bewusstseins ist *Entkräftigung*. Dieses Weltverständnis muss sich verheerend auf Kreativität und Begeisterung auswirken: »Wozu sich über dieses oder jenes selbst den Kopf zerbrechen, wenn andere es erklären können?«

Mit dem Siegeszug der Naturwissenschaften sank der Meeresspiegel des Staunens in der Menschheit drastisch ab. Wir reden uns ein, wir müssten einzig verstehen wollen, um verstehen zu können. Beschämenderweise haben wir nicht nur die Neugierde verloren, sondern auch den Anreiz, verstehen zu *wollen*. Denn wer einmal auf einem einzigen Wissensgebiet überprüft, was wir verstehen und was nicht, stößt auf eine Menge Rätsel. Aber es fehlt in der Regel an einem grundsätzlichen Staunen, welches das Leben euphorisieren könnte. Das Bewusstsein der Erklärbarkeit betäubt vielen Menschen die Sinne.

Dieses Bewusstsein ist neu und exklusiv. Sämtlichen Völkern früherer Epochen war es fremd. Der Sinn für den Zauber des Geschehens, für Mysterien, für das Wunder, das die Welt und unsere Existenz bedeuten, führte bisher dazu, dass der Mensch seine Welt *aufmerksam* studierte. Die Erde ist heute dieselbe, aber sie erscheint dem Menschen jetzt anders.

Spätestens hier deutet sich an, dass unser Vorstellungskosmos seinen Preis hat. Der moderne Mensch hat das Interesse an seiner Welt verloren, nicht weil sie uninteressant ist, sondern weil er sie als von Wundern befreit ansieht oder – präziser – weil er die Wunder übersieht. Der Preis ist das Ausbleiben aller Mühen, die letztlich dazu führen könnten, sich als wert- und sinnvoll zu erfahren. Zwangsläufig geraten Menschen früher oder später an die Grenze ihrer Existenz: »Warum überhaupt leben?«

Das Bewusstsein der grundsätzlichen Erklärbarkeit macht vor lebenden Wesen nicht halt. Es war eine Frage der Zeit, bis es die letzte Bastion durchdringen würde – nämlich denjenigen, der dieses Bewusstsein überhaupt hat: den Menschen. Aus Sicht der Genetik erscheint der Mensch als lebender Organismus, der sich nach einem festen Bauplan entfaltet und fortpflanzt. Wie Pflanzen, Fische und Affen auch. Biologen schließen ohne das geringste Zögern vom Paarungsverhalten von Fruchtfliegen auf das Paarungsverhalten von Menschen. Nicht wenige Hirnforscher hegen den Verdacht, bei den Höhen der Literatur handle es sich in Wahrheit um »sublimiertes Paarungsverhalten«.

Dieselben Annahmen treiben Psychologen um. Gedanken sind für sie etwas, das aus Gefühlen stammt. Unsere Gedanken halten sie für sublimierte oder rationalisierte »Triebe« aus dem Untergrund. Alles Höhere schwimme auf diesen Tiefen. Obschon Gedanken keine Gefühle *sind,* wollen Psychologen nicht unsere Gedanken-, sie wollen unsere Gefühlswelt therapieren. An die Existenz schädlicher oder krankmachender Gedanken glauben sie nicht. Da scheint es einen Wettlauf darum zu geben, welcher Wissenschaftsstrang den Menschen und seine Erfahrungswelt am besten zu relativieren vermag.

Biologen, die ihre Rückschlüsse von Tier auf Mensch unverhohlen präsentieren, sind ahnungslos, was sie anrichten, wenn sie den Menschen mit Tieren gleichsetzen. Philosophen haben eine solche

Gleichsetzung über Jahrtausende abgelehnt. Und trotzdem ist diese Meinung heute salonfähig. Menschen, die dagegen Bedenken äußern, unterstellen wir eine mangelhafte Schulbildung. Die Naturwissenschaft hat uns eines Besseren belehrt. Ihre Resultate stellen uns in den Verdacht, unter unserer zivilisatorischen Maskierung Tiere zu sein. Viele gefallen sich in der Rolle von Denunzianten. Sie halten sensationelle Funde in die Kameras, die uns vor ernsthafte Schwierigkeiten stellen. Sie gerieren sich als Verkünder hässlicher Wahrheiten: »Seht her, der Mensch ist nicht schön.«

Biochemiker haben *die Seele* als chemischen Neurococktail enttarnt. Sie glauben zu wissen, was sie in Wirklichkeit ist: ein komplexes Zusammenspiel hormoneller Botenstoffe und energetischer Impulse. Was wir immaterielles Bewusstsein nennen (dessen Zeugen wir ein Leben lang nun einmal sind), sei in Wirklichkeit materielle Bewegung. Naturwissenschaftler geben sich siegesgewiss. Es ist wie ein Wunder: Ihr großer Gegner, unter dem sie Jahrhunderte gelitten haben, zerfällt unter den technologischen Supertomographen. Jener »Geist«, auf den sich die Geisteswissenschaften berufen, verschwindet im Gehäuse eindrucksvoller Hightechgeräte. Als hätte die Naturwissenschaft Jahrhunderte gegen ein Phantom gekämpft. Damit ist das größte Rätsel gelöst. Legionen von Wissenschaftlern können wieder ruhig schlafen. Wie tief gerade die Geisteswissenschaften in die Krise geraten sind, lässt sich daran ablesen, dass manchen ihrer führenden Vertreter der Zusatz »Geist« mittlerweile peinlich ist und sie dazu übergehen, die Geisteswissenschaften an den Universitäten in Kulturwissenschaften umzubenennen.

Eine unheimliche Prophezeiung des amerikanischen Denkers Lewis Mumford aus dem Jahr 1956 könnte Realität werden. In *Die Verwandlung des Menschen* gibt Mumford, was den Fortschritt der Menschheit betrifft, zu bedenken: »Die Zivilisation beginnt mit einer Materialisation menschlichen Geistes und endet in einem geistlosen Materialismus.« Die Geschichte der Menschheit beginnt mit Gegenständen wie der Axt oder der Dorfmauer und endet mit dem Unvermögen, diese noch als Ausdruck geistiger Kräfte zu erkennen.

Der neueste Schrei von Erkenntnissen stellt uns vor folgendes Problem: Wenn sich unser Bewusstsein als Mischung aus Serotonin und Cortisol entpuppt, sieht es dann nicht nach Geisterbeschwörung aus, diesem Cocktail Würde zuzusprechen, wie es etwa die Verfassungen unserer Demokratien tun? Kompromittieren wir uns nicht, wenn wir physikalischen Phänomenen Würde einräumen?

Die Entzauberung des Menschen ist das stilprägende Projekt der Gegenwart. Aus der Sicht von Biochemikern ist die Lektüre von Nietzsche, Rousseau oder Livius Hokuspokus, dem sie den Garaus machen wollen – um nicht in die unangenehme Situation zu kommen, *geistige* Größe würdigen zu müssen. Unsere Biochemiker erinnern an den Besucher eines Museums, der unter keinen Umständen einen Blick auf eines der Gemälde werfen will, weil er nicht an die Existenz von Bildern glaubt. Um die Inexistenz des Geistes zu beweisen, stellen sich Biochemiker notorisch blind.

Was unserer Aufmerksamkeit entgeht, ist die *Macht der Methode*, die bei der Untersuchung des Menschen angewendet wird. Diese Methode negiert innere Werthaftigkeit. Sie ist vordergründig wertfrei. Die Melancholie des Schweigens oder die Vorstellung von Menschen, die im Stroh tanzen – die Wirkung dieser Momente wird sozusagen *verbrannt*. Man weiß, die Bestie Mensch verzaubert sich mit allerlei kulturellem Beiwerk, aber die Aufgabe des Wissenschaftlers ist es, frei davon zu bleiben. Würde, Wirkung, Bedeutung, Wert, all das verfliegt für eine solche Wissenschaft.

Nach der vorherrschenden Lehre besteht der Mensch aus einem Bündel Nerven, Chemikalien, Organen und Wasser. Was dieses »Bündel« zu leisten vermag, wird gerne vergessen. Erklärungen für die Bedeutungen, die unser Leben bewässern, für alles, was uns am Herzen liegt, sind rar. Die Methode, mit der wir traktiert werden, ist primitiv, respektlos und beleidigend. Aber tatsächlich kommt im Ergebnis ein Wesen zum Vorschein, das primitiv erscheint und von dem man glauben könnte, es auch demütigen zu müssen. Doch es ist das Bild vom Menschen, das primitiv ist, nicht der Mensch selbst.

Der Konflikt zwischen Geistes- und Naturwissenschaften ist in den vergangenen Jahrzehnten weggeschmolzen. Für Naturwissenschaftler ist alles eins, stehen all unsere Erlebnisse gleichwertig nebeneinander und werden wertfrei behandelt: Ob es um die Erfahrung menschlicher Wärme oder um den Kauf eines Autos geht,

Erleben ist Erleben. Da gibt es keine Skrupel, die Wirkung von Modemarken aufs Gehirn mit der von Beethovens Musik zu vergleichen. Heraus kommt ein Gewirr quantitativer wie qualitativer Aussagen, die im Grunde nichts als heiße Luft sind. Das scheint aber niemanden sonderlich zu stören, verweisen Wissenschaftler doch darauf, »in wenigen Jahren« so weit zu sein, unsere Erlebnisse biochemisch auszulösen. Im Grunde sagen sie: »Beim Bewusstsein sollten wir uns nichts einreden! Was sie empfinden, wenn Sie Nietzsches *Jenseits von Gut und Böse* lesen, sind wir bald in der Lage, chemisch herzustellen – ohne ›Geist‹.« – Und ohne Seele. Diese Menschen sind in ihren Experimenten die wahren Nihilisten. Sie glauben nicht daran, dass die Erfahrungen, die wir machen, sich in ihrem Wert unterscheiden. Wert ist nicht lokalisierbar.

Es bereitet Hirnforschern keine Kopfschmerzen, offen über die Fabrikation menschlicher Erfahrung oder die chemische Produktion von Glück nachzudenken. Es fällt auf, wie wenig überzeugend uns damit unsere Erlebnisse erklärt werden. Der Mensch wird systematisch disqualifiziert, und seine Erfahrungen werden entwertet. Man spricht vom »subjektiven« Gefühl, als handle es sich dabei um eine Krankheit, die es auszurotten gilt. Dabei wird die simple Tatsache übersehen, dass viele unserer besten Einfälle subjektiv sind. Die maßgeblichen Einfälle von Naturwissenschaftlern kommen als Eingebungen, denen sie nachgehen und aus denen sich ihre Gedanken entfalten. Am Anfang steht ein bohrendes Gefühl, das hohe Intelligenz in so etwas Aufregendes wie die Erfindung des elektrischen Lichts verwandeln kann. Aber wenn aus einer Intuition, die ernst genommen wird, elektrisches Licht entsteht, fragt sich, was aus all den Empfindungen werden kann, die in jedem von uns wetterleuchten, wenn wir nur einen Augenblick innehalten.

Der Verweis auf die Subjektivität unserer Erlebnisse ist allein deshalb unsinnig, weil es für uns keine andere Möglichkeit gibt, etwas zu erfahren. Für den Menschen ist jener »Innenraum« ein Ozean, für die Naturwissenschaft das Zusammenspiel einiger lumpiger Hormone. Innere Erfahrungen ernsthaft zu studieren erscheint ihnen lächerlich. Um »subjektive« Bedeutungen geht es ohnehin nicht. Nicht, *was* ein Gefühl auslöst, interessiert, sondern *wie* es ausgelöst wird. Auf dem Terrain des *Wertes* menschlicher Erfahrung brechen regelmäßig sämtliche Bohrköpfe ab. Aber auch Geisteswissenschaftler deuten diesen Wert falsch, wenn sie zu tief in den terminologischen Brunnen der Psychologie schauen. Bei der Frage, was unsere Erfahrungen eigentlich bedeuten, erscheint keine Wissenschaft als wirklich hilfreich.

Aufschlussreich ist es, Menschen zu betrachten, die sich an die reine Lehre halten. Menschen, die sich selbst ernsthaft als so determiniert sehen, wie die Naturwissenschaft sie betrachtet. Diese Menschen verkümmern. Die Sichtweise scheint sie zu banalisieren und ihren Erfahrungs- und Ideenreichtum zu zerkleinern. Sie nehmen ihre Gefühle, Ideen und Erfahrungen selbst nicht länger ernst. Die Kargheit ihres Geistes würde einen Holden Caulfield oder einen Humbert Humbert bestürzen.

Wenn wir lernen, den Menschen im Licht popularisierter naturwissenschaftlicher Ansichten zu sehen, verschwindet auf wundersame Weise der Geist. Die Existenz der Seele wird geleugnet und alle Wirkungen auf Materie reduziert. In einem Fragment aus Nietzsches Nachlass heißt es: »Was ich erzähle, ist die Geschichte der nächsten zwei Jahrhunderte.« Nietzsche glaubte, die große Zukunft des Relativismus spreche bereits »in hundert Zeichen«. Er wählte allerdings statt Relativismus den Begriff des *Nihilismus*. Nihilismus ist weitgehend identisch mit Relativismus, bis auf das Detail, dass darin die Absicht offengelegt wird: das *Verlangen* nach *Nichts*.

Ein Nihilist will Werte radikal vermeiden – in seinem Leben wie in seinen Gedanken –, weil er es für ausgemacht hält, dass sie die Wirklichkeit verfälschen. Die Gegensätzlichkeit menschlichen Wollens beweist ihm, dass es dort keine objektiven Wahrheiten geben kann. Nietzsche schlussfolgerte, dass der Nihilismus die Leitideologie der Wissenschaft verkörpere. Die Wissenschaft, die ohne den »wertesetzenden Blick« des Menschen auskommen *will*, die Wertsetzungen aus dem Forschungsblick zu verbannen suche, halte sich so für wertfrei. Die Kompetenz, den Menschen erklären *zu können*, gaukeln Naturwissenschaftler seit hundertfünfzig Jahren ihren jeweiligen Gesellschaften vor. Mit einer wertfreien Betrachtung wird versucht, den Kosmos und darin die Menschheit objektiv nachzuzeichnen.

Es bleibt ein ungeschriebenes Gesetz: Was die Naturwissenschaft über den Menschen zu sagen weiß, setzt sich zusammen aus einem Haufen Trivialitäten. Nicht, dass sie sprachlos wäre, wenn es um den Menschen geht. Aber die Erkenntnisse sind weit davon entfernt, einen literarisch einigermaßen gebildeten Menschen, der seinen Erfahrungshorizont zu artikulieren versteht, zu überzeugen. Da ist nichts Wesentliches zum Verständnis unserer Erfahrungen zu finden. Bei dem Versuch, uns als Menschen selbst zu verstehen, führt die Annahme ins Nichts, dass beispielsweise Hormondrüsen Botenstoffe aussenden. Wollen wir ernsthaft in dieser Weise Phänomene wie Liebe oder Hass betrachten?

Über die Unfähigkeit, die Bedeutung des menschlichen Lebens zu entschlüsseln, wird allgemein geschwiegen. Wir sind noch nicht einmal in der Lage, uns über den Sinn unserer Existenz aufzuklären. Unsere Annahmen führen dazu, in allem Geschehen einen Zufall am Werk zu sehen. Mich interessiert an dieser Stelle gar nicht, ob das die Wahrheit sein könnte, dass das Universum mehr oder weniger zusammengewürfelt ist und wir ein gigantomanischer Unfall sind. Mich interessiert, was für uns Menschen aus der Lehrmeinung folgt, keinerlei Bedeutung zu haben.

Nietzsche fasste seine Einsichten zu dem Thema in einen denkbar scharfen Satz: »Seit Kopernikus rollt der Mensch aus dem Zentrum ins x.« Nicht die Erde sei das, worum sich symbolisch alles Geschehen dreht, sondern die Sonne. Kopernikus war für Nietzsche ein geistreicher, aber entsetzlicher Brandstifter: Seine Ideen vertrieben uns aus dem Zentrum des Kosmos. Aber wohin?

Kopernikus' Ansichten über den Weltraum sind selbst längst veraltet. Radikalere – buchstäblich astronomische – Erkenntnisse rollen uns immer tiefer ins x. Die Erforschung des Weltraums verschob die Grenzen immer weiter. Die Astronomen vermuten inzwischen einhundert Milliarden Galaxien mit derselben Anzahl Sonnensysteme. Was ist der Mensch auf der Erde gegen einen Weltraum mit einhundert Milliarden Galaxien? Wir stehen vor dem Scherbenhaufen unserer – offensichtlich – eingebildeten Bedeutung. Ein Blick in den Himmel genügt, und wir *sehen* doch die Bedeutungslosigkeit der menschlichen Welt.

Kein Mensch mit Verstand kommt umhin, seine Bedeutung zu relativieren angesichts der titanischen Dimension des Universums. Die Quantentheorie mag uns ins rechte Licht zurücksetzen. Dennoch denkt niemand ernsthaft darüber nach, in welcher Weise diese Betrachtungen uns in unserer Menschlichkeit schaden oder nützen. Schließlich erscheint es absurd, nach dem psychologischen Wert einer wissenschaftlichen Erkenntnis zu fragen. Genau das müssten wir allerdings tun.

Verglichen mit der Ausdehnung des Universums sind wir etwas, das unsere Worte nicht beschreiben können. Was sind wir? »Nichts«? – Zu viel Trubel. Das Wort müsste noch unaufgeregter daherkommen, um den Kern zu treffen. Wenn jemand erklärt, der Mensch sei bedeutungslos, hat er auf verzweifelnde Weise recht, zumindest gemessen an seinen Maßstäben, von denen wir leicht erkennen, dass sie den Menschen relativieren. Phänomene, die für uns bedeutsam und lebenswichtig sind, ein Schwimmbad im Regen oder die Magie eines Films, sind naturwissenschaftlich belanglos. Menschliche Wärme etwa erscheint naturwissenschaftlich derart trivial, dass wir in Not geraten müssten, würden wir nach diesen Ansichten handeln. Und das tun wir längst.

Die Wissenschaft hat einen Abgrund ausgehoben. Relevant sei nur Allgemeingültiges. Was man sich unter solchen »objektiven Gegebenheiten« vorzustellen habe, das demonstrierte vor Kurzem ein Meinungsforscher in einer Nachrichtensendung. Auslöser seiner repräsentativen Umfrage war eine Debatte um gesellschaftliche »Werte«. Die Antworten der Befragten offenbaren das ganze Ausmaß der Orientierungs- und Richtungslosigkeit. Unter *unseren* Werten wurde offensichtlich etwas verstanden, das anderen Kulturen angeblich fehlte. Was *unsere* Werte sind, hatte der Meinungsforscher durch eine quantitative Befragung unter der Bevölkerung erhoben. Kurz gesagt, kam heraus, dass der durchschnittliche Bürger nicht gerade die Größe eines Willy Brandt besitzt. Die »Werte« eines Sokrates, eines Jesus, eines Mohammed überhaupt nur zu betrachten wäre dem Meinungsforscher dagegen als absurd erschienen. Er wollte die realen Verhältnisse ermitteln, keine historischen Einzelschicksale. Moralische Orientierungspunkte interessieren jemanden, der ein Meinungsbild von *unseren* Werten erstellen will, nicht. Aber dass der Mensch mehr als die Summe seiner Möglichkeiten ist, fällt dabei unter den Tisch.

Aber was soll das sein – unsere Werte? Ich wüsste gar nicht, wie sich Menschlichkeit in ein Repertoire aufzählbarer Werte aufbrechen ließe. Menschlichkeit sollte *die* Herzkammer allen Denkens und Fühlens sein. Aber exklusive Anrechte darauf kann es nicht geben. Debatten um *unsere* Werte unterschlagen, dass es keine hochexklusiven Werte gibt, derer man sich als Gesellschaft rühmen könnte. Ein Unternehmer mag Werte schaffen, in den Debatten um die ethische Fundierung menschlichen Handelns hat der Terminus nichts verloren. Hinweise auf einzelne Individuen haben nichts mehr mit der Art und Weise zu tun, wie Gesellschaften begriffen und medial dargestellt werden.

Das hat eine fatale Wirkung auf unser Handeln. Die Erde wird wahrgenommen als kontingenter Ort, der ein Wesen beherbergt, das sich und seine Situation im Universum erkennt, aber für sinnlos hält. Weil wir die Güte Gottes wissenschaftlich aufgelöst haben, spricht nichts dafür, uns um unseren Wert zu kümmern. Einmal abgesehen davon, was dagegen spricht, sollten wir uns fragen: Was spricht dafür, uns Wert zuzusprechen?

Wir müssten an der kosmischen Sinnlosigkeit zugrunde gehen, wäre da nicht ein Geräusch, das unseren perfekten Nihilismus empfindlich stört: Es gibt Menschen in der Geschichte, die wir als äußerst sinnvoll wahrnehmen. Die Existenz sinnvoller Einzelner lässt sich eigentlich kaum abstreiten. Das ist eigentlich eine Ungeheuerlichkeit: Trotz der Überzeugung, das Urprinzip des Weltalls, »Chaos«, durchflute jeden Winkel, gab es Menschen, die Sinn gemacht haben. Das erscheint, als würden sie der Theorie von der Sinnlosigkeit der Welt oder des Menschen durch ihre bloße Existenz widersprechen. Wenn dies der Fall ist, erkennen wir, dass wir die Welt zwar als sinnlos wahrnehmen und erleben, gleichwohl erstaunlich Wichtiges tun *können*. In einem Universum, das scheinbar sinnlos ist, bleibt es möglich, uns zu einem Sinn zu bestimmen. Selbst wenn alles unerträglich sinnlos sein könnte, besteht trotz alledem immer die Möglichkeit, Bedeutendes zu tun.

Ich lasse fortan den Begriff *Sinn* sinken, weil die Debatte dann mit ungleichen Mitteln verkämpft wird. Ich werde den Ausdruck *Wert* gebrauchen, der nicht in kulturell relativierbaren Zementstaub zerfällt. Die Art, wie ich diesen Begriff verwende, führt weg von den Wertedebatten unserer Tage – *Wert* wohlgemerkt, nicht Werte. Es kann sie nur im Sinne von Humanität und Anstand geben. Die »Werte« des Stalinismus zu untersuchen wäre das Gegenteil der Absichten, um die es gehen kann. Kein Wissenschaftler hat jemals untersucht, unter welchen Bedingungen Menschen wertvoll werden. Dabei ist es nicht etwa so, dass sie unsicher sind, was der Begriff »wertvoll« meint. Sie gehen schlicht davon aus, dass der Mensch nicht besonders wertvoll *ist*. Die geschichtliche Beweislast ist erdrückend: angefangen bei den antiken Griechen, die ihre Nachbarstaaten erpressten und ausraubten, über zweieinhalb kriegerische Jahrtausende bis zum Holocaust. Wer will da behaupten, dass der Mensch sonderlich wertvoll sei? Durch den Feldstecher von Tierforschern scheinen wir zu so ziemlich allem fähig gewesen zu sein. Aber gibt es nicht die Möglichkeit, den Menschen *wertvoll zu machen?*

Worin besteht in Anbetracht eines Universums, das aus purem Chaos entstanden ist, unser Wert? Diese Frage beeinflusst täglich unsere Politik. Alle politischen Theorien geben eine Antwort auf diese Frage nach dem Wert des Menschen. Je nachdem, wie viel Wert wir uns beimessen, wird ein politisches Regime dadurch ermuntert oder verhindert, Oppositionelle umzubringen. Unsere Demokratien sind überzeugt von der Werthaftigkeit des Menschen. Sie stellen ihre Einwohner nicht nur nachdrücklich unter Schutz vor politischer Verfolgung, Ermordung oder Diskriminierung. Demokratien sind als einzige Regierungsform sogar dazu in der Lage, Feinde (in unerhörtem Maße) auszuhalten, ohne darauf angewiesen zu sein, sie zu demütigen oder zu vernichten. Wer nach menschlicher Größe und Idealen sucht, findet sie in der Schönheit der Demokratie. Ein Ergebnis, welches die wenigsten ernst nehmen, geschweige denn, dass sie dessen Konsequenzen überschauen.

Das Arkanum der Psychologie

In den spirituell extrem ausgetrockneten Zeiten der Moderne wird jedes Gefühl als eine Art Heiligtum betrachtet. Es gibt keine Unterscheidung zwischen wertvollen und wertlosen Leidenschaften. Leidenschaften sind grundsätzlich gut. Und es fehlt auch jede emotionale Orientierung darüber, was edle und was niedere Gefühle sind. Gefühle werden nach einem falsch verstandenen demokratischen Ideal in der Seele gleichberechtigt behandelt.

Es fällt uns schwer, im unentrinnbaren Gewirr von Hass und Großzügigkeit, von Liebe und Aggression eine Hierarchie der Gefühle auszumachen. Ausgerechnet Gefühlen schreiben wir nämlich die Eigenschaft zu, unsere Psyche in Unordnung zu bringen. Die geläufige Lehrmeinung ist, dass jedes Gefühl denselben Wert besitzt. Ob dem so ist, lässt sich leicht prüfen: Ist das Gefühl, einem Obdachlosen helfen zu wollen, gleichwertig mit dem Gefühl, ihn anspucken zu wollen? Unser Theoriebau psychologischer Ansichten wird auf wunderbare Weise von einem demokratischen Ideal der Gleichheit inspiriert. Die Regierungsform unseres Staates gleicht der Regierungsform in der Seele. Zwar erleben wir tagtäglich Gefühle, die andere auffressen, Gefühle, die *stärker* sind als andere und beispielsweise ohne unser Zutun alle Gegner in der Seele besiegen, aber wir kommen nicht darauf, manche Gefühle als schlecht zu bezeichnen, denn wir haben gehört, dass »schlecht« eine *Wertung* sei, die in einer *wertfreien* Betrachtung unseres Gefühlslebens nichts verloren habe. Für die methodologisch *neutrale* Betrachtung der Seele hat jedes Gefühl denselben Wert – aber stimmt das mit dem überein, was wir erleben?

Die neue emotionale Gleichheit führt zu einem Sieg des stärkeren Gefühls: Wir überlassen uns dem stärkeren Gefühl – der Sieg des Darwinismus in der Seele. Weil sich unsere Theorien neutral verhalten, liefern wir uns dem »freien« Spiel unserer Gefühle aus. Die stärkeren Gefühle gewinnen die Oberhand, ohne Rücksicht darauf, ob schwächere existieren, *die stärker sein sollten*. Authentisch sein heißt, dem stärksten Gefühl das Feld überlassen. Weil wir uns heraushalten, gilt in unseren Seelen das Recht des Stärkeren. Wir nennen das den natürlichen Lauf der Dinge, wobei die Natur hier als Synonym für eine gewisse Enthemmtheit herhalten muss.

Eine natürliche Hierarchie der Gefühle in der menschlichen Seele ist uns als Idee fremd. Die antiken Philosophen haben sich über nichts so sehr den Kopf zerbrochen wie über die (natürliche) Hierarchie der Leidenschaften. Mehr noch: Sie dachten über die ideale Ordnung der Seele nach. Unserer tiefsten Überzeugung nach herrscht Chaos in der Seele. Um dieses Chaos aus frei schwirrender Chemie in eine »ideale Ordnung« zurückzubringen, greift der Psychiater eher zu pharmazeutischen Mitteln als zu philosophischen Werken. Und er kennt eine ganze Reihe rezeptpflichtiger Chemikalien, die seiner Meinung nach die tiefsten menschlichen Empfindungen imitieren können. In seinem Weltbild kann ein hormoneller Wirkstoff dieselbe Kraft im Menschen entfalten wie zwei schöne Wörter – *rotes Rauschen*.

Gerade die Psychiater, die Heilung versprechen, verstehen sich darauf, die Assoziation und Wirkung eines jeden Gefühls mit derselben Relevanz anzugehen. Dabei pfuschen sie. Sie übersehen die pure menschliche Notwendigkeit, *herrschsüchtig* mit den eigenen Gefühlen umzugehen. Für sie ist es ein Zeichen pathogener Wirkung, wenn wir *gegen* unsere Gefühle kämpfen. Diese Idee ist nicht nur tragisch, sie ruft viele der Leiden erst hervor, die sie heilen will. Wenn es nach den Psychologen geht, sollen wir jedes Gefühl hervorholen und uns jeden Kummer eingestehen. Bewusstheit und Aufrichtigkeit sollen dazu führen, ein Leben in Wohlbefinden zu führen. Diese Art der Aufrichtigkeit eröffnet aber erst Abgründe und Absturzmöglichkeiten in uns, ohne Aussicht, diese jemals zu überbrücken. Folglich verkünden sie, wir seien nicht Herr unserer selbst. Diese Zwangsontologie übersieht die Möglichkeit, dass wir als Menschen etwas werden können, das wir noch nicht sind. Wenn die Psychologie behauptet, dass wir nicht Herr im Hause sind, bedeutet das keineswegs, dass wir es nicht werden können.

Eine dieser nihilistischen Phantasien ist die Ideologie der Gleichheit aller Gefühle. Gedanken, das erfahren wir am Ausbleiben bahnbrechender geistiger Visionen, haben für uns ihre Bedeutungskraft verloren. Die Ursache für die *Relativität des Geistes* ist letztlich harmlos: Der Geist hat seinen Kampf gegen *das Gefühl* verloren, einen Kampf, den wir im Übrigen erst führen konnten, seit ein Philosoph auf die Idee verfiel, Gefühle unserem Geist kategorial gegenüberzustellen, als würden nicht alle großen Ideen durch große Gefühle geschmiedet. Mag sein, dass die Ansicht, Gedanken seien rationalisierte Triebe, dazu geführt hat, das menschliche Bewusstsein als Sinnestäuschung abzutun. Die Vorstellung vom Nebeneinander der Gefühle muss jede *geistige* Anstrengung, etwas aus seinen Gefühlen zu machen, demoralisieren.

Die antiken Autoren kannten Leidenschaften und Affekte, aber sie kannten keine Gefühle, die ihren Gedanken dialektisch gegenüberstanden. Was Gefühl ist, ist eben nicht Gedanke. Und für uns ist jeder Geisteszustand in Gefühlen auflösbar. Während jeder bemerkt, dass es kluge und dumme Gedanken gibt – eine Ordnung (Hierarchie) der Gedanken –, glauben wir nicht, dass es genau so kluge wie dumme *Gefühle* gibt. Für uns ist Gefühl Gefühl. Die erbitterte Auseinandersetzung zwischen Denken und Fühlen, aus welcher der menschliche Geist überhaupt erst hervorgeht, wird gemieden. Gefühle sind die wahren Herren des Menschen. Zu groß ist die Furcht, diese wertvolle Fracht durch irgendeine Form von geistiger Auseinandersetzung zu verformen.

Die Abgeschiedenheit des Menschen

Der wichtigste Grund, warum wir uns heute falsch verstehen, ist, dass wir den Einfluss abstreiten, den andere Menschen auf uns haben. Was ist der Mensch? In unserem Weltbild ist der Mensch von Natur aus ein Einzelgänger. Es ist die Fiktion »nackter« Menschen ohne Kultur (die erst Kleider produziert). Von Natur aus lebt der Mensch wie ein Robinson Crusoe unverbunden vor sich hin. Dann trifft er auf andere Menschen, die er eigentlich nicht braucht. In der Kultur stellen wir uns auf all die anderen Menschen ein, arrangieren uns mit der Menschheit – Gesellschaft als ein einziger großer Billardtisch, auf dem Individuen wie Kugeln voneinander abprallen.

Die Unterstellung einer vorkulturellen Unverbundenheit und einer unnatürlichen aufgezwungenen Verbindung deprimiert unser Verhältnis zur Menschheit. Dennoch machen alle Menschen in ihrem Leben die Erfahrung, seelisch berührt zu werden. Sie begegnen einem herausragenden Menschen, von dem sie sagen: »Er hat mich besser verstanden als ich mich selbst«, jemandem, der den Zustand ihrer Seele vorausahnt, der wittern kann, was sie empfinden. Besonders bedeutsam werden diese Menschen, wenn sie in Worte fassen können, was wir fühlen. Der russische Filmregisseur Andrej Tarkowskij schreibt in seiner Autobiographie *Die versiegelte Zeit:* »Wenn zwei Menschen zumindest ein einziges Mal ein und dasselbe zu empfinden vermögen, dann werden sie einander immer verstehen können.« Diese Erfahrung hat etwas von einer ballistischen Berührung: Ihre Worte detonieren in uns wie Bomben. Die Vorstellung unserer Unabhängigkeit ist vollkommen kontraintuitiv zu diesen ballistischen Erlebnissen. Genau genommen macht sie die Explosion sogar lauter.

Aber die Vorstellung unserer Unabhängigkeit ist nur ein Aspekt. Den meisten Menschen lässt sich das Zugeständnis entlocken, abhängiger zu sein. Der toxische Kerngedanke betrifft das Gefühl, völlig allein zu sein. Er äußert sich in der Verzweiflung, niemand dringe zu einem durch. Diese Eindrücke kann man mit entgegengesetzten Beispielen widerlegen. Nicht aber ihre Entstehung. Woher rührt der Eindruck vollständiger Isolation?

Meiner Ansicht nach sehen wir uns einem eklektischen Theoriebau gegenüber: Die Dialektik von Individuum und Gesellschaft verwandelt in Synthese mit einer Vorstellung, die ich gleich näher benenne, unser Leben in einen Albtraum. Diese Synthese vergiftet nicht nur den Umgang mit anderen Menschen, sondern sie greift das eigene Selbstempfinden an. Machen wir uns daran, diese Idee freizulegen.

Der Christoph Kolumbus der modernen Seele war Sigmund Freud. Er stieg hinab in ihre Tiefen und förderte Erstaunliches zutage: Da war eine Kaskade verdrängter Trennungen, die angeblich zwischen uns und anderen stattgefunden hatten. Der Akt der Geburt, wenn der Säugling den Mutterbauch verlässt, ist die erste Stufe dieser kaum zu verkraftenden Trennungskaskade. Diesem Trauma folgt die Trennung von der Mutterbrust, die Trennung von den Eltern, schließlich die Trennung vom Geliebten. Wer bei der Lektüre freudianischer Schriften standhaft bleibt, das heißt in der Lage ist, psychisch nicht an den Narrativen archaischer Traumata zu zerbrechen, muss gänzlich phantasieunbegabt sein. Aber es sind nicht unsere Erlebnisse, die Freud aus dem Hut zaubert und die einen zerbrechen lassen. Es sind die bildwütigen, widerwärtigen Unterstellungen Sigmund Freuds, die aus dem Menschen etwas Hässliches, Trauriges und Verletztes machen.

Die Enthüllung dieser Traumata, die von der Philosophiegeschichte angeblich jahrtausendelang verdrängt worden sind, hält eine Botschaft bereit, die den meisten Lesern Freuds nicht entgeht. Der Mensch wird getrennt, getrennt, getrennt, bis er in Isolationshaft sitzt. Freud hätte mit seinen Trennungsmythen auch Achilles von seiner psychischen Isoliertheit überzeugen können. Achilles hätte schließlich eingesehen, dass es der Entwicklung seiner Persönlichkeit nicht gerade förderlich wäre, sich für seine Mitmenschen mit dem eigenen Leben einzusetzen und seine Aggressionen an den Trojanern abzureagieren.

So wie man sagen kann, dass die Antike Homer las und Achilles nacheiferte, so kann man sagen, dass die Moderne Freud liest und dessen prototypischen Patientengeschichten nacheifert. In beiden Fällen haben wir es mit Mythen zu tun, das heißt mit Geschichten, die uns auf das vorbereiten, was wir zu leisten imstande sind. Die erste gab offen zu, eine Geschichte zu sein. Aber Freuds Erzählungen werden für die Wirklichkeit gehalten. Freud ist der Homer unserer Zeit, dessen Werk in der Lage ist, aus den größten Helden introvertierte Eigenbrötler zu machen.

Freuds Erkundungen der menschlichen Psyche endeten mit seiner Rückkehr ans Tageslicht und einem Ausruf, der die Welt verändern sollte: »Das *Ich* hat jetzt Mauern!« Diese Mauern seien undurchdringlich für andere Menschen. Das Gemäuer schotte die menschliche Seele ab von den Blicken und Einflüssen der Außenwelt. Die Beweise dafür lägen auf der Hand: Wir sähen ja die physikalische Trennung zweier menschlicher Körper. Aber sehen wir dabei auch die Trennung zweier Seelen?

Die Philosophen sind den neuzeitlichen Denkern darin gefolgt, die *physikalische* Getrenntheit menschlicher Körper in *seelische Getrenntheit* zu übersetzen. Gewiss, menschliche Körper können miteinander kollidieren. Aber es ist etwas voreilig, dieselbe Eigenschaft der menschlichen Seele zuzuschreiben. Was, wenn die gefühlte Abgeschiedenheit unseres Geistes eine Folge der Vorstellung ist, die Seele sei vom Körper ummauert? Welche Folgen hätte der Zweifel daran, dass eine Isolation der Psyche gar nicht existiert?

Die Mauern des Ichs sind ideengeschichtlich keine Tatsache, sie sind der Geburtsmythos der Psychologie, die vorgibt, alles über den Menschen zu wissen. Sie postuliert eine Isolation der Seele, die wir seltsamerweise nur dann empfinden, wenn wir alternative Auffassungen nicht kennen.

Unser Selbstverständnis ist in zweierlei Hinsicht problematisch. Einerseits unterstellt es eine *natürliche* Unverbindlichkeit des Einzelgängers. Wir glauben aufrichtig, nur eingeschränkte Fähigkeiten zum Zusammenleben zu besitzen. Andererseits unterstellt es eine seelische Getrenntheit von Individuen, deren Evidenz auf physikalische Beobachtungen beruht. Diese Evidenz führt ins Zentrum einer toxischen Vorstellung.

Freud fragt nicht, ob es gesund ist, sich vorzustellen, man sei in einem *Innenraum* eingemauert. Für ihn war das eine Tatsache. Doch diese Vorstellung ist *eine physikalische Metapher*. In der Physik gibt es innen und außen. Diese Metapher hat der Philosoph René Descartes im 17. Jahrhundert auf den Menschen angewendet. Descartes suchte nach einem sicheren Beweis für die Existenz des Menschen. Die Suche nach einem solchen Beweis ist an sich schon kurios. Descartes glaubte, den Beweis in dem Umstand gefunden zu haben, dass der Mensch denkt. Oder besser: *dass* er zweifelt. Die Existenz des Zweifels machte Descartes zum verlässlichen Zeichen seiner Existenz. Kant bezeichnete diese Episode ein Jahrhundert später als den größten Skandal der abendländischen Geistesgeschichte.

Descartes hatte eine Entdeckung gemacht, unter der er litt. Er konnte jedes Gefühl der Sicherheit in sich aufheben. Seine Angst besaß die seltsame Macht, jedes Gefühl zu zerstören, sodass für ihn selbst die Wirklichkeit zutiefst irreal wurde. Wie viel Panik muss die Entdeckung, dass jede Sicherheit zerstörbar ist, in einem Menschen wecken? Descartes hatte Angst vor der Angst. Jedes vermeintlich sichere Gefühl konnte er durch Angst zur Detonation bringen. Während seine Einsicht *Cogito ergo sum* bekannt ist, sind die Spuren der Leidensgeschichte, die ihn zu dieser Erkenntnis führte, verweht. Mit seiner »Skepsis« genannten Zerstörung des Gefühls für die Realität vernichtete er alle Gewissheiten, um herauszufinden, ob ein Rest bliebe, der die Gewissheit der Wirklichkeit beweisen könne. Und tatsächlich trennte seine Angst jedes Gefühl auf, bis auf eines: die Angst selbst.

Freud folgte Descartes in der Betrachtung der Psyche, die Metapher von innen und außen zu übernehmen. Descartes' Vorstellung eines Inneren, von dem aus wir gelassen auf die Außenwelt blicken, vermittelt erst das Gefühl existenziellen *Getrenntseins* vom Außen, das sich aus den natürlichen Verhältnissen gar nicht ergeben kann. Mit Descartes wurde die Wahrheit auf den Kopf gestellt, denn es gibt keine äußere Welt. Wir sind *in* der Welt. Die Welt ist nicht »um uns herum«.

Erfahrungen müssen immer interpretiert werden. Der Mensch hat einen Körper. Die Interpretation unseres Körpers als Außenseite und des Bewusstseins als dessen Innenseite ist alles andere als überzeugend. Mit Sicherheit gibt es unberührbare Menschen hinter Mauern. Aber ein unberührbares Bewusstsein verkümmert. Freud meinte, der Körper sei in die Welt eingelassen und die Seele in den Körper. In Wahrheit ist unser Bewusstsein nicht eingeschlossen in irgendetwas. Diese Erfahrung wird erst durch die Metaphorik einer *Außenwelt* vermittelt, während das Bewusstsein immer schon äußerlich ist.

Aus der Vorstellung eines Innen und Außen verbreiten sich Schadstoffe in zwei Richtungen. Einerseits zerpflügt diese Interpretation unsere Empfindung. Aus der *qua phantasia* erzeugten Wirklichkeit folgt, dass unser Bewusstsein im Inneren festsitzt. Das Modell einer »Außenwelt« suggeriert, dass wir durch unseren Körper von ihr abgeschnitten sind. Jede direkte Berührung wird durch Mauern verhindert. Das ist das Arkanum von Freuds Botschaft: »Das *Ich* hat jetzt Mauern!« Die Annahme, andere Menschen seien *außen,* führt dazu, ihre Bedeutung und ihren Einfluss auf unsere Seele zu relativieren. Die zweite Richtung, die die Vorstellung von innen und außen kontaminiert, ist ebenso dramatisch. Sie betrifft die Menschen um uns herum.

Denn das Bild von innen und außen lässt sich mit der Dialektik von Individuum und Gesellschaft legieren. Beide Polaritäten lassen sich in eine Vorstellung übersetzen. Das Produkt ist eine Sicht, die das Leben zum Albtraum macht: innen das Individuum, außen die Gesellschaft, innen Einzigartigkeit, außen Bedrohung. Das Ersatzmittel gegen den Verlust von Gut und Böse ist die Orientierung an innen und außen.

Jeder Mensch steht dann unter dem Verdacht, das Innere zu korrumpieren, wodurch die Wirkungskraft anderer Menschen auf das eigene Bewusstsein zwar zugegeben, aber negativiert wird. Tatsächlich sind andere Menschen dann nichts als die Verfremder der eigenen Wahrheit. Wer die Welt vor der Folie von innen und außen sieht, fürchtet sich davor, von anderen Menschen beeinflusst zu werden. Das führt zu einem Widerspruch, wie er charakteristisch für eklektische Theorien ist. Die Psyche besitzt bekanntlich Mauern, wie soll sie da überhaupt bedroht sein? Der Widerspruch ist allerdings theoretischer Natur, denn gefühlt wird beides: Mauern und Bedrohung.

Was immer andere Menschen tun – sie tun es uns an. Das Ergebnis ist die paradigmatische Sicht eines Opfers. Jede Beziehung verwandelt sich in eine Beziehung zu Tätern. Ich möchte eine Alternative zu diesem Bild anbieten. Sie basiert maßgeblich auf der Feststellung, dass unsere Seelen haften bleiben, obwohl wir unsere Körper wieder voneinander lösen können. In meinen Augen ist es eine Tatsache, dass wir uns seelisch nicht so leicht trennen, wie wir es körperlich tun. Ist die Seele des Menschen daher eingemauert in seinen Körper? Oder ist die Verbindung zu unserer Spezies übergreifender, als wir in unseren kühnsten Träumen bereit sind, anzunehmen? Die Idee der Psyche ist dadurch definiert, in den Körper eingemauert zu sein. Aber die Idee der Seele kennt keine derartige Begrenzung. Die Seele tastet stets über den eigenen Körper hinaus.

Es mag unserer Vorstellungswelt widersprechen, aber kaum unseren Erlebnissen: Menschen *durchdringen* sich. Intuitives Verstehen von Körperhaltung, Sprachrhythmus oder Sympathie blieben durch das Nadelöhr einer seelischen Abschottung gänzlich unerklärlich. Menschen stöbern Zuneigung, Betörung oder Verlogenheit in anderen auf. Wir verstehen Gesten, ohne mit experimentellen Methoden feststellen zu müssen, was sie bedeuten. Menschen stehen in unserer Erfahrung für Erschütterungen, Erfüllung, Horizonterweiterung. Wir mögen auf einer belebten Straße körperlich unbehelligt aneinander vorbeigehen, seelisch berühren wir jeden Menschen. Wenn Menschen sich einander nähern, hat das weniger mit Billardkugeln als mit Regen zu tun. Wir prasseln aufeinander ein und vermischen uns. Diesem Vermischen sind wir ausgeliefert. Dieses Gefühl des Ausgeliefertseins mag der Grund dafür sein, warum wir die Abhängigkeit vehement bestreiten. Verbundenheit bedeutet immer auch Verletzung. Wir wollen uns vielleicht nicht mit allen vermischen. Aber wir können wenig dagegen tun: Seelen regnen aufeinander nieder.

Dieser gegenseitige *Niederschlag* ist nicht nur Verhängnis – wir brauchen ihn auch. Er ist mitverantwortlich für das, was wir sind. Wir werden durch andere entsichert. Wir verdrängen ihre Prägungen.

Aber was berauscht das Leben mehr als die Berührung eines Menschen, der einen versteht? Andere machen unser Leben bedeutsam. Nichts ist wichtiger als eine Person, die sich unser wirklich annimmt, die unser Leben beschützt und ihm eine Richtung gibt. Wir spüren, dass wir ausgeliefert sind, wenn wir jemandem begegnen, der uns begeistert. Unbeabsichtigt und wie von Geisterhand übernehmen wir seine Ausdrucksweise. Wir sprechen, wie er spricht. Wir bewegen die Hand, wie er sie bewegt. Und vor allem: Wir mögen urplötzlich, was er mag. Es sind Gesetze voller Schönheit, die über uns hereinfallen.

Wie wir auf Zwischenfälle reagieren, ob großzügig oder wütend, hängt davon ab, ob uns jemand gezeigt hat, diese Ereignisse mit Gelassenheit zu nehmen. Die Dinge, für die wir uns lieben, stammen in der Regel von anderen – Spaziergänge, eine italienische Pastamarke, teurer Wein. Worte oder Handlungen anderer haben uns zum Leben inspiriert. Menschen beeinflussen uns. Was wären wir ohne sie?

Die jeden Tag fühlbare, aber ideengeschichtlich ausgewischte Spur unserer Verbundenheit verwickelt uns in Widersprüche. Wir sehnen uns nach anderen, aber kaum befinden wir uns unter ihnen, wollen wir weg. Was wir intellektuell leugnen, kehrt in Form von Verzweiflung zurück. Die Vorstellung eines Innenraums, der von der »Außenwelt« hermetisch abgeriegelt ist, hinterlässt klaustrophobische Gefühle. Diese Klaustrophobie missverstehen wir dann als Elend oder Sinnlosigkeit der Welt.

Haben wir die Toxik der zementierten Innen-Außen-Vorstellungswelt einmal erkannt, lesen sich die Aufforderungen an die Jugend wie barbarische Aufrufe zur Isolation: »Sei du selbst!« – »Lass dir von anderen nicht sagen, wie du zu sein hast!« Diese Aufforderungen erinnern an Polizisten, die Tatorte abriegeln. Die Tatorte liegen in der *Außenwelt,* auf der schlimmen Seite des Daseins, wo einem jene Wunden zugefügt werden, die wir dann in unserem *Innenleben* verarbeiten müssen. Aus dieser Perspektive entfremden uns andere Menschen von unserem eigenen Ich. Sie zwingen uns zu dem, was wir selbst nicht wollen. Kurz: Andere Menschen werden zum Wasservorrat, der ein Über-Ich auffüllt. In *Das Unbehagen in der Kultur* schreibt Freud: »Von drei Seiten droht das Leiden, vom eigenen

Körper her (...), von der *Außenwelt,* die mit übermächtigen, unerbittlichen, zerstörenden Kräften gegen uns wüten kann, und endlich aus den Beziehungen zu anderen Menschen.«

Die Romantiker behaupten, dass ein Jugendlicher alles, worauf es ankommt, in seinem Inneren findet. Diese Vorstellung rächt sich. Jugendliche kramen in sich selbst nach Talenten, die sie nur »außen« finden können. Sie durchforsten sich selbst nach ihrer Bestimmung. Aber wie kann jemand seine Berufung finden, ohne die Außenwelt zu erkunden? Obsessiv mit sich selbst beschäftigt, nimmt er sie nicht einmal wahr.

Der moderne Mensch sucht in sich, statt außer sich. Die wichtigsten Leistungen seiner Seele wird er aber im Unterbewusstsein niemals finden. Tugenden gibt es dort schon per Definition nicht. Nach Freuds Lehre müssten sie schlecht und unauthentisch sein und unsere wahre Natur verfälschen. Dennoch lässt sich eigentlich kaum bestreiten, dass wir besser leben, wenn unsere Handlungen Schönheit besitzen.

Statt im Inneren nach Vorbildern zu suchen, wäre es wichtig, andere Menschen als Vorbilder zu studieren. Aber die befinden sich im Außen. Wir impfen unseren Kindern ein, sie müssten sich selbst finden, worunter die wenigsten verstehen, die Welt zu entdecken. Sie begeben sich in die asketische Isolation ihres Unterbewusstseins. Die Lehre von der Auffindbarkeit der wahren Natur im Inneren des Menschen ist obszön, weil sie all das ausschließt, was uns inspirieren könnte. Es mag paradox anmuten, aber wir müssen in der Außenwelt *nach uns* suchen.

Eine Idee ist heute so verblichen wie die Farben der Antike: die Idee von der Verbundenheit aller Menschen. Wenn in unseren Gedanken andere Menschen bedeutungslos werden, *vereinsamen* wir spürbar. Vor dem Tor zur Moderne steht ein schicksalhafter Leitsatz: »Du bist allein!« Solange wir anderen keinen Wert beimessen, fühlen wir uns selbst wertlos. Wir verachten uns in dem Maße, in dem wir andere verachten. Das Vorurteil, wir könnten uns auf Kosten anderer Menschen bereichern, ist weitverbreitet. Aber selbst ein Rassist, der andere verachtet, steigert letztlich nicht das Gefühl seines eigenen Wertes, sondern das Gefühl seiner Wertlosigkeit.

Die Dialektik von Individuum und Gesellschaft lässt einen die Frage nach dem Wert der Mitmenschen aus den Augen verlieren. Aber wir dürfen niemals den menschlichen Verstand und seine Sehnsucht nach dem Verstandenwerden unterschätzen. Jeder Mensch hebt sich auf, sobald er verstanden wird. In dieser Dialektik war die Gesellschaft schlicht wertlos für das Individuum. Daraus strömt eine sonderbare Form der Treulosigkeit. In unserem Selbstverständnis sind wir lauter ummauerte Ichs, die sich vor den gegenseitigen Einflüssen abschotten müssen. Nach diesem Selbstverständnis brauchen wir keine anderen Menschen. In diesem Bilderkerker kauern wir. Wohl in keiner anderen Epoche haben Menschen sich derart einsam gefühlt.

Das Unbehagen in der Natur

Kein Denker regiert unsere Welt heute mit seinen Vorstellungen vom Menschen mehr als Sigmund Freud. Sein Einfluss findet sich selbst noch bei Menschen, die niemals von ihm gehört haben. Mit seinen Ideen glauben wir uns besser zu verstehen. Sie decken die wahren, unschönen Motive unseres Verhaltens auf. Freuds Theorie scheint eine finale Antwort auf die Frage zu sein, was wir sind. Kein Philosoph hat es seither unternommen, seine Ansichten ernsthaft zu widerlegen.

Freud siedelt alle relevanten Konflikte zwischen einem *Es* und einem Über-Ich an. Das *Es*, so Freud, sei das Tier im Menschen, ungezügelt und triebhaft, das Über-Ich hingegen eine patriarchale Macht, die über uns herrsche und die Gesellschaft »verinnerliche«. Als man uns auf die Finger klopfte, weil wir mit den Fingern essen wollten, wanderte dieser Schmerz ins Über-Ich, das uns heute abschneidet von *natürlichen* Wünschen – etwa dem, mit den Händen zu essen. Gesellschaftliche Normen werden dem Es eingehämmert und bilden das Über-Ich. Die Krankheit, die uns alle befallen hat, die Knechtschaft des Subjekts, heißt Sozialisation.

Das Es ist unsere *natürliche*, das Über-Ich die *kulturelle* Existenz. Das ist die triviale Ideologie. Was ein Mensch tut und lässt, machen die Instanzen *Es* und Über-Ich unter sich aus. Wozu dann überhaupt das Ich in Freuds Theorie? Fand es Einlass in seine Theorie, einzig um lächerlich gemacht zu werden? Ich halte die Existenzbehauptung dieser patriarchalischen Gewalt in der Seele mit dem Namen Über-Ich für selbstschädigend. Sie impliziert, dass das Ich sich als Opfer »der Gesellschaft« sieht. Was unsere Demokratien so verletzlich macht, ist ausgerechnet die Tatsache, dass sie wie keine andere Regierungsform auf die Mitwirkung – nicht auf die Schädigung – ihrer Bürger angewiesen sind. Nicht Hobbes, sondern Jean-Jacques Rousseau wirkte neben Descartes und Nietzsche auf Freud. Rousseau war auf den Plan getreten, die noch junge Epoche der Aufklärung zu desavouieren, indem er argumentierte, Zivilisation korrumpiere die Natur des Menschen. Kultur entfremde ihn seiner wahren Natur. Dass die Psychologie auf der Existenz eines Über-Ichs beharren kann, steht und fällt mit dieser Interpretation von Gesellschaft.

In seinem letzten Buch, *Das Unbehagen in der Kultur,* behauptet Freud, wir würden uns niemals mit der *Kultur* aussöhnen. Das Über-Ich sei die autoritäre Gewalt der Kultur, die uns vom Glück unserer natürlichen Identität fernhalte. Das Ich müsse ständig unterdrücken, wie Es sich im Inneren benehmen wolle. Diese *Repression* der Triebe mündet in die Feststellung, dass der Mensch in Kultur stets ein dumpfes Gefühl des Unbehagens verspüre. Die Dialektik von Natur und Kultur gehört zu den wirkmächtigsten Dichotomien der Ideengeschichte. Wir sollten uns bewusst daran erinnern, dass die Kultur zur *Natur des Menschen* gehört.

Freuds Theorie verliert kein Wort darüber, wie traurig es ist, andere Menschen in die Rolle der Unterdrücker des eigenen Gefühlslebens zu schieben. Aber genau zu dieser Sichtweise verleitet die Idee des Über-Ichs. Sie ist das Konzept »verinnerlichter gesellschaftlicher Normen«, die keinen authentischen Teil von uns bilden, sondern unserem natürlichen Willen auf die Finger klopfen – ein einziger Quell, uns zu deprimieren.

Die Psychoanalyse ist reine Regresstheorie, das heißt, sie rekurriert auf die Vergangenheit. Sie sucht nach dem anderen Ende der Schnur seelischer Vorgänge. Psychoanalytiker sind überzeugt, die Motive menschlichen Denkens und Tuns aufklären zu können. Freuds Theorie fragt danach, *woher* Gefühle kommen. Dabei hat er die wirklich interessanten Phänomene des Bewusstseins kategorisch ausgeblendet, wie ich später zeigen werde. Mit der Frage nach den Ursachen von Gefühlen ist es ihm gelungen, das Bewusstsein in hohem Maße für die detektivische Ursachenanalyse einzuspannen. Sobald in der Seele etwas Außergewöhnliches vor sich geht, interessiert die meisten Menschen, wie es dazu kommen konnte.

Das beste Beispiel für ein geistiges Erlebnis, das uns umtreibt, ist das Phänomen der Angst. Seit der Psychoanalyse haben wir Angst vor der Angst. Wann immer eine Angst in den Bahnhof unseres

Bewusstseins einfährt, versuchen wir nachzuzeichnen, wo sie her-rührt oder was sie verursacht hat. Unsere Aufmerksamkeit richtet sich auf die *Kartographie der Ursprünge*. Der Psychologe deutet das Gefühl der Angst als versteckten Hinweis auf ein unverarbeitetes Trauma. Er kann sich nicht vorstellen, was Gefühle sonst sein könnten.

Nach der psychoanalytischen Theorie müssen wir jede Angst in Beziehung setzen zu unserer Vergangenheit, was allerdings längst nicht so selbstverständlich ist, wie es heute erscheint. Es ist wichtig festzustellen: Vergangenheit hat keinerlei Macht über uns, solange wir unser geistiges Geschehen aus der Gegenwart *nicht* mit der Ver-gangenheit in Verbindung bringen. Sobald wir uns einmal in die Fangnetze der psychoanalytischen Theorie verwickelt haben, ist es nur konsequent, sich entmachtet vorzukommen. Freud hat dies in seinem berühmten Diktum zusammengefasst, das Ich sei nicht Herr im Haus. Wir haben ihm diesen geheimen Wunsch erfüllt. Jeder Mensch gibt ihm nach, sobald er seine Gedanken, Einfälle und Ge-fühle als Funken der Vergangenheit begreift. Die moderne Seele ist im schummrigen Licht der Psychoanalyse eine graue, seelenlose Masse, deren sämtliche Regungen von einer biografischen Geschichte verantwortet werden sollen. Wir sind Gefangene unserer Vergan-genheit, und sie ist auch unsere Vorsehung. In diesem Sinne ist der Mensch, den die Psychoanalyse *vorstellt,* zutiefst eingeschränkt in seiner Weltwahrnehmung: Was er an anderen wahrnimmt oder ver-steht, wird von seiner Vergangenheit bestimmt.

Mit dem Aufkommen der Psychoanalyse veränderte sich unser Verständnis der Vergangenheit radikal. Erschien sie Denkern vor der *Traumdeutung* als ein Teil des Menschen, ist sie seither mit ihm deckungsgleich! Das Individuum ist mit seiner Biografie identisch. Die Vergangenheit, so erklärt Freud, ist alles, was wir haben, und al-les, was wir sein können. Sie ist die Bedingung und Grenze unseres Wachstums, Wollens und Könnens. Die Kindheit ist der Stoff, der uns zu dem macht, was wir sind. Die Vergangenheit bestimmt un-sere Identität. Niemand war in der Interpretation derart radikal vor-gegangen wie Freud. Vor Freud war allgemein anerkannt, dass der Denk- und Gefühlshorizont des Menschen über seine Erlebnisse hin-ausgeht. Aber Freud war anderer Auffassung. Er meinte: Wir fühlen nichts, was sich nicht in unserer Vergangenheit findet. Wir empfinden Sympathie für jemanden? Die psychoanalytische Erklärung: Er gleicht dem geliebten Onkel. Wir fühlen uns von jemandem angezogen? Er hat die Gesichtszüge des Großvaters. Was wir fühlen, hat mit unserer Vergangenheit zu tun.

Damit ändert sich unser Verhältnis zur Tradition. Sie erscheint fortan als wenig vorteilhaft. Und die Ausrichtung am Vergangenen nimmt uns unsere Freiheit. Die Freud'sche Theorie leugnet die Möglichkeit, sich in einer Weise zu verändern, die nichts mit der Vergangenheit zu tun hat. Die Zukunft werde durch zurückliegende Erlebnisse gemacht. Sprünge in der seelischen Entfaltung sind zumindest in dieser deterministischen Sicht auf die Psyche nicht vorgesehen. Was im Wasserspeicher der Vergangenheit treibt, ist stets wichtiger als die Entscheidungen der Gegenwart.

Schwerer als die Ausrichtung am Vergangenen an sich wiegt allerdings die Fixierung auf den Leidensweg. Die psychoanalytische Schule härtet in unserer Vergangenheit das Furchtbare aus. Die Metalldetektoren der Psychoanalyse schlagen nur an bei gestrandeten Fliegerbomben, die im Sand des Bewusstseins schlummern. Psychoanalytiker sind geübt darin, aus einer durchschnittlichen kerngesunden Psyche ganze Waffenarsenale auszuheben. Sie türmen ein Trauma aufs nächste, häufen Neurosen auf Psychosen, bis auch der kräftigste Mensch überzeugt ist, eine vollkommen verpfuschte Vergangenheit mit sich herumgeschleppt zu haben. »Sie mögen kerngesund aussehen«, gibt ein Psychoanalytiker zu verstehen, »aber wer weiß, wann diese tickenden Zeitbomben losgehen?« Wir haben gelernt, diese vermeintlichen tickenden Zeitbomben selbst zu finden. Wer vertraut ist mit der psychoanalytischen Spekulation, sucht seine Vergangenheit danach ab, was ihn arm, schwach und krank macht – und nicht danach, was ihn stark, groß oder schön macht.

Eine der aufschlussreichsten Fallgeschichten, die Freuds Verhältnis zur Humanität am besten ausleuchtet, ist der sogenannte »Rattenmann«. 1907 behandelt Freud einen jungen Juristen namens Ernst Lanzer. Lanzer hatte einen psychischen Zusammenbruch erlitten, als er mit Schilderungen der Folterung von Soldaten in einem Buch von Mirabeau konfrontiert wurde: Den Gefangenen wurde ein Topf mit Ratten ans Gesäß gebunden. Die Ratten fraßen sich in den Körper des Soldaten hinein. Lanzer suchte Freud auf, weil er dessen Bücher kannte und schätzte. Von Anfang an sah Lanzer sich veranlasst, etwas aus seiner Kindheit für die Ursache seiner starken emotionalen Reaktion zu halten. Lanzer plagten Zwangsgedanken, in denen der eigene Vater mit Ratten gefoltert wurde. Statt auf die Idee zu kommen, dass es sich bei Lanzer um einen empathiebegabten jungen Mann handelte, dessen menschliches Mitgefühl auf eine bestialische Foltermethode reagierte, suchte Freud nach verdrängten Kindheitserlebnissen. Da Lanzer aber über keinerlei Rattenerlebnisse verfügte, bemühte Freud schließlich alle Erinnerungen in Verbindung mit dem Gesäß. Da der Patient von seinem Vater auf den Hintern geschlagen worden war, konstruierte Freud daraus ein Trauma *par excellence:* Die Rattenfolter habe die Schläge des Vaters wachgerufen. Dies sollte allen Ernstes die Ursache für Lanzers psychischen Zusammenbruch gewesen sein. Freud scheute sich auch nicht, aus den Schlägen gleich noch die Ödipus-Tragödie mit herauszulesen.

Dieser Fall steht symptomatisch für die absurden Fallkonstruktionen Freuds: Ein humanitäres Schockerlebnis wurde zur Psychose zurechtgebogen, tiefe menschliche Anteilnahme wurde zu einer »starken Reaktion«. Die Forschung gibt heute Lanzers Voreingenommenheit die Schuld, weil er Freuds Theorien nicht nur kannte, sondern sich auch auf sich projiziert haben soll. Das macht den Fall umso beunruhigender, denn heute haben sich Freuds Ansichten tief ins kollektive Gedächtnis eingegraben. Freuds Interpretationen von Ödipus oder Narziss, dessen Genuss von sich selbst zur Krankheit gerät, sind zu Lehrmeistern unserer Zeit geworden, an denen wir das Menschsein einlernen sollen. Freuds Ideen sind so wirkmächtig, weil sie einen Hunger nach Angriffslust, Verfolgungswahn und Aggressionen anfüttern. Aber sie sind eine eklatante Missachtung unseres Bedürfnisses nach Frieden, Bindung und Kraft. Sie verletzen die Aussicht auf Menschlichkeit. Die Vorstellung eines »Unterbewusstseins« gleicht einem guten Skript zum Thema Konspirationen. Die Handlung verlangt, in den kleinsten Hintergrundgeräuschen des Alltags schicksalhafte Zeichen zu wittern.

Das Wegdeuten von Humanität, Mitgefühl und Anteilnahme durch die psychoanalytische Methode gehört zu den unentdeckten Komödienstoffen, die das Zeug zum Klassiker hätten. Freud, der Menschlichkeit partout nicht wahrhaben wollte, weil seiner Ansicht nach das menschliche Wesen im Grunde seines Herzens nicht nur eingemauert, sondern von Natur aus auch nicht sozial ist, beißt sich die Zähne an seinen Patienten aus, weil er die Gründe für ihre Mitmenschlichkeit in »tieferen« Sphären sucht. Wobei Freud den Grad der Tiefe stets an Verwerflichkeit festmacht. Beim Rattenmann Lanzer darf nicht sein, was nicht sein kann: Der Mensch darf nicht fähig sein, soziale Gefühle zu haben. Selbst hinter grundlegender Humanität wird noch nach dem unverarbeiteten Trauma gesucht. Humanität wird nur als heftige Gefühlswallung interpretiert, hinter der etwas Egozentrisches liegen muss – nicht Mitmenschlichkeit. Die eigene Biographie wird nach dem Drehbuch eines Katastrophenfilmes umgeschrieben. Da sind allerhand fürchterliche Wunden. Und je mehr wir »finden«, desto fanatischer wird die Suche.

Die entscheidende Frage danach, wie wir uns haben wollen, geht angesichts der Fokussierung darauf, was *war,* unter. Die psychoanalytische Theorie überzeugt uns von der Notwendigkeit, nach schädigenden Einflüssen zu forschen. Jeder, der etwas auf sich hält, muss »das Trauma in sich spüren lernen« und mit ihm ringen, damit es ausbrennt. Doch das Einzige, was wir dadurch vorantreiben, ist die konsequente Stärkung der eigenen Ohnmacht. Unnötig wird Not konstruiert oder vergrößert. Wir werden nicht Herr der Verletzungen, wie wir fälschlicherweise annehmen, sondern wir weiten sie aus. In dem Maße, wie wir uns mit ihnen beschäftigen, fehlt uns die Zeit für die Gegenwart. Nichts hält uns so sehr beschäftigt wie die solcherart missverstandene Anweisung, die Vergangenheit aufzuarbeiten. Es gibt keine Brücke, die von dem, was war, zu dem führt, was sein könnte. Die Vergangenheit ist für die psychoanalytische Theorie eine determinierende Zentrifugalkraft. In Gestalt des Unterbewusstseins zwingt sie uns in die Knie.

Aber diese Macht verliert sich, sobald wir uns erinnern, was wir in unserem Leben *wollen.* Wenn uns nicht verzehrt, was uns verletzt *hat,* sondern wenn wir aufzählen, was uns trägt, aufhilft, begeistert.

Freuds babylonischer Theorieturm hingegen schult uns um zu Kleinkrämern in der Psyche. Dadurch zerrinnt unsere Größe und Schönheit.

Im 19. Jahrhundert fand eine grundlegende Metamorphose der Begriffe und Theorien statt, mit denen der Mensch versuchte, sich selbst zu begreifen. Der Umschwung fand seinen Niederschlag nirgendwo deutlicher als in der Sprache über die Seele. Der Begriff Seele wurde durch ein neues Wort ersetzt: Psyche. In der antiken Erzählung ist Psyches Konflikt mit Eros eine Entscheidung zwischen Verschwiegenheit und Unsterblichkeit. Psyches Unsterblichkeit wird an die Bedingung des Schweigens geknüpft. Ihre Ewigkeit hängt am seidenen Faden. Das steht konträr zu der Tradition, die Seele für unsterblich zu halten. Psyche darf sich in der einzig überlieferten Fassung aus der Antike nicht mit anderen verständigen (darüber, wer der Vater ihres Kindes ist). Nun muss man nur Unsterblichkeit als *Unverwüstlichkeit* deuten, und schon gibt der Mythos sein Geheimnis preis. Es geht nicht um seelische Unsterblichkeit, sondern um psychische Labilität. Nicht die alte Unverwüstlichkeit der Seele, sondern die neue Labilität der Psyche macht den antiken Mythos um Psyche zum Sinnbild der Probleme, die wir mit unserer Selbstdeutung haben.

Wenn etwas neu ist an dieser Selbstdeutung, dann ist es die Annahme einer seelischen Verwundbarkeit. Wir glauben, Sprengstoff in Form von Wunden in uns zu tragen. Der Begriff Seele bezeichnete aber gerade die konträre Auffassung, dass nichts von dem, was jemandem im Leben zustoßen mag, seine Seele umbringen wird. Das hat nichts mit der körperlichen Sterblichkeit zu tun. Es geht darum, ob die menschliche Seele zerbrechen kann oder nicht. Auf der einen Seite stehen Denker, die meinen, kein noch so traumatisches Erlebnis könne *die Seele* existenziell bedrohen. Auf der anderen Seite wartet Freud mit seiner Vorstellung, die Psyche zersplittere schon angesichts der Gefahren der »Sozialisation« in tausend Teile.

Unsere neuen Mythen über die menschliche Psyche fußen auf der Annahme, sie sei gebrechlich und stehe permanent am Abgrund. Und deshalb sind wir tatsächlich gebrechlich und stehen permanent am Abgrund. Diese neuen Mythen haben eine Vormachtstellung, weil sie jenen, die nach Stärke streben, latent unterstellen, sie seien unaufrichtig. Kein Mensch will sich belügen. Das Motiv, sich nichts vormachen zu wollen, ist an sich schon eine Erklärung für die Wirkmächtigkeit der Psychoanalyse: Sie unterstellt, der Mensch sei schwach. Wer vorgibt, stark zu sein, *bildet sich etwas ein*. Seelische Stärke wird als Illusion interpretiert. In der psychoanalytischen Theorie spaltet sich die Menschheit in zwei Kategorien: in die Opfer, die ehrlich zu sich selbst sind, und in die Unbelehrbaren, die sich belügen.

Die Unbelehrbaren stehen für das unausgesprochen Böse, weil sie aus psychoanalytischer Sicht über sich selbst im Ungewissen sind. Das Sich-selbst-Belügen sei die Ursache für ein Gefühl der Eigenmächtigkeit. Ein Blick in ihre psychischen Tiefen würde die Unbelehrbaren zugrunde richten. Sie seien deshalb so stark, weil sie von sich selbst ablenkten. Mit anderen Worten: Diese Unbelehrbaren haben von der psychoanalytischen Lehre nichts mitbekommen. Die Starken bleiben unwahrhaftig, weil sie ihre Traumata verdrängen.

Leiden gehören zu den interessanteren Phänomenen des Seelischen. Aber in welchem Maße verdienen sie, beachtet zu werden? Es herrschen zwei gegensätzliche Ansätze, mit ihnen umzugehen: den der Unbelehrbaren, an denen Leiden heroisch abprallen und die in diesem Sinne überhaupt nicht mit ihnen umgehen, und den Ansatz Freuds, der davon ausging, dass wir ihnen unsere ganze verfügbare Zeit widmen sollten, da die Verachtung sich rächen würde. Bis Freud waren Leiden nicht etwas, das man zu behandeln, sondern etwas, das man wegzustecken hatte. Nach Freud wagte niemand mehr, Gewalt über seine Leiden auszuüben.

Wir unterstellen der Seele, dass sie keine Gefährdung durchsteht. Sie soll Gefahren besser vermeiden. Die Bedrohung, die etwa eine »Verdrängung« für das psychische Leben bedeute, sei verheerend. Ich nenne das den Mythos der Vernichtbarkeit der Seele. Er macht die Seele schwächer, als sie tatsächlich ist. Wie wirkmächtig dieser Mythos ist, sehen wir an denen, die, von allerhand Depressionen geplagt und zutiefst introvertiert, nach sich selbst suchen, ohne jemals das zu finden, wonach sie suchen: Gewissheit über sich. Doch die Gewissheit liegt im Mitmenschen.

Wir belächeln die alte Vorstellung von der Unsterblichkeit der Seele. Aber wir übersehen die omnipräsente Furcht vor bedrohlichen Erlebnissen, die überhaupt erst an Macht gewinnen kann, weil wir glauben, psychisch vernichtbar zu sein. Die meisten wissen nicht einmal, dass es einen Paradigmenwechsel in der Konzeption der Seele gegeben hat: Galt sie über Jahrtausende als unverwüstlich, ist sie heute aus Glas. Deshalb ist die moderne Seele unablässig damit beschäftigt, Gefahren abzuwenden.

Wir glauben, die meisten der Elemente zu kennen, aus denen das Universum besteht. Aber kennen wir auch nur die Hälfte der Elemente, aus denen unsere Seele besteht? Stellen wir uns vor, jemand aus unserer Zeit führte einem antiken Gast die ganze Palette moderner Segnungen vor: Da sind Gefährte, die hundertmal schneller als Pferde davonbrausen, es gibt Nahrungsmittel für Millionen Einwohner, Medizin gegen unheilbare Krankheiten. Aber das Wichtigste, sich selbst, würde er als seelisches Kellergeschoss (»Unterbewusstsein«) präsentieren, in dem unheilige Triebe hausen, die ihn steuern und antreiben. Käme das Gespräch auf den Gastgeber, würde er aus seiner Kindheit erzählen, und der wichtigste Augenblick in seinem Leben wäre vielleicht ein unbedeutender Zusammenstoß mit seinen Eltern. Der antike Gast wäre erstaunt über so viel Kenntnis der äußeren und so wenig Kenntnis der menschlichen Natur. Möglicherweise erschrickt er sogar über den Gegensatz zwischen technischem Fortschritt und seelischer Unreife.

Die Alten glaubten, die beste Leistung der Seele gegen die Furcht sei Tapferkeit. Das moderne Pendant ist die Tugend der Wundpflege. Wir sind die talentiertesten Gefahrenvermeider der Weltgeschichte. Wir entziehen uns Gefährdungen, statt uns deren Überwindung zuzutrauen. Das gilt nicht nur im Leben des naturverbundenen Einzelnen, sondern auch im Politischen, wenn es um die Abwehr von Menschen geht, die ganz real schwer traumatisiert sind und gegen die wir wie der sprichwörtliche eingebildete Kranke wirken. Ohne den Hautkontakt zum Leben müssen wir allerdings schnell depressiv werden. Es gibt ein Heer von Amateurpsychotherapeuten, die die Angst vor der Traumatisierung ihrer Psyche umtreibt.

Wurde Kindern früher erzählt, in ihnen walte ein seelisches Prinzip, das sie besonders mache und das alles überdauere, geben wir unseren Kindern heute mit, sie seien verwundbar. Wie tief muss Kinder ihre Gefährdungslage erschüttern, wenn sie im Bewusstsein eines sterblichen Geistes leben? Wenn sie an die Existenz von Ereignissen glauben, die sie »psychisch zerstören« können? Daher rührt ein Großteil der Depressionen, die ohne die Vorstellung von einer zersplitternden Seele undenkbar wären. Wie wir die Seele verstehen, so fühlt sich unser Leben an: Überall stehen wir vor Neubauten ohne Dauer. Was uns abgeht, ist die Erfahrung der Kontinuität – kultureller wie seelischer.

Bei Freud findet sich kein Wort über die Selbstheilungskräfte der Seele, über Größe, Schönheit und Mut. Kein Wort über die außergewöhnlichen Persönlichkeiten, die mit ihrer Kraft den Lauf der Dinge geändert und in dunklen Stunden die Menschheit gerettet haben. Seit einhundert Jahren stehen wir in dem durchaus üblen Ruf, gebrechlich zu sein, nicht belastbar, schwach. Der Mensch – ein Geschöpf, das sich der Brutalität des Lebens zum eigenen Wohle entzieht. Das vorläufige Ergebnis: Wir wollen keinen Reichtum mehr, um waghalsige Projekte durchzusetzen. Wir wollen Vermögen, um uns abzusetzen, um von den Mühen loszukommen, die die Gesellschaft mit sich bringt. Die Rache der Wirklichkeit ereilt uns hinter den zugezogenen Gardinen einer Villa, an den Hängen von Mallorca, wenn Einsamkeit und Leere alles verheeren. Wenn Menschen im Nobelauto oder in teuren Hotelzimmern den Raum nicht mehr zu füllen wissen. Wenn sie ihr Leben nicht mehr zu füllen wissen. Menschen, in denen nichts mehr steht. Freuds Überzeugtheit von der Schwäche des Menschen ist zu einer realen politischen Gefahr für uns geworden. Keiner versteht heute noch den Preis, den das Einstehen für unsere Überzeugungen fordern kann. Man kann von Glück reden, dass die Mitglieder der Weißen Rose Freuds Werke nicht kannten, sonst hätten sie Sätze wie den letzten des zweiten Flugblatts nie verfasst: »Jetzt, da man die Nationalsozialisten erkannt hat, muß es die einzige und höchste Pflicht, ja heiligste Pflicht eines jeden Deutschen sein, diese Bestien zu vertilgen.« Schwache und zerbrechliche Menschen sind zu sehr mit sich selbst beschäftigt, um die Bedeutung dieser Worte zu erfassen. Nicht wenige Interpreten versuchen, die Mitglieder der Weißen Rose als gute Christen hinzustellen, die nicht meinten, was sie schrieben. Aber wer die Flugblätter auch nur oberflächlich studiert, versteht sogleich, dass die Lösung des Problems für die Verfasser nicht darin bestand, lediglich kannibalistische Phantasien zu verbreiten.

Wir sind mittlerweile so reich, dass es potenziell möglich wäre, größere Teile der Bevölkerung von sämtlichen Arbeitsprozessen freizustellen. Das ist einzigartig in der Geschichte der Menschheit. Doch statt die Zeit zu nutzen, um Politik zu treiben, Hilfslieferungen für Syrien zu organisieren oder sich für die Menschen im Kongo oder im Sudan einzusetzen, schotten wir uns lieber von allen gefährlichen Einflüssen einer »Außenwelt« ab. Der angebliche Konstrukteur der Heilung ist in Wahrheit der Kollaborateur der Leiden.

Das Erdbeben der Schönheit

Das Verhältnis zur Schönheit war nicht zu allen Zeiten so vorbelastet wie heute. Die Griechen sahen und beschrieben die Macht des Schönen. Liest man ihre Erfahrungsberichte, gelangt man zu der Überzeugung, dass da durchaus etwas war, das in der Realität gesehen, gefühlt und studiert werden konnte. Die antike Psychologie kannte nicht nur ein Streben nach Macht, Lust oder Besitz, sondern auch ein Streben nach Wahrheit, Schönheit und Gerechtigkeit. Allerdings fessle die Liebe zur Schönheit nur einen geringen Teil der Menschheit, die allermeisten besäßen vom Schönen nicht einmal einen Begriff, meinte Aristoteles, »da sie nie daran geschmeckt haben«.

Die meisten Menschen dürften ihrem Wesen nach empfänglich für Schönheit sein, aber abgestoßen vom Relativismus der Schönheitsgefühle: Jeder Mensch scheint etwas anderes als schön zu empfinden. Keine zwei Menschen »finden« dasselbe schön. Aus der Erkenntnis heraus, dass sich jeder das Herz auf andere Weise wärmt, ziehen nicht wenige den fatalen Schluss, sich das Herz überhaupt nicht mehr zu wärmen. Sie verhalten sich dann wie Jugendliche, die zwar die Liebe nie empfunden haben, aber bereits alles darüber wissen.

Der Kontinent der Schönheit hat nicht wenige Entdecker: Schriftsteller, Künstler, Dichter. Schönheit erscheint als Gefühl. Und wie jedes Gefühl kann auch der Anflug von Schönheit kontingent, zerbrechlich, flüchtig oder subjektiv sein. Schönheit kann sogar elementar erschrecken. Es bedarf einer gewaltigen Portion Hin- und Aufgabe, sie auszuhalten. Sie kostet Kraft und Selbstüberwindung. Schönheit in Momenten kann ein ganzes Leben zerkrachen lassen. Dieses Entzweibrechen muss Ängste wecken. Schönheit ist ein Wagnis und nur etwas für risikobereite Seelen.

Der Schauspieler Harry Belafonte sagte über menschliche Schranken: »Die einzigen Grenzen für uns sind die Grenzen des Geistes.

Wenn du etwas denken kannst, kannst du es tun.« Diese Sichtweise ist beinahe ausgestorben. Meine Schreckensvision ist eine stumpfe Zeit, deren Kinder die Bedeutung von Büchern, Kunst und Möglichkeiten leugnen. Menschen, die bestreiten, dass Vorstellungen und Einbildungskraft nicht nur relevant, sondern auch nötig sind. Wir leben zunehmend in einer Gesellschaft, die in Unkenntnis dessen lebt, was *noch nicht* ist, aber jederzeit sein könnte. Wissen und Erkenntnis magnetisieren unser Denken, weil sie – scheinbar – verifizierbar sind. Die Sehnsucht faktischer Menschen, die sie antreibt, ihr Regime des Seins zu verwirklichen, ist die Sehnsucht nach Sicherheit. Sie erkennen Tatsachen an, relativieren aber den Wert der menschlichen Vorstellungskraft. Dabei wird übersehen, dass ausgerechnet sie, die faktischen Denker, die Realität umdeuten. Sie schließen aus, was möglich ist, und konzentrieren sich auf das, was mit Sicherheit *ist*. Künstler, Schriftsteller und Philosophen waren aber zu allen Zeiten immer auch Denker der Möglichkeiten des Menschen.

Biologen, Physiker, Chemiker, Psychoanalytiker, Soziologen und Ökonomen wollen die Natur so studieren und sie in ihren Theorien so darstellen, wie sie wirklich *ist*. Sie orientieren sich dabei an Tatsachen. Wie ein Computer nur Nullen und Einsen kennt, kennt diese Methode nur Sein und Nichtsein. Ihr Kerngedanke kommt in Sätzen zum Vorschein wie: »Ich glaube nichts, was ich nicht gesehen habe.« Das führt zum klassischen Problem der Unsichtbarkeit: Gibt es eine Wirklichkeit, die sich nicht nachweisen lässt? Gibt es eine Art höherer Realität, zu der nicht alle Menschen Zugang haben? Es widerspricht unserem demokratischen Denken, diese Möglichkeit in Betracht zu ziehen, obwohl wir den Hut ziehen vor der bemerkenswerten Beobachtungsgabe eines Marcel Proust, Heinrich Böll oder F. Scott Fitzgerald.

Jemand, der faktisch denkt, gerät in Erklärungsnot, wenn er aufzeigen soll, wie ein Buch entsteht. Wie entstehen die Geschichten, die die Autoren teilweise selbst nicht erlebt haben? Ein Psychologe würde, nach Nabokovs Lolita gefragt, selbstverständlich davon ausgehen, dass es diese junge Dame gegeben haben muss. Nabokov muss Dinge erlebt haben, die denen gleichen, die er in seinem Roman schildert. Die menschliche Phantasie ist eine Zumutung für jeden, der versucht, sie mittels faktischem Denken aufzuschließen.

Für die Macher der Geschichte war Sicherheit stets verächtlich. Was angeblich »ist«, erschien ihnen als Kerker. Sie erkannten ihre Chance in dem, was sein könnte. In dieser Lücke zwischen Wirklichkeit und Möglichkeit liegt die Kraft, eine Epoche der Aufklärung auszurufen oder einen gewissen Alexander zu veranlassen, über die indischen Grenzen hinaus vorzustoßen. In diese Lücke traten Politiker, die die Unabhängigkeit der Vereinigten Staaten von Amerika erklärten, oder ein gewisser Karl Marx mit seiner materialistischen Geschichtsauffassung. Die gegenwärtige Politik richtet sich viel zu sehr an dem aus, was ist, statt über das nachzudenken, was sein könnte.

Unter welche Kategorie fallen Gedanken? Unter welche Kategorie fallen geistreiche Bemerkungen? So beobachten wir den Zusammenhang von Schönheit und Phantasie, wir bemerken auch, Wissenschaft drückt sich davor, Erkenntnisse in ihrer Schönheit auch zu vermitteln. Sie bleibt in Begriffen den Phänomenen gegenüber nüchtern. Einer der wenigen Intellektuellen, der jeden Widerspruch zwischen Naturwissenschaft und Schönheit ablehnte, war der Publizist Alexander Kluge. Kluge setzte sich zum Ziel, physikalische oder biologische Erkenntnisse in ihrer ganzen Schönheit darzustellen. Bezeichnend ist, dass er diese Erkenntnisse nicht produzierte, sondern distribuierte. Sein Unternehmen löste noch nicht einmal die notwendige Diskussion über die Schönheit der Darstellung von Erkenntnissen aus. Durch trockene Neutralität gegenüber den Forschungsobjekten entschlüpft einem vielleicht der bedeutendste Teil der Realität. Dieser Teil entgeht uns, solange wir uns der Schönheit bewusst entziehen. Es liegt allerdings in der Natur des Menschen, dieser Erfahrung nicht dauerhaft entsagen zu können.

Die Kunstwissenschaft hat ein Wort aufgegriffen, das in Opposition zur gängigen Seinslehre steht: ephemer. Ephemer sind Objekte, die vergehen. Einzigartigkeit besitzt einen zutiefst ephemeren Charakter, der uns deshalb so empfindlich trifft, weil er so selten ist. Fakten sind nicht selten. Fakten sind wiederholbar und weithin verfügbar. Fakten lassen sich erfassen, verstehen, verdrehen. Hingegen fühlen wir einen Grundschatten unserer Existenz, wenn wir mit ephemeren Gegenständen in Berührung kommen. Weil diese Objekte vergehen, bleibt uns keine andere Wahl, als uns ihre Einzigartigkeit einzuprägen und sie zu überliefern. Sie wird *mitgeteilt*. Eine Welt, in der die Verkünder des Ephemeren fehlen, überlässt dem totalitären Regime des Wiederhol- und jederzeit Verfügbaren die Bühne. Aber wiederholbare Fakten *bestechen* nicht. Sie haben selten wirklichen Einfluss auf unsere »Subjektivität«.

Wir alle kennen den Einfluss von Büchern auf unser Leben. Wir wissen um die Bedeutungen, mit denen Schriftsteller uns füttern. Aber diese Nahrung muss diejenigen enttäuschen, die die Realität mit der Strenge von Sein und Nichtsein verstehen wollen. Was immer unser Leben bereichern mag, es geschieht ohne Gesetzmäßigkeit. In der Geschichte gab es Menschen, die nichts von Schönheit, Kunst oder Büchern, kurz: dem Zauber des Geistes wussten. Diese Ungeheuerlichkeit verführte einige dazu, Schönheit als Korruption der Wirklichkeit zu betrachten. Der zwanglose Charakter poetischer Ereignisse verleitete Theoretiker dazu, die Realität des Geistes zu relativieren. Die Tatsache, dass Schönheit im Leben ausbleiben *kann,* bedeutet nicht, dass sie auch ausbleiben darf.

Etwas muss nicht sichtbar sein oder bleiben, um real zu sein oder zu werden. Einzigartigkeit ist sehr real, Schönheit ist real, aber sie speist sich aus dem Zyklus von Auftritt und Verlust. Wer die Kräfte seiner Seele wecken will, kommt nicht umhin, die Macht seiner Vorstellungen als Realität zu sehen.

Unsere Politiker, die nicht mehr verstehen, wie sehr Vorstellungen Tatsachen schaffen, sträuben sich, weil sie glauben, keine allgemeingültige Antwort zu finden auf das, was schön ist, nur eine, die *ihnen* etwas bedeutet. Wir sind überzeugt, dass alles, was für jemanden bedeutsam ist, *nur* für ihn bedeutsam ist. In diesem *nur* liegt das ganze Dilemma unserer Existenz: Wir selbst sind es, die unsere Bedeutung relativieren. Obwohl es uns niemals gelingen wird, ein anderes als das eigene Leben zu führen, sind wir überzeugt, dass ein Leben von größtmöglicher Allgemeingültigkeit ideal sei.

Wir lehnen die Vorstellung von Kräften der Seele ab. Die Seele ist in der Computertomographie nicht auffindbar, also gibt es sie nicht.

Antiquiert ist allerdings nicht die Anschauung der Seele, sondern eher die Auffassung, alles müsse beobacht- und beweisbar sein, um zu *sein*. Naturwissenschaftler hören zwar von der Anziehungskraft der Schönheit auf unsere Seelen. Aber weil sich derartige Kräfte der experimentellen Kontrolle entziehen oder es sich verbietet, Experimente direkt auf derartige Phänomene auszurichten, sind sie das, als was wir sie im Grunde bezeichnen müssen: ein Zauber.

Wir nähern uns dem Dampfkessel des Relativismus, den nicht wenige errichtet haben, um das offensichtlich reale mentale Leben darin gar zu kochen. Die Strahlkraft und menschliche Erhabenheit eines Jesus wurde mit dem Gummibegriff »Charisma« relativiert. Die Ignoranz und Blindheit gegenüber *politischer Schönheit* macht viele Menschen unempfänglich für die Ausstrahlung einiger weniger. Es heißt, Ausstrahlung und Schönheit seien Phänomene, die wir objektiv nicht messen können. Daraus leiten sie das Recht ab, diese Phänomene zu vernachlässigen. Hätte Jesus *alle* in seinen Bann gezogen, lägen die Dinge anders. Seine Aura war offensichtlich relativ, sonst hätte man ihn nicht zum Tode verurteilt. Diese Sein-oder-Nichtsein-Kategorisierung gibt es, seit es Menschen gibt. Dahinter steckt eine tiefe Sehnsucht nach Allgemeingültigkeit. Allgemeingültig sind nur Phänomene, die alle Körper in der gleichen Weise beeinflussen, die Gravitation etwa. Die Kräfte der Natur haben Zwangscharakter. Die Kräfte des Geistes nicht. Weil das »innere Schöne« nicht gewaltsam nach Maßgabe eines Naturgesetzes wirkt, forderte Aristoteles, dass diejenigen, die die Gesetze des Staates machen, das Schöne kennen.

Ich erinnere mich an einen Physiker, der mir die Erdanziehungskraft und den Raketenantrieb des Spaceshuttle euphorisch beschreiben konnte. Aber als ich ihn fragte, wie er seine Frau kennengelernt habe, verfiel er in einen beamtenhaften Duktus aus Fakten: Ort, Datum, Zeit. Diese Leute leben zweigeteilt, weil sie leugnen müssen, was für sie von enormer Bedeutung ist, weil es *nur* für sie von Bedeutung ist. Sie müssen ihre geistigen Erlebnisse relativieren, weil sie wissen, dass diese »nur« sie selbst bestochen haben. Das ist der Kern der Sache: *Was besticht uns?* »Tatsachen«, die alle Menschen mit gleicher Kraft bezwingen, besitzen die Art von Legitimität, um ernsthaft studiert zu werden. Die Gravitation beispielsweise. All das, was »ist«, ist *jederzeit experimentell wiederholbar*. Aber die Berührung mit einem außergewöhnlichen Menschen, die magischen Verheißungen eines Flirts, der Sog der Schönheit flauen bei Wiederholung ab. Der zerbrechliche Charakter geistiger Phänomene ist etwas, das sich nur schwer einfangen lässt.

Die Urteile und Schlüsse, die jemand aus seinem an »Tatsachen« orientierten Denken zieht, sind schmerzlos. Sie geben keine Urteile ab über das, was schön ist, weil sie glauben, Schönheit sei relativ. Auch Intellekt ist in dieser Sicht relativ, weil ihn nicht alle Menschen besitzen. Natur hingegen erscheint absolut. Sich mit dem eigenen Geist ernsthafter auseinanderzusetzen als mit der Natur, die *alle* umgibt, ist ein Irrtum, dem nur Romantiker oder Idealisten erliegen. Das Projekt einer Wissenschaft der Schönheit wäre deshalb auch ein höchst zwiespältiges Unterfangen. Sich mit Relativitäten zu beschäftigen bedeutet, aus Dampf herauszulesen, was auf dem Herd steht. Wie will man das detonierende Gefühl einfangen oder experimentell wiederholen, das die Seele beim Anblick von Anselm Kiefers Werk *Über Euren Städten wird Gras wachsen* verspürt? Es ist schwer wiederhol-, bestenfalls erinnerbar. Dennoch bin ich immer wieder verblüfft, wie viele Menschen das, was wir in mühevoller Kleinarbeit am Zentrum für Politische Schönheit vorbereiten, als einen Akt politischer Schönheit empfinden. Die Einhelligkeit der Reaktionen bewahrt mir den Glauben an die Menschheit. Dennoch verlagern sich im Politischen in der Regel erst mit den Jahren die Gewichte von Feindschaften zu absoluter Bewunderung. Der Kniefall Willy Brandts ist eine dieser Schlüsselgesten. Brandt fiel vor den Helden des Aufstands im Warschauer Ghetto in einer Zeit auf die Knie, als ihm in Teilen der deutschen Gesellschaft kalter Hass entgegenschlug. Eine solche Geste erforderte im Dezember 1970 großen Mut. Sie kostete etwas. Ein Journalist brachte es auf den Punkt: »Wenn dieser (…) Mann nun (…) dort niederkniet – dann kniet er da also nicht um seinetwillen. Dann kniet er, der das nicht nötig hat, da für alle, die es nötig haben, aber nicht da knien – weil sie es nicht wagen oder nicht können oder nicht wagen können.« Im Politischen ist selten damit zu rechnen, dass Ersatzhandlungen für verhinderte Landsleute auf Gegenliebe stoßen. Seinerzeit empfand nur knapp die Hälfte der Zeitgenossen die Geste Brandts als schön. Erst mit den Jahrzehnten wichen auch die Feinde der Schönheit mehr und mehr ihren Freunden.

Erfahrung und Tatsache sind mittlerweile dialektische Geschosse. Unsere Ansichten sprechen aus Sätzen wie »Real ist nur, was ›alle‹ sehen!« All das, was für uns bedeutsam werden *kann,* erscheint dem faktischen Denker als Einbildung. Diese Einbildung lässt Naturwissenschaftler regelmäßig erschaudern, wenn man sie dezent darauf hinweist, dass der Staat eine Erfindung des Menschen sei. Eine Idee schanzt ihnen die milliardenschweren Budgets naturwissenschaftlicher Forschung zu. Auch das Politische unterliegt keinerlei Naturgesetzlichkeiten.

Wer einmal entdeckt hat, wie wirklich Dinge werden, die faktisch »nicht sind«, bemerkt die positivistische Halluzination des faktischen Denkens. Es handelt sich um eine gutgläubige, aber altbackene Auffassung davon, was überhaupt *ist.* Die menschliche Phantasie ist ein Unding, weil sie all das hervorbringt, was vor ihrem Anflug gar nicht ist. Der kreative Geist bereitet dem faktischen Geist Albträume. Wir haben Schönheit in den Bereich der Kunst abgedrängt. Dort fristet sie eine Schonexistenz und wartet darauf, unsere regenarme Existenz wiederzubeleben. Aber die Schlagkraft von Schönheit ist für den Reichtum der Seele unabdingbar.

Die Seele braucht Schönheit. Schönheit nicht mehr zu fühlen ist eine Art Materialfehler der menschlichen Vorstellungskraft. Wir denken viel zu wenig darüber nach, was schön war. Wir sollten in uns gehen, darüber nachdenken, was schön war, was schön ist und wie man es erreichen kann. Seelen müssen zu diesem Ort mit dem tiefen Brunnen. Das Zentrum für Politische Schönheit ist daher auch ein Unternehmen zum Ausheben dieser Brunnen. Es bohrt Leitungen bis ganz nach unten. Bis ins Grundwasser der menschlichen Seele. Im Moment muss man ziemlich tief bohren, um überhaupt etwas zu finden. Denn wir sind im geistigen Vakuum groß geworden oder besser: eingegangen.

Ich bezeichne mich als »Chefunterhändler« der politischen Schönheit, das heißt, ich werde von ihr gesandt, bin aber nicht notwendig ein Teil von ihr. Sie wurde vertrieben. Und den wenigsten ist überhaupt bewusst, dass sie sie brauchen. Wir handeln alle wichtigen Verträge aus, die für ihre Rückkehr nötig sind. Das ist eine Rolle. Wir umzäunen ein Gebiet und sorgen dafür, dass innerhalb der Einzäunung etwas aus dem Kosmos einschlagen kann. Der Komet lässt sich formen, die Lichtung lässt sich absperren, die Zuschauer zusammenrufen. Aber das Erlebnis muss schon jeder selbst haben.

Die Schönheit ist es, die Menschen verzaubert und die Armseligkeit einer vermeintlich faktischen Welt aufbricht. In einer Seele, in der das Erdbeben der Schönheit ausgebrochen ist, lassen sich keine »sicheren« Häuser bauen. Einmal losgetreten, hält nichts und niemand dieses Beben auf. Schönheit ist das Erdbeben unserer Existenz. Danach langweilt es einen, was auf dieser Welt sicher ist. Wir wollen wissen, was möglich ist.

TEIL II

Nihilismus der Seele

Geistiger Nihilismus

Wirtschaftssysteme brechen zusammen und vergehen. Staaten und Regierungssysteme implodieren und geraten in Vergessenheit. Das Einzige, was von einer Gesellschaft bleibt, ist ihre Kunst und Literatur. Unser Bild etwa von der Weimarer Republik wurde wie von keinem anderen von einem Künstler geprägt: George Grosz. Es wird kaum einen Menschen geben, dem nicht unweigerlich die *Stützen der Gesellschaft* einfallen. Maler fassen ihre Zeit in Bilder, Schriftsteller in Worte – und Politiker in Taten. Welches Bild wird zukünftigen Menschen einfallen, wenn sie an uns denken? Welchen Plan verfolgt unsere Politik? Haben wir überhaupt den Ehrgeiz, uns in Bilder oder Taten zu überführen? Wollen wir unserer Zeit Worte, Bilder und Aktionen auferlegen? Lassen wir uns von einem Ziel in ikonografische, emotionale oder intellektuelle Ketten legen?

Tatsache scheint mir zu sein: Uns fehlt der Wille, dieses Bild selbst zu schaffen. Wir wissen nicht, welches Bild wir abgeben, weil wir selbst keines von uns haben. Ich fürchte, die Zukunft wird den Nihilismus unserer Zeit deutlicher erkennen. Wir sind überzeugt von der eigenen Wertlosigkeit, von der Sinnlosigkeit und Kontingenz des menschlichen Lebens. Die Rache ist so merkwürdig wie real. Den Nihilismus empfinden wir nicht nur in den Seelen, wir fühlen ihn an der Gegenwart. Das Kulturgefühl der gesamten Epoche kündet von Bedeutungslosigkeit.

Wie ruhig scheint unsere Zeit, verglichen mit den Perserkriegen, dem Sturm auf die Bastille oder der Verkündung von Menschenrechten und Demokratie in Amerika. Kein König, den wir stürzen, kein Unrecht, gegen das wir unser Leben aufs Spiel setzen, kein Ideal, das wir verteidigen können. Wir sind weltgeschichtlich die Zuspätgekommenen. Niemand von uns glaubt, Zeuge einer bedeutsamen Zeit zu sein. Menschen, die an ihre Bedeutung glauben, die sind nichts für die Moderne mit ihrer rücksichtslosen Ökonomie, ihrer beispiellosen Umweltzerstörung und ihren maßlosen Einwohnern. Unser Fortschritt sei es, uns wenigstens als sinnlos anzuerkennen. Welcher Umsturz, welcher Neubeginn kann uns da noch aus unserer Lethargie reißen?

In rituellen Abständen machen uns die Medien mit Krisengeschrei hysterisch. Aber diese Krisen sind schneller verflogen, als man ihnen wirklich begegnen könnte. Zwischen 2001 und 2006 herrschte die Angst vor Terroristen. Als die prophezeiten Anschläge ausblieben, wurde eine endzeitliche Öko- und Finanzkrise prophezeit, zuletzt eine Finanz- und Schuldenkrise. Die Krisengewitter münden in eine Hoffnungskrise, die einen leicht übersehen lässt, dass es tatsächlich gravierende humanitäre Katastrophen gibt. Wir leben in einer medialen Welt, die monatelang über die »Schweinegrippe« mit 16 Toten debattiert, während die »Hungergrippe« Tag für Tag mindestens 50000 Menschen dahinrafft. Für mich bleibt das unverständlich, und ich werde so lange kämpfen, bis die *Tagesschau* tagtäglich Bilder aus den Krisenregionen dieser Welt sendet. Dadurch würden wir feststellen, wie gut es uns geht.

Aber das mediale Theater des Abgrunds hinterlässt in erster Linie in jungen Menschen einen bleibenden Eindruck. Die Wirkungen des medialen Trommelfeuers legte ein Mädchen 2006, lange vor der »Finanzkrise«, in einer großen deutschen Wochenzeitung dar. Gefragt danach, wie sie die Zeit empfinde, in der sie lebe, antwortete sie: »Seit ich denken kann, herrscht Krise.« Was sagt es über uns aus, wenn die jungen Menschen des reichsten und mächtigsten Landes der EU davon überzeugt sind, in einer ökonomisch und politisch instabilen Welt zu leben? Wenn wir in einer instabilen Welt leben, wie sollen wir dann das nennen, worin geschätzte drei Milliarden Menschen auf der Welt gefangen sind, die von Hunger, Tod und politischem Wahnsinn verfolgt werden? Gefühlte siebzehn Krisen später wird keine der medialen Hysteriewellen das Herz dieser mittlerweile jungen Frau noch erweichen können. Vielleicht wird sie sich noch vor laufender Kamera einen Kübel eiskalten Wassers überschütten. Aber das wird dann auch schon die äußerste Grenze ihres »politischen« Engagements sein.

All unseren »Krisen« liegt ein Bildungsproblem zugrunde: Es

mangelt an Bildung der Seele, Bildung der Gefühle, Bildung des Wissens. Wüsste dieses junge Mädchen, was in den Geschichtsbüchern steht, könnte sie ihre eigene Zeit unmöglich als krisenhaft empfinden. Für kommende Generationen wird der Zusammenhang, in dem wir leben, besser zu überblicken sein: auf der einen Seite die toxischen Auffassungen von der Wertlosigkeit des Menschen, auf der anderen das Gefühl der Bedeutungslosigkeit der Gegenwart. Und die Wertlosigkeit, die wir verspüren, hat viel mit dem zu tun, was wir nicht tun.

Nihilismus ist die Quittung für eine hochkultivierte Zivilisation, deren Bewohner sich nur noch für sich selbst verantwortlich fühlen. Wollen wir denn gar nicht wissen, woran unsere Mitmenschen sterben, Menschen, die verhungern, ertrinken oder erfrieren? Unsere Radiosender berichten zur besten Sendezeit in den Hauptnachrichten über sich paarende Tiere in Zoos. Das ist die Trivialisierung des Lebens. Es ist eine unausgesprochene Tatsache, dass Tiere besser geschützt werden als Menschen. Allerdings ist das kein gänzlich neues Phänomen. Drei Jahre wurde Sarajevo belagert, und ein Völkermord vollzog sich vor den Augen und Ohren der Weltöffentlichkeit. Dann erschoss ein serbischer Scharfschütze versehentlich einen Gorilla im Zoo. Der Tod des Gorillas erzeugte einen medialen Aufschrei, den 11 000 tote Bosnierinnen und Bosnier zuvor nicht hatten auslösen können. »Gorilla müsste man sein«, zitiert Hans Christoph Buch einen Mann, der ihn nach dem Völkermord durch Ruanda fährt. »Heute geht es ihnen besser als uns Menschen; sie leben in Reservaten, sind vor Wilderern geschützt und bekommen regelmäßig zu fressen.«

In der Regel erreicht keine einzige Meldung aus den Krisenregionen dieser Welt das Ohr des Radiohörers oder das Auge des Fernsehzuschauers. In Amerika gibt es unter Fernsehmachern für diese Wächterfunktion den Begriff »Cornflakes-Test«: Ein gesendetes Bild muss damit kompatibel sein, dass der Zuschauer ungestört Cornflakes frühstücken kann. Die Berichterstattung über Krieg, Hunger und Verfolgung findet im besten Falle noch an der Medienperipherie statt. Viele Journalisten erstatten ihrer Gesellschaft keinen Bericht mehr. Dadurch wird eine ganze Gesellschaft in den Zustand der Ahnungslosigkeit versetzt.

Nicht die Boulevardmedien sind das Problem. Gerade »seriöse« Medien haben jedes Gespür für eine ausgewogene Berichterstattung verloren. Sie berichten im September 2009 über 13 Tote in Fort Hood, aber nicht über 138 Massakertote in Guinea. Sie berichten über fünf Opfer der Schweinegrippe, aber nicht über 50 000 Hungertote. Wir hätten ihren Tod verhindern können. Die medialen Auswahlkriterien kommen in den Augen aller, die sich für die Menschenrechte einsetzen, des Öfteren einer Kriegserklärung gleich.

Die Gesellschaft in einer bestimmten Art und Weise zu informieren oder es zu unterlassen ist auch eine Form der Erziehung. Womöglich die dezenteste. Was lernt ein Jugendlicher über den Wert des Menschen aus der Presse? Was ihm vorgelebt wird, ist dies: dass 13 Tote in Amerika »irgendwie« mehr wert sind als 138 Tote in Guinea. Dass der Tod eines bis dato völlig unbekannten Spielers der Fußballnationalmannschaft nicht nur berichtenswerter ist als der Tod von 100 Menschen, die vor der »Festung Europa« ertrinken, sondern dass er am Schicksal des Fußballspielers auch mehr Anteil nehmen muss.

Es ist längst nicht mehr nur Gleichgültigkeit und Vergesslichkeit, die uns da umtreiben, sondern attestierbare, tatsächlich vorhandene Sinnlosigkeit. Wir haben jegliches Gefühl für unsere Selbstachtung und unseren Selbstwert verloren. Wir müssen uns als wertlos empfinden, nicht weil wir wertlos sind, sondern weil unser Tun als Bewohner eines der mächtigsten Länder der Welt keinen Sinn ergibt. Es könnte anders sein.

Die Geringschätzung der Kraft unserer Kultur deckt sich mit den unterschätzten Kräften unserer Seelen. Wir glauben, einer sinnlosen Welt ausgeliefert zu sein. Wir reden uns ein, in einem »stahlharten Gehäuse der Hörigkeit« zu leben. Und wir fühlen uns ohnmächtig, weil wir uns nicht täglich um die Menschheit kümmern können. Psychologen werden diesen Nihilismus dereinst Kleingesinntheit nennen. Wie soll sich jemand, der glaubt, er sei bedeutungslos, auch bedeutend fühlen?

Bis vor wenigen Jahrhunderten lebten etwa 200 Millionen Menschen auf der Erde. Was damals schon keine sinnlich wahrnehmbare Zahl mehr war, ist inzwischen auf sieben Milliarden angewachsen.

Wie sollen wir uns angesichts von sieben Milliarden Menschen als bedeutsam, wirksam oder sinnvoll erleben? Es erscheint als unbezweifelbare Tatsache, dass der Mensch keine Geschichte macht. Von den Demographen hören wir zwar, dass es viele Menschen gibt – allein in Europa mehr als 400 Millionen. Aber diese Zahl wird zum eigentlichen Beweis dafür, dass es zu viele sind, als dass ein einzelner Mensch Geschichte schreiben könnte. Niemand kann sich vorstellen, was eine Zählung von 400 Millionen Menschen bedeuten würde. Herausgekommen ist eine neue Überzeugung, dass es, ähnlich den Erdschichten, die gegeneinander drücken und einander überlagern, »Schichten« von Menschen geben müsse, deren tektonische Kräfte wir mit Fug und Recht Geschichte nennen könnten.

Zur Reduzierung der Komplexität werden Menschen in Altersgruppen, Klassen, Schichten oder Nationen zusammengefasst, deren Kräfte ungleich einfacher nachzuweisen sind, während die Spuren eines Einzelnen sich im Getümmel verlieren. Es ist aber nicht »die Welt«, die einen davon überzeugt, dass ein einzelnes Erdkorn keine Wirkung hat, sondern die Vorstellung, dass Menschen überhaupt so etwas wie Erdkörner sind. Wer als Erdkorn glaubt, in der Welt nichts auszurichten, wird von ihr auch niedergerungen. Seine Talente verkümmern. Seine Gedanken verstummen. Seine Gefühle versinken. Viele glauben, dass das Individuum erst unter der »Last« moderner Massenstaaten verschwunden ist, während es in den beschaulichen Gemeinwesen früherer Zeiten gerade darauf ankam, *jemand zu sein.*

Athen hatte im fünften vorchristlichen Jahrhundert etwa 270 000 Einwohner, die sich aus rund 30 000 politisch aktiven Bürgern sowie deren Frauen, Kindern und Sklaven zusammensetzten. Selbst wenn wir in Rechnung stellen, dass viele Sklaven nicht zählten, kommen wir immer noch auf mindestens 50 000 Mitmenschen, von denen ein athenischer Bürger annehmen konnte, dass es auf sie wirklich ankomme. Eine Stadt mit 50 000 Einwohnern ist heute eine Kleinstadt. Der Unterschied zwischen dem antiken Athen und einer deutschen Kleinstadt ist offensichtlich: Die Athener waren unabhängig und frei, auf die Kleinstädter drückt die ganze Masse des Staates. Die Menschen in einer Kleinstadt mit 50 000 Einwohnern fühlen sich wie ein Staudamm, gegen den 80 Millionen Menschen drücken. Auf der einen Seite also 50 000 freie Menschen, auf der anderen 50 000 Erdrückte.

Es scheint absurd, bezweifeln zu wollen, dass die Wirkung eines jeden Menschen heute nicht unter einer Diktatur von Masse, Bürokratie und Politik begraben wird. Für gewöhnlich wird als naiv gebrandmarkt, wer von der Wirkmächtigkeit eines Einzelnen ausgeht. Aber ist es nicht noch unwahrhaftiger, die Wirkung des Einzelnen zu verschleiern? Woran machen die 50 000 Kleinstadtbewohner fest, dass ihre Wirkung von der Kraft der 80 Millionen erdrückt wird? An »der Wirklichkeit« oder an ihren Vorstellungen? Die Außengrenzen unserer Wirksamkeit werden im Inneren festgelegt.

Wenn die 80 Millionen Menschen real sind, müssen dann nicht auch unsere Gefühle von ihnen real sein? Eine Zahl kann selten für Gefühle verantwortlich sein. Eine Zahl ist eine Zahl, und unsere Gefühle stellen bereits eine Schlussfolgerung aus dieser Zahl dar. Die Erdrückung kann nirgendwo gefühlt werden. Es gibt keinen Ort, an den wir uns wenden können, um die Erdrückung oder die Last der Vielzuvielen zu empfinden. Oder etwa doch? Ich will dazu ein Gedankenexperiment anstellen. Nehmen wir an, jemand wäre so verrückt und setzte sich zum Ziel, allen 80 Millionen Menschen die Hand zu schütteln. Er verbrächte Jahre damit, das ganze Land zu bereisen, Hände zu schütteln und 80 Millionen Menschen zumindest kurzfristig in die Augen zu blicken, um sie still zu zählen. Wie stehen die Chancen, dass er, nachdem er alle 80 Millionen durchgezählt hat, dann (noch) von seiner Ohnmacht überzeugt ist? Ist es nicht wesentlich wahrscheinlicher, dass er, nachdem er allen 80 Millionen Menschen in die Augen geblickt hat, durch jeden einzelnen Blick vom Gegenteil, nämlich von seiner eigenen Mächtigkeit, überzeugt ist?

Es ist nicht offensichtlich, warum der Anblick von 80 Millionen Menschen Ohnmachtsgefühle auslösen sollte. Es erscheint vielmehr plausibel, dass der Anblick von 80 Millionen Menschen Machtgefühle evoziert. Die Schlussfolgerung von der modernen Ohnmacht des Menschen mitsamt Staudammgefühlen ist in sich äußerst zweifelhaft. Sie besitzt keinerlei Evidenz oder Realität. Die

Frage ist: Warum ziehen wir diese für unser Handeln offensichtlich gänzlich unvorteilhafte Schlussfolgerung? Es wäre nicht das erste Mal, dass eine Theorie von einem Gefühl bestätigt werden will, das diese Theorie selbst erzeugt hat.

Jeder von uns kennt den resignierenden Satz: »Ich kann doch nichts tun!« Uns irgendeinen allgemeingültigen Wert zuzugestehen fällt schwer, wenn wir den Zufall betrachten, dem wir unsere Existenz verdanken. Der einzelne Mensch scheint *objektiv* keinen Sinn zu haben. Das ist der Nihilismus, der uns zur radikalen *Selbstentwertung* treibt. Der Nihilismus unserer Zeit ist die Entwertung unseres Daseins. Dieser methodisch verbreitete Nihilismus brennt und rauscht in unseren Seelen.

Aber was bedeutet es, wenn wir uns keinen Wert beimessen? Die Folgen dieses Nihilismus sind allgegenwärtig. Wir sind toxischen Auffassungen blind gefolgt. Der Mensch an sich besitzt in dieser Vorstellungswelt keinen besonderen Wert.

Jedenfalls keinen größeren als jede andere Spezies. Schlagend hat Darwin unsere Verwandtschaft mit den Tieren nachgewiesen.

Als er seine Thesen über die Evolution des Lebens veröffentlichte, ereignete sich eine Katastrophe, die bis heute geleugnet wird. In den Schulen lernen wir, Darwin habe sich mit seinen Thesen gegen die religiöse Darstellung der Schöpfungsgeschichte gerichtet. Darwin schuf die alternative Auslegung, die beweisen sollte, dass der Mensch nicht von Gott geschaffen ist. Damit habe er sich gegen jede teleologische Bestimmung – gegen jeden Zweck des Menschen – gewehrt. Aber das ist nur die halbe Wahrheit. Aus seiner These können wir den Aufprall förmlich hören, den der Mensch bei seinem Eintritt in die Evolutionsgeschichte verursacht hat: Der Mensch, so Darwin, ist *nur* ein Zufall, um nicht zu sagen »Unfall«, in der Geschichte der Evolution.

Darwin mag sich gegen die Kirche gewendet haben, heute werden seine Erkenntnisse dazu benutzt, die Macht des Geistes aufzuweichen. Seine Theorien stellen durch die Betonung des Zufalls, den der Mensch darstellen soll, auf einen Schlag seinen Wert an sich infrage.

Macht es, angesichts dieser Zufälligkeit des einzelnen Lebens, einen Unterschied, ob ich heute lebe? Es gehört zu den Rätseln unseres Lebens, darauf nirgends eine Antwort finden zu können. Wir finden eine Antwort auf diese Frage nicht in der Vergangenheit und nicht in der Analyse historischer Umstände. Eine Antwort finden wir nur an einem einzigen Ort: *in unserem Tun*. Die Antwort, ob wir einen Unterschied machen, finden wir im Grunde genommen nicht, wir geben sie.

Nietzsche sprach vom Menschen als »wertsetzendes Tier«. Ich glaube das nicht. Ersteres nicht, weil wir Wert nicht setzen, sondern *empfinden*, Letzteres nicht, weil es uns diffamiert. Der Mensch ist, wenn überhaupt, ein *wertempfindendes Wesen*. Es gehört zu den schlecht belegten Grundüberzeugungen des vergangenen Jahrhunderts, den Menschen als wertsetzend zu verstehen, das heißt als Wesen, das, was es für bedeutungsvoll hält, selbst festlegt.

Der eine wertschätzt den Nimbus von John F. Kennedy, der andere verehrt die Scharfsinnigkeit Jonathan Swifts. Als Menschen verehren, lieben und verfluchen wir. Alles in einem, wir *werten*. Wertschätzungen sind aber keine Wertsetzungen. Was Nietzsche mit seinem Diktum vom Menschen als wertsetzendem Tier behauptet, ist eine Fähigkeit, welche die Sozialwissenschaften bis heute mit Vorliebe unterstellen: *dass* wir in der Hand hätten, was wir für bedeutend halten. Als seien wir dazu in der Lage, Bedeutungen aus dem Nichts zu schaffen. In der Tat stimmt das mit unserer Sichtweise auf die Kultur überein, die wir als etwas verstehen, das *ex nihilo* – aus dem Nichts – entsteht. Die »Werte« einer Kultur würden durch die Menschen geschaffen, die eine Kultur »stiften«. Die Meinungen darüber, wie eine Kultur entsteht, sind meist von der Französischen Revolution beeinflusst. Entweder gestaltet der Mensch sich selbst und bringt die Gesellschaft hervor, oder aber die Gesellschaft bringt sich auf irgendeine Weise selbst hervor und prägt den Menschen. Das sind die verhärteten Alternativen. Entweder werden Werte durch Genies gestiftet, oder klimatische, topographische, historische Bedingungen prägen das aus, was einer Gesellschaft wichtig ist. In beiden Fällen ist die Genese der Werte ein mehr oder weniger willkürlicher Vorgang. Was wir für bedeutsam halten, können wir nicht selbst festsetzen. Menschen bestimmen den Wert von etwas nicht, sondern sie *empfinden* ihn. Aber wenn wir den Wert nicht selbst bestimmen, wer tut es dann?

Die Definition des Menschen als *wertempfindendes Wesen* eröffnet einen neuen Horizont im Verständnis des Menschen und seiner Kultur. Der Nihilismus unserer Zeit begründet die Vorstellung, das eigene Leben komme ohne Empfindungen des Wertes aus. Von den Kulturwissenschaftlern haben wir gehört, was wir als wertvoll empfinden, sei von Kultur zu Kultur verschieden. Aber diese Wertfreiheit erzeugt den fatalen Eindruck, die Empfindung von Wert störe jede Objektivität. Anders gesagt: Viele Zeitgenossen sind der Meinung, als Mensch Wert zu empfinden sei eine überflüssige oder zu vernachlässigende Leistung. Die nihilistische Halluzination unserer Zeit ist der Glaube, im Leben ohne Wert auszukommen. Aber ohne Wertempfinden, ohne Sinn für das Bedeutsame, Große und Schöne wird das Dasein selbst wertlos.

Menschen meiner nächsten Umgebung fordere ich des Öfteren auf, etwas Bedeutendes zu tun. Aus der wertsetzenden Sicht des Menschen ist das eine Katastrophe. Wer weiß schon, was ein anderer unter »bedeutend« versteht. Die Nationalsozialisten meinten bedeutende weltgeschichtliche Taten zu vollbringen, indem sie ganze Völker ausrotteten. Wenn ich jemanden auffordere, etwas Bedeutendes zu tun, ist damit natürlich keine Aufforderung zum Massenmord gemeint. Stattdessen soll der Betreffende für einen Moment danach Ausschau halten, was ihm wirklich wichtig ist.

Der politische Wille Deutschlands offenbart ein Verlangen nach historischer Bedeutungslosigkeit. Wir wollen eigentlich gar *nichts* mehr. *Menschen fühlen sich kraftlos, wenn sie sich wertlos fühlen.* Die Schwäche des Menschen in der Moderne ist ein Echo des Nihilismus in seiner Seele. Weil wir glauben, uns gegenüber dem Wert, dem wir begegnen, gleichgültig verhalten zu müssen, statt auf ihn zuzusteuern, wird die Welt, die wir sehen, wertlos. Wir sind im Besitz eines Potenzials und einer Macht, die niemals zuvor in der Geschichte in so vielen Händen war. Aber statt sie zu nutzen, trinken wir morgens Kaffee, überfüllen mittags die Fitnessstudios und fallen abends matt in den Kinosessel. Kurz: Wir schlagen die Zeit tot. Wir wollen Weltgeschichte, Verantwortung und unsere Aufgaben vergessen.

Wann immer junge Menschen den Anspruch erheben, die Welt zu verändern, werden sie entweder belächelt, gemaßregelt oder als anmaßend gescholten. Die Vorstellung von Menschen, die die Weltgeschichte mit sich selbst zusammendenken, widerstrebt vielleicht gleichheitlichen Grundsätzen. Allerdings verliert auch Kants Vorgabe, in jedem Menschen solle sich die Menschheit repräsentieren, ohne diesen Anspruch ihren Sinn.

Politisches Schwarzfahren

Unser Wohlstand entbehrt jeglicher Legitimität. Unsere Ausgaben für Entwicklungshilfe liegen bei Weitem unter den Ausgaben für Bier oder Partys. Wir gleichen einem hedonistischen Menschenverband, der zu narkotisieren versucht, was er leisten könnte. Wäre der Westen ein Mensch, säße er wegen unterlassener Hilfeleistung in Haft. Das Problem besteht darin, dass die westliche Hemisphäre beinahe eine Milliarde Menschen zählt und die wenigsten in Haftanstalten sitzen. Unterlassene Hilfeleistung für die, denen das Nötigste fehlt, und der eigene übertriebene Konsumismus sind erstaunlich gut in Zusammenhang zu bringen mit unserer Überzeugung, wir seien im Grunde genommen *nichts* wert. Der Zusammenhang zwischen der eigenen Unverantwortlichkeit und der Überzeugung, das Leben sei sinnlos, liegt auf der Hand. Wir erscheinen heute als eine Kultur ohne jegliches Gewissen. Aleppo versinkt im Schutt, und in Berlin wird euphorisch gegen die Leere getanzt. Dennoch gibt es Aktivisten, die sich nicht davor scheuen, in die ärmsten Länder der Welt zu reisen, um etwas zu tun. Den Daheimgebliebenen nützen die gut bezahlten Politiker wenig, an die sie die »Außenpolitik« losschlagen wollen, in der Meinung, selbst nichts tun zu können. Das ist die entscheidende Schwäche: die Vorstellung, nichts ausrichten zu können.

Die Grenzlinien, die in der Geschichtsschreibung zwischen religiöser und wissenschaftlicher Weltauslegung verlaufen, lassen sich für unsere Gegenwart aktualisieren als Grenzverlauf zwischen denen, die von unserer Werthaftigkeit überzeugt sind, und jenen, die sich für bedeutungslos halten. Entzauberung überfüllt uns in den Zustand des kulturellen Nihilismus, durch den wir von innen auskohlen. Es besteht ein enger Zusammenhang zwischen der Auffassung, der menschliche Geist sei irrelevant, und dem Lebensgefühl unserer Epoche, sinnlos zu sein. Die Spuren des Wertes, die Griechen und

Römer im Sand der Geschichte hinterließen, führten zwar zur Blüte der Renaissance und in die Epoche der Aufklärung. Inzwischen aber sind sie aus unserem Verstand geweht. Kultureller Nihilismus ist in seinem Glutkern kulturelle Ohnmacht, der Glaube, wir könnten nichts ausrichten.

Dank unserer technischen Mächtigkeit sind wir allerdings von der eigenen Ewigkeit fest überzeugt: Unsere technischen Möglichkeiten werden unser Ende schon abwenden. Erderwärmung, drohende Eiszeit und Ozonloch – all das wird »irgendwie« gut ausgehen. Diese technologische Zuversicht erkaufen wir uns mit kultureller Agonie. Wir verstehen nicht, welche historische Chance frühere Epochen in ihrer Zeit sahen, welche Einmaligkeit sie selbst erreichen wollten, die sich in dem ausdrückte, was Archäologen heute ausgraben. Wir sind ein von allen »Illusionen«, vor allem von jener der eigenen Bedeutsamkeit, geläutertes Zeitalter.

Glauben wir ernsthaft, dass es den Menschen in Athen, Rom oder Konstantinopel leichter gefallen ist, ein Bild von sich in der Geschichte zu schaffen? Der Grund dafür, dass wir uns keine Bedeutung geben wollen, ist vielleicht genau der, dass wir schlicht keine Vorstellung von uns haben. Seine eigene Bedeutung und Rolle in der Geschichte zu finden ist ein gesamtgesellschaftlicher Auftrag. Zu behaupten, diese Bedeutung gebe es »nicht mehr«, ist eine Position der Bequemlichkeit, nicht der Überlegenheit.

Wir sind ein Land politischer Schwarzfahrer. Das, was wir für Illusionen und verpasste Gelegenheiten vergangener Zeitalter halten, gäbe es auch in unserer Zeit. An der Zivilisationsbruchstelle der deutschen Geschichte beispielsweise. Wir wollen es nur nicht wahrhaben. Wir sind das Land der Organisatoren und Vollstrecker des Holocaust. Unsere Vorväter haben Millionen Menschen vernichtet. Sie haben Millionen unschuldiger Zivilisten um die Ecke gebracht. Man kann es nicht oft genug wiederholen: Deutschland hat der Humanität die größte Wunde in der Geschichte der Menschheit geschlagen.

Den moralischen Glutkern der Bundesrepublik Deutschland bildet das Versprechen, Völkermord für alle Zeiten zu verhindern. Das Recht, mit den deutschen Privilegien zu leben, erlegt uns allen einen einzigen moralischen Imperativ auf: *Nie wieder Auschwitz!* Alle, die nicht im Bewusstsein dieses Imperativs leben, fahren politisch schwarz und sonnen sich in einer Legitimation, die uns nur im Lichte dieses einen Schwurs zusteht.

Der geleistete Schwur »Nie wieder Auschwitz!« verdient es, sehr viel ernster genommen zu werden, als das heute der Fall ist. Er *muss* von jeder Generation neu geleistet werden. Und er muss etwas kosten. Die ehemalige Vorsitzende des Zentralrats der Juden in Deutschland, Charlotte Knobloch, meinte am Rande einer Kundgebung zum Darfur-Genozid (vor dem Holocaust-Mahnmal in Berlin): »Wir haben nicht nur eine Vergangenheit zu bewältigen, sondern auch eine Gegenwart.« Das erinnert an den Satz von Alexander Kluge, dass es unpraktisch sei, »wenn die Erschütterung deutscher Familien, die im Jahr 1942 etwas Wichtiges für die Opfer in Auschwitz bedeutet hätte, im Jahre 1979 nachgeholt wird; denn heute ist es eine im Wesentlichen unbrauchbare, nämlich zeitlose Form von Erschütterung«. Diese Eigenart, immer von den falschen Dingen erschüttert zu sein und in den richtigen Momenten die Erschütterung nicht zu empfinden, sah Kluge als fatale deutsche Eigenart an.

Unsere Gesellschaft hat sich in einen Zug verwandelt, in dem eigentlich in jeder Reihe Schwarzfahrer sitzen, die mit Champagner auf ihr Ende anstoßen und sich gänzlich von allen Pflichten frei fühlen, insbesondere dann, wenn sie mal wieder eines der schrecklichen Nachrichtenbilder aus den Krisengebieten der Welt sehen. Wir leben in Saus und Braus, aber keiner ist bereit, den Preis dafür zu zahlen. Die Menschheit lässt sich nicht mit Mahnwachen oder Onlinepetitionen verteidigen. Das Internet kann Auschwitz nicht verhindern. Die Verteidigung von Menschlichkeit hat ihren Preis.

Weiten Teilen der deutschen Öffentlichkeit fehlt jedes Bewusstsein für die Schwere von Menschenrechtsverbrechen. Wir müssen die deutschen Interessen in Sachen Völkermord klar definieren; es geht um die Ächtung und Verhinderung von Genoziden. Jemand muss diese Interessen verkörpern, wenn es der demokratisch geformte politische Wille nicht tut. Jemand muss seinen Willen gegen die Politik stemmen und diese Interessen durchsetzen.

Wir bräuchten einen politischen PISA-Test für alle Bürger: »Aufgaben zum Textverständnis. Lies den folgenden Satz und kreuze an, wie der Verfasser (das Internationale Auschwitz Komitee) ihn meinte: *Nie wieder Auschwitz!*« Möglichkeit 1: »Auschwitz ist singulär. Auschwitz kommt nie wieder.« Möglichkeit 2: »Auschwitz darf nie wieder in Betrieb gehen.« Möglichkeit 3: »Deutschland darf nie wieder einen Krieg führen.« Möglichkeit 4: »Völkermord muss mittels Onlinepetitionen, Lichterketten oder Briefen verhindert werden.« Möglichkeit 5: »Die Vernichtung ausschließlich von Juden muss verhindert werden.« Möglichkeit 6: »Völkermord, der ›fortschrittlich‹ industriell mittels Gas betrieben wird, muss verhindert werden.« Möglichkeit 7: »Völkermord muss für alle Zeiten mit allen Mitteln verhindert werden.«

Gegen das geschichtlich viel zu häufige Verbrechen des Völkermords ist unsere Politik, anders als viele meinen, immer noch so schlecht gerüstet wie die Welt vor 1933. Alexander Kluge berichtet in einem seiner Bücher von einer Frau, die mit ihren Kindern im Jahr 1944 in einem Bombenkeller kauerte und vor Todesangst schlotterte: »Sie hätte vielleicht Mittel gehabt im Jahr 1928, wenn sie sich da noch, vor einer Entwicklung, die dann auf Papen, Schleicher und Hitler zuläuft, mit anderen organisiert hätte. Also die Organisationsfrage liegt 1928 und das dazugehörige Bewusstsein liegt 1944.« Das ist unser größtes Problem: die verlorene Zeit zwischen Organisation und Bewusstsein.

Was haben wir seit 1945 gelernt? Wir besitzen mehr Papier, etwa die Menschenrechtscharta der Vereinten Nationen. »Don't dream dreams«, sagte unser Unterhändler in Sarajevo zu den Bosniern, als die gerade im Begriff standen, durch einen Völkermord ausradiert zu werden. Sie sollten sich bloß nichts einbilden, der Westen könne nicht eingreifen und ihr Leben schützen. Drei Jahre später tat er es dann doch, und es dauerte nicht, wie von den Schlächtern beschworen, 30 Jahre, um Frieden zu stiften, sondern einen Monat. Als man sich politisch durchgerungen hatte, den abscheulichen Völkermord in Bosnien-Herzegowina zu stoppen, als man den politischen Willen endlich hatte, dauerte es genau einen Monat, den Frieden gegen die Völkermörder durchzusetzen.

Aber es scheint, als hätten wir nichts aus der Geschichte gelernt. Eine Behauptung, die unter Politikern vorzutragen Elie Wiesel nie müde geworden ist. Wiesel stellt sich regelmäßig an ein Rednerpult und fragt seine Zuhörer, wie sie Bosnien zulassen konnten, wie sie Ruanda, Tschetschenien, Darfur, Kongo zulassen konnten. – Schweigen. Keiner vernimmt die Provokation, die hinter diesem Schweigen liegt. Ich habe das Zentrum für Politische Schönheit gegründet, um ein Instrument zu schaffen, das sich dieser Provokation annimmt.

In unserem ersten Jahr befragten wir ganz normale Menschen auf der Straße, was das Größte gewesen sei, das sie jemals hatten tun wollen. Die Ratlosigkeit in den Gesichtern hat mich wochenlang fertiggemacht. Ich habe es nicht glauben können. Man denkt, diese gesellschaftliche Aporie müsste gestellt sein. Nur ganz selten trafen wir einen Menschen, der Größeres erreichen wollte. Das Wollen der meisten Menschen zielte auf den privaten Bereich. Alle wollten sie eine Weltreise machen, Kinder bekommen und ihr »Glück« finden. Wenn wir nachhakten und wissen wollten, was sie damit meinten, ernteten wir noch größere Ratlosigkeit. Dieses Land weiß überhaupt nicht, was es will und wo es hinwill. Und am wenigsten ist es sich seiner Macht und historischen Verantwortung bewusst. Die Bevölkerung, in einer geografischen Schlüssellage, verkriecht sich, als ob das Land gar nicht existierte. Aber es existiert. Jeden Tag wird weitergestorben. Ich muss es wiederholen: Zwischen 50 000 und 100 000 Menschen gehen jeden Tag an Hunger, Durst, Kälte und Diktatur zugrunde.

Damals wurde mir klar, dass die menschliche Selbstbezogenheit die größte Rebellion verdient. Die Selbstbezogenheit unserer Epoche ist einmalig. Nicht, dass Sokrates oder Goethe nicht auch von sich geschwärmt hätten. Aber sie besaßen wenigstens keine stümperhaften Einsichten in die Seele des Menschen und in die Natur des Politischen.

Wir sind eine Zivilisation aus Streichholzinteressen. Was, wenn Wind kommt? Beim geringsten Windstoß bricht die Verteidigung der Menschheit zusammen. Die gepanzerten Wagen der Vereinten Nationen wurden in den vergangenen zwanzig Jahren immer wieder in Kriegsgebiete geschickt, sollten aber ja niemanden provozieren. Wir mögen nicht glauben, dass wir politische Streichholzmenschen sind. Aber beim geringsten Widerstand, beim ersten Toten der Bundeswehr stürzen diese hehren Streichholzabsichten. Um Frieden muss gekämpft werden. Es gibt keine diplomatischen Schlichtermissionen, auf die sich Schlächter einlassen. Schlächter schlachten. Kaum kommen sie dahinter, dass wir bei brutalen Verbrechen wegsehen – es gibt ja angeblich eine technische Datenflut von Bildern und Informationen –, fallen sie noch brutaler in die Dörfer ein. Nicht selten mit der Wahrheit auf den Lippen, die für ihre Opfer tödlicher wirkt als die Exekution selbst: »Keiner wird euch helfen!«

Was meinte Charlie Chaplin mit »nieder« in *Der große Diktator*: »Nieder mit der Unterdrückung, dem Hass und der Intoleranz.« Wie meinte Churchill seinen Satz: »Sieg – Sieg um jeden Preis, Sieg trotz allem Schrecken, Sieg, wie lang und beschwerlich der Weg dahin auch sein mag«? Wie meinten die Mitglieder der Weißen Rose die »einzige und höchste Pflicht, ja heiligste Pflicht eines jeden Deutschen«, den Nationalsozialismus zu »vertilgen«? Wohin ist der heilige und nützliche Hass auf Diktaturen verschwunden?

Das sind die Bremsspuren eines – zeithistorisch unabdingbaren – *aggressiven Humanismus*. Politische Schwarzfahrer werden nicht in der Lage sein, die Menschheit mit der gebotenen Unerbittlichkeit zu verteidigen. Was uns von früheren hochkultivierten Zivilisationen unterscheidet, ist der Grad an Agonie. Wir inszenieren uns als Opfer der Weltgeschichte, als diejenigen, die zu spät gekommen sind – nach den Römern, Kreuzzügen, Weltkriegen oder 68er-Bewegungen. Wir spielen die Menschen, denen nichts zu tun übrig bleibt. Welch ein Irrtum.

Der durchschnittliche westliche Streichholzbürger versinkt allabendlich in seinem neuen Sofa und schaut der Bombardierung ganzer Wohnviertel zu. Was soll er denken, wenn er die hungernden Kinder, die Vertriebenen, die Vergewaltigten im Fernsehen sieht (wenn er sie denn vorgesetzt bekommt)? Er empfindet sich ja ohnehin als wirkungs- und einflusslos. Was soll er fühlen? Was soll er tun? Er schaltet weiter zu den weniger lästigen Bildern. Dass er sich dabei von seiner Aufgabe, seiner Bestimmung, weggezappt haben könnte, entgeht ihm. Es war ja »nur« am anderen Ende der Welt. Diese Szene enthält den ganzen Unsinn, die Irritationen und

Abwege unserer Existenz. Wir driften ab in gewollte Nebensächlichkeiten, wie die Geburt von Prinzessin Kates neuestem Kind. Warum?

Eine weltweite Liga vitaler Demokratien, die sich politisch um die planetaren Ressourcen kümmert, erscheint utopisch. »Politischer Glanz« ist für die meisten ein »subjektiver Wert«, relativ und vom jeweiligen Regime bestimmt. Das Streben nach politischer Schönheit kommt in der universitären Lehre schlicht nicht vor, weil Menschen keine allgemeingültige, sondern nur subjektive Empfindung für Schönheit zu haben scheinen.

An den Nachkommenden zeigt sich in besonderer Weise, was uns an geistiger Vermittlung gelungen ist. Die Jungen sehen sich als Zufall. Das Weltgeschehen findet ohne sie statt. Sie glauben für die Gesellschaft und die Welt irrelevant zu sein. Ihr gesamter Handlungsspielraum ist auf den alten Antagonismus Individuum – Gesellschaft angelegt. Sie sind in der Hand eines Schicksals namens Nation, das sie in stets neue Ungewissheiten scheucht. Sie misstrauen ihrer geistigen Kraft. Der Geist ist ein Trugbild, das in Wirklichkeit aus Chemie und schönen Worten besteht. Ihr Geist ist *ein* Geist. Sie vertrauen körperlicher Kraft. Aber seelische Kraft kommt nicht mehr vor in ihrem Weltbild.

In Philosophiekursen wird mit Vorliebe darüber nachgedacht, ob Tiere und Pflanzen Gefühle haben oder was die Farbe Rot eigentlich »sei«. Die Studenten sind wie berauscht, wenn ihnen Gelegenheit gegeben wird, über diese Fragen nachzudenken. Der Enthusiasmus verfliegt, wenn dieselben Menschen aufgefordert werden, über das nachzudenken, was sie selbst sind. Es gleicht einem Kraftakt, sich von der Erforschung anderer Felder – von Farben, dem Weltraum oder der Technik – loszusagen und der Entdeckung des Menschen zu widmen.

Nietzsche genoss es, gegen die Demokratie zu wettern. Seine Angriffe gehören teils zum Banalsten, teils zum Hellsichtigsten, was jemals über das *Problem* der Demokratie geschrieben worden ist. Nietzsche starb, bevor unser heutiges politisches System entstand. Nichtsdestoweniger trifft seine Kritik nach wie vor das Herz unserer Demokratie.

Nietzsches Kritik schöpft das Wasser, mit dem jeder Kulturkritiker seine Theorie mit Eindringlichkeit zu füllen sucht. Kulturkritik breitet sich aus auf dem *Attest seelischer Schwäche*. Sie besteht zu einem guten Teil daraus, die Bedingungen ans Licht zu zerren, die den Menschen schwach machen. Einer von Nietzsches prominentesten »Schülern«, Oswald Spengler, nannte sein zweibändiges Hauptwerk *Der Untergang des Abendlandes*. Mit der Kraftlosigkeit einer Epoche zu argumentieren hat eine lange Tradition. Bei Spengler war die Bedingung für die Kraftlosigkeit die menschliche »Blutlosigkeit« – eine Bombe, die im Deutschland der Weimarer Republik detonierte. Diagnosen von kultureller Ausgelaugtheit sind mitunter absurd. So wetterten in der Weimarer Republik Intellektuelle über die Unmännlichkeit ihrer Epoche, womit sie die pazifistische Jugend meinten, die nach der industriellen Menschenvernichtung des Ersten Weltkriegs skandierte: »Nie wieder Krieg!«

Heute erscheint es schwer, eine kulturelle Ausgelaugtheit zu postulieren und sich dabei nicht zu blamieren. Denn während die einen vor Zukunftsvisionen strotzen, legen sich die anderen schlafen. Aber nur, weil das Argument der Kraftlosigkeit häufig missbraucht wurde, kann es nicht kategorisch abgelehnt werden.

Schon zu Nietzsches Zeiten war die Auffassung verbreitet, wir handelten einzig nach dem Lustprinzip. Alles, was der Mensch vermeiden wolle, sei Schmerz. Alles, wonach er strebe, erkläre sich aus den flüsternden Verheißungen der Lust. Nietzsche war von dieser primitiven Sicht auf den Menschen, die Freud später wieder salonfähig machte, entsetzt.

Demokratien missfielen Nietzsche, weil er überzeugt war, dass sie dieses einflussreichste Streben des Menschen hemmen würden. Ohne den wichtigsten Lebenstrieb könne es kein wahres Leben geben, so lautete seine These. Dass die Demokratie einen Willen zur Macht blockiere, klingt zunächst absurd, man betrachte nur unser heutiges, von Wettbewerb und Streben nach Leistungen geprägtes Leben. Weshalb sollten ausgerechnet Demokratien, die immerhin die Würde jedes Einzelnen schützen, nicht das Beste im Menschen wecken? Nietzsches Antwort: weil sie unbemerkt eine *Religion der Gleichheit* einpflanzten.

Demokratien impfen ihren Kindern ein, dass alle gleich seien. Kindern wird beim Versuch, einen Stock in die Hand zu nehmen, das vermeintliche Zepter aus der Hand geschlagen. Demokraten *sollen* nicht herrschen, denn alle Menschen sind gleich, das heißt auch gleich gut. Tatsächlich werden in Demokratien Macht und Herrschaft dämonisiert. Menschen, die nach Macht und Größe streben, gelten als potenzielle *Gefahr*. Die meisten Lehrer unterlassen keine Gelegenheit, Anzeichen für Überlegenheit bei Kindern zu unterdrücken. Keinem Lehrer würde es einfallen, einen fordernden Schüler in seinen Forderungen zu bestärken. Aber warum eigentlich nicht?

Der politische Philosoph Leo Strauss sah in der Demokratie die Gefahr, dass die »Religion der Gleichheit« die Möglichkeit lähme, bessere Menschen von schlechteren zu unterscheiden. Und dass schlechte Menschen existieren, sei der Moderne durch den Nationalsozialismus auf schmerzliche Weise erneut vor Augen geführt worden.

Nietzsche täuschte sich. Kinder zurechtzustauchen, wenn sie sich über andere hinwegsetzen, ist keine demokratische, es ist eine menschliche Eigenschaft. Dennoch glaubte er, dass immerhin die Kinder der Aristokraten durch ihr Auftreten noch signalisierten: »Seht her, ich bin wer!« Woher kommt Nietzsches Bewunderung für die Selbstaufwertung aristokratischer Kinder? Nietzsche können wir nicht mehr fragen. Wir müssen uns selber fragen: Was missfällt uns an ihrer Selbstaufwertung? Vielleicht ist es das Verständnis der Aristokratie als Geburts- oder Geldadel. Nietzsche hingegen stellte sich unter Adligen keine in Reichtum und Luxus dahinvegetierenden Bonzen vor, keine Cäsaren, unter deren Herrschaft sich ganze Gesellschaften in Unterhaltungsmaschinen verwandeln. Nietzsches Verständnis der Aristokratie umgibt ein Geheimnis, und es ist interessant, diese Faszination ernst zu nehmen und zu beleuchten.

Nietzsche hegte starke Antipathien gegen die Masse, den Pöbel, wie er sich ausdrückte. Aber von ihrer Unterdrückung wollte er ebenso wenig wissen. Was ihn an der aristokratischen Lebensweise faszinierte, war das Empfinden der eigenen Existenz als einer wertvollen Existenz. Das wertempfindende Tier erwischt sich selbst und tritt heraus aus dem Schattendasein des Tierreichs. Nietzsche geriet in einen Sog, wenn er solchen Menschen begegnete. Individuen, die Großes vollbringen wollten – Großes nicht nur in der Welt, sondern auch, wie in Nietzsches Fall, an sich selbst. Man mag diesen Sog als Narzissmus abtun, doch wenn man ihn genauer studiert, kann man sich ihm nur schwer entziehen.

Das Gefühl der Ohnmacht ist nicht der Preis der Demokratie, sondern der Preis jeder Herrschaft. Nietzsches Faszination erinnert daran, dass es einen Ausweg aus dem Gefühl der Machtlosigkeit unseres Zeitalters gibt. Angezogen vom Beispiel großer Männer bewunderte Nietzsche den aristokratischen Anspruch an das eigene Leben. Das eigene Leben als die Chance zu sehen, von Wert zu sein. Das ist vielleicht das Geheimnis um Nietzsches Faszination. Aristokraten sind durchdrungen vom natürlichen Gefühl ihrer überlegenen Begabung. Mit den letzten aristokratischen Häusern verbrannte dieser Instinkt im Feuer demokratischer Revolutionen. Nietzsche lechzte danach. Er konnte nicht genug von Menschen bekommen, die, statt zu trödeln, ihr Dasein aus innerer Not wertvoll machten. Der Schüler, der von seinem Lehrer in seiner fordernden Natur nicht bestärkt, sondern gedemütigt wird, ist *die* beißende Frage unserer Zeit. In ihr herrscht eine Gravitation, die an Nietzsches Ausspruch der »Selbstverkleinerung des Menschen« erinnert. Warum bestärken wir Menschen nicht, wenn sie hoch hinauswollen? Großgesinntheit war über lange Zeit eine Tugend. Welche Gefahren birgt dieses fordernde Verhalten? Wen bedroht es?

Eine fordernde Natur verrät in erster Linie Ansprüche. Die konventionelle Reaktion besteht darin, diese Ansprüche auszutreiben. Aber in ihnen liegt die Kraft und Substanz für das, woran es unserer Zeit mangelt. Die geistige Ohnmacht unserer Epoche steht im direkten Zusammenhang mit der Anspruchslosigkeit, nichts mehr zu wollen. Statt Ansprüche auszutreiben, sollten wir Menschen fördern, die Ansprüche an sich stellen.

Nietzsche lebte in einem theoretischen Albtraum. Da hatte er das Gesetz des Lebens entdeckt, wonach es die Zielbestimmung des Menschen sei, größer zu werden. Und dann lebte er inmitten einer

Gesellschaft, die versuchte, Menschen klein zu halten. In der *Genea-logie der Moral* schrieb er: »Wir sehen heute Nichts, das größer wer-den will«! Das Ganze hat allerdings wenig mit aristokratischer Hy-bris zu tun. Woher kommt der Drang, uns klein zu machen? *Wollen* wir uns nicht größer und schöner machen?

Der Kampf der Gegensätze

Unsere demokratischen Befürchtungen nähren sich aus der Geschichte. Unser Horror vor Größenwahn und maßlosen Forderungen hat einen Namen: Adolf Hitler. Hatte der Postkartenmaler aus Braunau nicht auch Bedeutendes vor? Wollte er nicht herrschen? Der Verweis auf Hitler geht einher mit einem Vorurteil, mit dem wir unsere Größe gerne leugnen. Stärke und Macht sind nach konventioneller Auffassung ein Nullsummenspiel, das heißt, Macht ist nur begrenzt verfügbar, und wer immer Macht hinzugewinnen will, muss sie jemandem entreißen. Nach dieser Meinung muss, wer stärker wird, notwendig Gegenmächte ausbeuten oder bedrohen.

Hinter unserem Unvermögen, uns von Stärke *nicht* bedroht zu fühlen, verbirgt sich eine trügerische Vorstellung von Einheit. Die Politik beschwört viele solcher Einheiten, die sich bei genauer Betrachtung als Kampfgeschehen herausstellen. Eines der weitverbreiteten Vorurteile besteht darin, Gemeinschaften, die sich als geschlossene Einheit inszenieren, für besonders vital zu halten. Philosophisch gibt es Bedenken: In Bezug auf menschliche Gemeinschaften wirkt das Ziel einer Einheit schnell letal. Einstimmigkeit unter Menschen gibt es nie. Wo sie existiert, wurde sie hergestellt. Unsere Größe besteht darin, Gegensätze politisch auszuhalten. Die Demokratie ist eine eindrucksvolle Verfassungsform, weil sie ein humanes Leben ermöglicht.

Es ist ein intellektueller Pluralismus, den Denker wie William James in die Ideengeschichte zurückgetragen haben. James war überzeugt, das maßgebliche Zeichen von Stärke sei, Gegensätze aushalten zu können. Eine jede human verfasste Gesellschaft durchziehe der Grundton der Ambivalenz. Über ihren Missklang haben sich in der Vergangenheit Intellektuelle gerne echauffiert. Sie hielten ihn für ein Verhängnis. Das Glück liege im politischen Zusammenhalt, in einer Meinung und nicht im ewigen Debattieren. So paradox es klingen mag: Gerade unser ambivalenter Grundton muss bewahrt werden. Wenn er verstummt, verstummt eine Grundbedingung der Humanität. Gesellschaften gehen nicht an Ambivalenz zugrunde, sondern am *Mangel* an Ambivalenz. Das ist das Missverständnis derer, die die Einheit in nicht westlichen Erdteilen beschwören. Der Grundton ist überall Ambivalenz, nur wird er dort *unerträglich*. Die Folgen sind Vertreibung, Vernichtung und Ermordung. »Wenn Sie in einem Staat«, schreibt Montesquieu, »keinerlei Lärm von Streitigkeiten vernehmen, so können Sie sicher sein, dass es in ihm keine Freiheit gibt.«

Der Kampf um Einheit ist stets blutig; Eindeutigkeit wird gewaltsam erzeugt. Dieser Kampf fordert Menschenleben. Wer glaubt, Einheit sei in anderen Kulturen vorhanden und trage dort zu einer gesunden Verfassung bei, unterschlägt den Preis, den diese Harmonie kostet – das Leben derer, die nicht der bewaffneten Meinung sind. Hier haben wir die Wahl zwischen Demokratisierung und Diskriminierung.

Die Väter der amerikanischen Verfassung, die unserer Demokratie als Vorbild zugrunde liegt, entwarfen ein Regierungssystem, das ermöglichte, eine Vielzahl von politischen Kräften auszuhalten. Sie setzten auf den Leistungsmotor zivilisierter Gesellschaften: Wettbewerb und Konkurrenz. Meinungsführer, die versagen, werden nicht wiedergewählt. Demokratie erlaubt unblutige Revolution – einen Machtwechsel im Vierjahrestakt. Durch Gewaltenteilung und freie Wahlen wird das Blut der Revolution gebannt.

Die Alternative zum Streben nach Einheit repräsentiert die griechische Mythologie, in der es nicht einen Gott, sondern eine Götterwelt gibt. Unter diesen Göttern herrscht keine Einigkeit. Sie sind zutiefst zerstritten. Die Seele der Griechen beweist ihre Größe darin, nicht einen Gott zu denken, sondern deren unzählige auszuhalten. Die moderne Seele zeigt sich verstört beim Gedanken an plurale Kräfte. Beständig kämpft sie dafür, die Welt in Eindeutigkeit zu entwirren, während die Griechen im Kampf der Götter eine Individualität und Legitimität für jeden einzelnen Konflikt begreifen konnten. Moderner Monismus kämpft gegen den antiken Pluralismus, der sowohl William James als auch die amerikanischen Verfassungsväter nachhaltig beeindruckte. Pluralistisches Denken erträgt Spannung, während das Streben nach Einheit sie *lösen* will. Was ist wichtiger?

Der Begriff »Größe« macht viele ratlos. Er sperrt sich gegen eine Gegenwart, als hätte sich sein Leben in der Geschichte abgekühlt. Wir haben ihn zerschossen und können mit seiner Leiche nichts mehr anfangen. Dabei gibt es bis in unsere Tage viele selbstsichere Individuen. Große Menschen, die mit ihren Taten über sich hinausweisen. Für die Alten entwarfen groß gesinnte Menschen alles auf das Große hin und überschauten lange Zeiträume. Sie kämpften nicht für die eigenen Interessen, sondern vertraten die Interessen anderer Menschen – mit dem Recht des Stärkeren für das Recht der Schwächeren. Elie Wiesel gehört mit Sicherheit zu diesen Menschen. Als ihm 1986 der Friedensnobelpreis verliehen wurde, verkündete er: »Was all die Opfer von Verbrechen vor allem anderen brauchen, ist das Wissen, dass sie nicht alleine sind, dass wir sie nicht vergessen, dass, auch wenn ihre Stimmen erstickt werden, wir ihnen die unseren leihen müssen, dass, während ihre Freiheit von der unseren abhängt, die Qualität unserer Freiheit von der ihren abhängt.« Aber da Verehrung etwas in Verruf geraten ist und Bezüge noch viel mehr, seit wir uns als isolierte Individuen begreifen, die in den Tiefenschächten einer »Psyche« knien, hinterlassen Wiesels Worte vielleicht nicht den nötigen Abdruck in der Seele.

Kein Denker hat die Auswirkungen der Größe exzessiver behandelt als Friedrich Nietzsche. Er sah einen Konflikt zwischen Größe und Humanität. Nietzsche glaubte, elementar für Größe sei es, Menschen quälen zu können. Rousseau hatte in seinem Erziehungsroman *Emile* 100 Jahre zuvor die gegenteilige Meinung radikalisiert: Mitgefühl sei die Hoffnung auf Größe, eröffne es doch die Möglichkeit, sich von den eigenen Interessen zu lösen und sich für andere einzusetzen. Mitgefühl und dessen wichtigste Voraussetzung Phantasie sind für Rousseau die Grundbedingungen von Humanität.

In der Tat sind Menschen nicht unbedingt aus einem Mangel an gutem Willen unfähig, mit anderen mitzufühlen, sondern aus einem Mangel an Vorstellungskraft. Es ist die Kraft der Phantasie, die es uns überhaupt erst ermöglicht, uns in ein Flüchtlingslager oder einen Völkermord hineinzuversetzen. Aber Nietzsche, beeindruckt von

Richard Wagners Wut über menschliches Mitleid und von Hegels barbarischen Naturstämmen, die »noch« Kraft hätten, deutet die Fähigkeit hingegen als verhängnisvolle Schwäche. Der Denker, dessen Mitgefühl für ein Pferd seinen geistigen Niedergang einläutete, Nietzsche, bekämpfte sein Gewissen, wo er nur konnte. Allerdings ist seine Formel der Amoralität mehrstimmig. Menschen verletzen zu können – es aber nicht zu müssen –, das war vielleicht Nietzsches Kerngedanke.

Mit dem Christentum sah Nietzsche eine Seuche über das Abendland hereinbrechen. Er glaubte, die große Überzahl der Menschen sei schwächlich. Der Masse sei es gelungen, ein Regime zu installieren, das Schwäche in Verdienst umdeute. So seien die Christen zu schwach, andere zu demütigen, würden diese Unfähigkeit aber zur Nächstenliebe umdeuten. Die Christen gäben vor, nicht demütigen zu wollen, wo sie in Tat und Wahrheit unfähig dazu seien. Ihre Forderung der Nächstenliebe war in seinen Augen nichts als ein Schutzbündnis der Schwachen gegen die Starken. Ein Bündnis der Feigen, das die Qualitäten der Großen dieser Welt verpfusche, weil sie ihre Welt nicht mehr »gebären« dürften. Das Christentum verhindere die wahrhaft weltgeschichtlichen Handlungen. Es knipse das Licht aus, wenn die Großen der Weltgeschichte auftreten wollten.

Das erinnert nicht zufällig an Machiavellis Deutung des Christentums, das sich gegen barbarische Tyrannen nicht mehr wehre, weil es seine wahre Größe im Hinnehmen der Zerstörungen sehe – zum Schaden des Staates.

Machiavelli erblickte in der universalen Forderung nach Humanität eine Gefahr, welche die Nation, die Kultur und den Patriotismus bedrohe und stattdessen eine riskante Fiktion, das Gefühl der Verbundenheit der Menschheit, nähre. Im zerstrittenen Italien des 16. Jahrhunderts mag dieses Gefühl fatal gewesen sein: Es konnte nicht darum gehen, fremden Armeen dabei zuzusehen, wie sie das eigene Land verwüsteten. Machiavelli wollte die Bedrohungen durch Feinde abwehren. Ob es Nächstenliebe oder das Gewissen kostete, spielte für ihn keine Rolle. Gottes Gesetz ist machtlos gegenüber der gesetzlosen Regierung der Waffen. Aber ein halbes Jahrtausend später, als diese Bedrohung abgewendet war und sich die

Kräfteverhältnisse zugunsten der Humanität verschoben hatten, verrät Machiavellis Meinung über die einigende Kraft eine Menge darüber, was uns bei aller intellektueller Verworrenheit über »unsere Werte« aus der Orientierungslosigkeit herausführen kann.

Nietzsche hätte im Fall der italienischen Humanisten, die ihr Land ohne Widerstand preisgeben, das Symptom einer Krankheit gesehen, die er *décadence* nannte und für die er das Christentum verantwortlich machte. Durch die dekadente Kulturschwäche würden wir einst von Stärkeren überrannt und geschändet. Die *décadence* bedeute nicht den Niedergang individueller Kraft, sondern den Niedergang ganzer Zivilisationen. Nietzsche deutete die christliche Botschaft der Nächstenliebe als politischen Bankrott des Abendlandes. Aber anders als Machiavelli, dem es um die Organisation der Verteidigung gegangen war, ging es Nietzsche um den Angriff. Wer anderen die Vorfahrt lässt, sei schon zu »christlich« oder dekadent.

Die Brutalität der Großen, für die Nietzsche so leidenschaftlich kämpfte, schwört ihren Angreifern unzerstörbare Rache. Irgendetwas in uns widersetzt sich der Forderung, den Drang nach Brutalität mit der Vorstellung von Größe in Einklang zu bringen. Für Nietzsche ist ein Mensch, der sich für andere Menschen einsetzt, nicht groß, sondern dumm. Nietzsche atmete den Starrsinn seiner Epoche tief ein, deren Ideal es war, niemals vom eigenen Willen abzurücken. Aber kann Größe darin bestehen, das eigene Wollen gegen alle Widerstände und gegen andere Menschen durchzusetzen? Kommt Größe tatsächlich ohne Hochachtung und Ehrfurcht vor anderen Menschen aus?

In einem Punkt muss man Nietzsche zustimmen: Der Größte muss das Schwierigste vollbringen. Nietzsche nimmt Maß an den Widerständen. Je größer die Widerstände, desto größer die Aussicht auf Selbstwirksamkeit. Das erinnert an Diogenes, der im Antlitz großen Unglücks gesagt haben soll: »Bravo, Schicksal, du hast dir den Richtigen ausgesucht!« Die Unfähigkeit von Menschen, mit Schwierigkeiten zu ringen – nicht die Dämonie der Macht –, ist es, die zu Brutalität und Despotie führt.

Allerdings hielt Nietzsche es für das Schwierigste, den eigenen Willen ultimativ durchzusetzen. Kompromisse und Zugeständnisse anderen Menschen gegenüber hielt er für verhältnismäßig leicht. Wenn Größe die Bereitschaft ist, Schwieriges auf sich zu nehmen, wäre es dann nicht ein Zeichen von Schwäche, sich der Widerstände anderer Menschen zu entledigen? Sollten wir Spannungen nicht vielmehr schützen, statt sie abzubauen? Größe *braucht* den Kampf der Gegensätze. Sie kommt ohne den Widerstand von Menschen nicht aus.

Für einen Mann vom Intellekt Nietzsches wäre es möglicherweise eine befreiende Erfahrung gewesen, von seinem nackten Willen abzulassen und sich nicht mit anderen um den Vortritt zu prügeln. Den Gedanken an Humanität umgeht Nietzsche in seiner Philosophie. Die gedankliche Erlösung von Obsessionen fiel ihm im Traum nicht ein. Aber es kostet Überwindung, den eigenen Willen zugunsten anderer zurückzustellen. Erst wenn wir unser eigenes, teilweise kümmerliches, kleinliches Wollen hintanstellen, werden wir eines tieferen Willens – dem der Menschheit – gewahr. Es gibt zwei Tragödien im Leben eines Menschen, wie George Bernard Shaw meinte: »Die eine ist, nicht zu bekommen, was man sich von Herzen wünscht. Die zweite ist, dass man es bekommt.«

Größe besteht darin, sein Verlangen nach allem und jedem *versenken zu können*. Individuelle Größe und die Menschheit schließen einander keineswegs aus. Größe für die Menschheit wäre das Argument, um Schüler in Forderungen zu bestärken. Möglicherweise trägt jemand, der seine Außergewöhnlichkeit fühlt und mit all seiner Schönheit durchsetzen will, gerade den Keim zur Rettung der Menschheit in sich. Wir befürchten, dass, hielten wir Menschen nicht klein, ihre Größe die Gemeinschaft aufsprengen könnte. Was, wenn wir uns täuschen? Wenn unsere Bereitschaft, uns und unsere Kinder klein zu halten, nicht zu politischer Einheit geführt hat, sondern zu Ohnmacht und Mittelmaß?

Liegt ein Unterschied darin, ob man sich außergewöhnlich oder besser fühlt als andere? Die eigene Außergewöhnlichkeit muss andere nicht bedrohen. Schönheit verarmt niemanden und ist für den einen auch nicht zum Schaden des anderen zu haben. Es stellt sich die Frage, was wir letztlich wollen. Unsere Gesellschaft streut uns Nihilismus in die Augen. Nicht wenige fordern von sich und von anderen ausdrücklich die Selbstverkleinerung. Niemand soll sich besser, schöner oder besonders fühlen. Wer mit der seltenen Begabung gesegnet ist, Schönheit zu fühlen und vor allem nach ihr zu handeln, fühlt sich nicht besser als andere, *er wird besser*.

Die großen Leistungen unserer Kultur gehen auf das Konto von Menschen, die ihre Bedeutsamkeit nicht einfach nur spürten, sondern sie vorfanden und auslebten. Das Gefühl, sie seien auserwählt, inspirierte sie zu unvergänglichen Werken und Taten. Der Parthenon wie die platonischen Dialoge, Beethovens Musik wie Jeffersons Reden, der Eiffelturm wie der Expressionismus gehören dazu. Es hat etwas Heuchlerisches, mit welcher Glut wir diese Werke auf der einen Seite verehren, nur um auf der anderen Seite die Bedingungen ihres Entstehens zu bekämpfen.

Wir müssen uns entscheiden

Uns stehen grundsätzlich zwei Möglichkeiten offen, die Welt wahrzunehmen. Beide beschreibt Kierkegaard in seinem Hauptwerk *Entweder – Oder*. Die erste Weltwahrnehmung nennt er die ästhetische Lebensweise. Durch sie erscheint in der Welt zunächst buchstäblich alles *möglich*. Wir kollidieren in unserem Leben mit einer Vielzahl von gravierenden Möglichkeiten. Unser Leben stellt uns eine Menge schwierige Fragen: Lieben wir diesen Menschen? Wollen wir aus der Stadt ziehen? Wir entscheiden uns nur nicht. Wir zweifeln zwar, ob diese Stadt die richtige ist, um den Rest unseres Lebens dort zu verbringen, aber wir entscheiden nicht in der Art: Ja, sie ist es, oder nein, sie ist es nicht. Kopenhagen oder Athen? Wir können uns auf Paris einlassen – aber verpassen wir unter Umständen die Begegnung unseres Lebens in Rom? Wir kennen dieses Hadern mit dem Schicksal. So vieles scheint möglich. Und doch legt Kierkegaard in *Entweder – Oder* dar, dass wir auf *eine* bestimmte Weise mit diesen Möglichkeiten umgehen müssen, weil wir sonst in einem Scheindasein weiterexistieren, statt wirklich zu leben. Die Entscheidung darf nicht auf die leichte Schulter genommen werden. Kierkegaard meinte, dass die meisten von uns sich nicht wirklich entscheiden. Wir tun eher, was bequem ist. In der Frage nach der Wahl der Stadt heißt das: Wir bleiben, wo wir sind. Wir entscheiden nicht, wir *tun*.

Dabei richten wir uns im Spinnennetz der Umstände ein. Die Umstände haben etwas Tückisches an sich. Sie geben und nehmen uns Möglichkeiten. Es gelingt, ein Leben zu führen, das vollständig *in den Umständen* aufgeht. Ein Leben, das nicht angefacht wird durch einen Willen, sondern durch die Umstände und Ereignisse, die zufällig stattfinden. Dass mich eine Stadt an einem Tag glücklich macht, ist verständlich, aber wir vergessen darüber, *wie wir grundsätzlich zu ihr stehen*. Jeder kennt diesen Zwiespalt, bei dem er zugunsten der Bequemlichkeit einer Entscheidung entsagt. Wir versuchen, die Art von Radikalität einzudämmen, die glücklich machen kann.

Der Mensch lebt und geht *dahin*. Statt sich in die Lage einer realen Entscheidung zu bringen, lässt er zu, dass ihn Umstände bestimmen und umstimmen. Er wird von ihnen verbittert und versöhnt. Umstände sind allerdings problematisch, weil sie unsere eigentliche Haltung den Dingen gegenüber aufweichen. Wir erreichen das Leben nicht in einer Haltung, sondern haltlos. Eigentlich ist Kierkegaards Bericht des ästhetischen Lebens die Skizze eines Lebens ohne Halt. Es gibt Momente, in denen wir die Not zwar spüren, mit der wir Haltung beweisen müssten, aber wir verirren uns. Wir avancieren zum Spielball sich ständig ändernder Situationen. Es ist wichtig, offen zu bleiben für Veränderungen. Aber diese Offenheit kann über den beabsichtigten Nutzen hinausschießen. Das Leben rächt sich, indem es uns das Gefühl vermittelt, etwas stimme nicht. Entscheidungslosigkeit wird zur Krankheit der Seele. Gewisse Türen müssen wir im Leben versiegeln, weil ihr Offenstehen uns sonst in Not bringen würde. Kierkegaard sah in verpassten Entscheidungen eine Gefahr, weil sie die Seele zerstreuen. Entscheidungen müssen gefällt werden, sonst bleibt alles offen.

Als Mozart sich in jungen Jahren für die Möglichkeit einer musikalischen Karriere entschied, rief vieles nach ihm, aber er entschied sich für einen einzigen Ruf. Wer weiß, welche Romane er geschrieben hätte? Die Annahme einer Berufung wirkt ausgrenzend auf alle anderen Talente. Wer sich berufen fühlt zur Musik, kann unmöglich in derselben Intensität seine anderen Talente verfolgen.

Für Kierkegaard ist das der Übergang zu einer zweiten Seinsstufe, die er das ethische Leben nennt. Wer sein Leben nicht entscheidet, wer seine Möglichkeiten nicht auf eine Bedeutung hin ordnet, verbleibt in der ästhetischen Lebensweise. Die Philosophen der Postmoderne verfolgten das Ziel, dem Menschen nachzuweisen, sein Zustand, in dem alles möglich sei, sei der einzig zugängliche. Aber Kierkegaard, der lange vor der Erfindung der Postmoderne schrieb, meinte, dass es sich dabei um kein spezifisches Problem der Postmoderne, sondern um ein grundsätzliches Problem des Menschen handele. Während die Postmoderne Beliebigkeit proklamierte und den Menschen als Baukasten seiner Möglichkeiten verstand, leuchtete Kierkegaard den Weg aus diesem Zustand heraus. Denn für Menschen ist nicht gleichgültig, was sie tun. Es zeichnet Bedeutsamkeit aus, etwas Bestimmtes zu wollen. Es ist unmöglich, alles zu wollen.

»Anything goes!« suggeriert die Gleichwertigkeit aller Möglichkeiten. Der Satz gaukelt uns vor, alle Möglichkeiten besäßen für den Menschen denselben Wert. Es mache keinen Unterschied, ob man Musiker oder Maler werde. Wozu sich aufbürden, eine Bedeutung zu finden in einer Welt, die keine Bedeutung hat? Die Schlagwörter der Postmoderne tun so, als bestünde für den Menschen die Möglichkeit, ohne »Werte« und ohne Bedeutung zu leben.

Der gestalterische Impuls der ästhetischen Lebensweise ist die Ungebundenheit. Ethisch zu leben bedeutet hingegen, sich zu verpflichten. Die Fähigkeit, eine Entscheidung zu treffen und sie zu verantworten. Darin lag für Kierkegaard die Hoffnung, dem Leben Tiefe zu geben. Der postmodernen Ununterscheidbarkeit setzte er das eigene Wollen entgegen. Nicht die Umstände sollen unser Handeln bestimmen, sondern das, was wir selbst wollen. Über die Bedingungen der Situation, in der wir leben, hinaus.

Die ästhetische Betrachtung sieht die Welt so: »Ich wurde hineingeworfen, habe das nie gewollt, und jetzt stehe ich da, ausgeliefert ohne Schutz und werde umhergeschubst.« Das ist die Grundlage der Ich-Schwäche Freuds. Die Sicht des Opfers misst der eigenen Kraft keine Bedeutung bei. Das eigene Tun sei sinnlos angesichts einer übermächtigen Welt. Opfer misstrauen ihrer Begabung, sinnvoll und wertvoll zu handeln. Ein Opfer ist sich seiner weltgeschichtlichen Bedeutungslosigkeit mit ruinöser Unbeugsamkeit gewiss.

Am besten festzumachen ist das am Phänomen der Liebe. Menschen, die sich als Opfer fühlen, suchen in den Umständen (oder in ihrem Unterbewusstsein) nach einer Antwort auf die Frage, ob sie jemanden lieben. Sie sind überzeugt von der Vorstellung, Liebe sei ein Gefühl. Auf Spaziergängen, auf Autofahrten, beim Mittagessen, ständig suchen sie nach einer Antwort. Dementsprechend vielfältig ist das, was sie an ambivalenten Antworten sammeln. Sie erleben die Vieldeutigkeit von Umständen, sehnen sich aber nach Eindeutigkeit. Kierkegaard nannte das die *Amphibolie der Welt*. Er meinte damit, die Welt vereine eine Vielzahl von Möglichkeiten. In ihr finden wir auf die Frage, ob wir jemanden lieben, sowohl das *Ja* als auch das *Nein*. Die *Ja*s stellen aber keine dauerhaften Antworten dar, weil sie von vielen *Nein*s in unzähligen Situationen vertrieben werden. Eindeutigkeit suchen wir in der Welt vergeblich, weil sie ihrer Natur nach immer mindestens doppeldeutig *ist*. Die Welt birgt Gegensätze. Und wir müssen uns jeweils für eine Seite entscheiden.

Das Wunder unserer Existenz sah Kierkegaard ohnehin darin, dass wir zwar am Leben sind, uns aber nie dafür entschieden haben. Wir sind am Leben, haben es aber nie gewollt. Wir tun es, wurden aber niemals danach gefragt, ob wir leben wollen. Kierkegaard sah darin den geheimen Schlüssel, mit dem wir unser Leben aufschließen könnten. Er meinte, der Mensch müsse *Ja* sagen zu sich, anstatt sich zu entziehen und durch diesen Entzug nicht wirklich zu sein. Wenn wir uns entscheiden, verlassen wir uns auf Bedingungen, die in uns liegen. Das sind keinesfalls allgemeingültige Bedingungen, es sind Bedingungen, die einzig für uns gelten. Nach dem Stern der Dinge zu segeln, die wir für bedeutend halten, sei die einzige Möglichkeit, ein bedeutsames Leben zu führen. Natürlich kann sich dieser Stern als Phantasie entpuppen. Natürlich können wir scheitern. Aber das rechtfertige nicht, sich nicht für einen Kurs zu entscheiden. Wir können entscheiden, wie wir die Wirklichkeit wollen. Aller Zweideutigkeit wohnt die Chance inne, dass sich die Wirklichkeit danach verhält, wie man sie will – dass sie die Richtung annimmt, die wir ihr geben. Wirklichkeit ist plastisch.

Ein nagender Zweifel bleibt natürlich, ob wir uns für das richtige Ziel entschieden haben. Kierkegaard meinte, wenn wir die Entscheidung zu lange hinauszögerten, verglühten auch die Möglichkeiten. Dann bestimmten uns unsere Umstände. Wir leben dann nicht, wir werden gelebt. Kierkegaard wollte dabei den gängigen Irrtum ausräumen, objektiv zu leben. Es sei aussichtslos, ohne Entscheidung leben zu wollen. Nicht, weil es wertlos sei, sondern weil wir Verantwortung für *unsere* Fähigkeiten (und Unfähigkeiten) übernehmen müssten. In dem Maße, in dem wir *alles* wollten, verlören wir uns.

Sich im Leben nicht zu entscheiden mache die Seele auf eine sonderbare Form unsichtbar.

Aber auch die Entscheidungen sind nicht *ablesbar* an der Welt. Eindeutigkeit finden wir nicht in der Welt, wir geben sie ihr. Das bedeutet, die Antwort, ob wir jemanden lieben, suchen wir erfolglos im Unterbewusstsein. Unsere Gefühle sind kein Stromzähler, an dem man ablesen kann, ob man jemanden liebt. Die Antwort auf eine existenzielle Frage geben wir mit einer Entscheidung selbst. Liebe wird geschaffen. Die Frage lautet nicht: Liebe ich diesen Menschen? Die Frage lautet: *Will* ich diesen Menschen lieben?

Eindeutigkeit wird nicht gefunden, sie entsteht durch Entscheidungen. Mich selbst zu bestimmen meint, mich für das zu entscheiden, was *ich* tun will. Der Opfer-These steht die Sicht des Machers gegenüber, der die Welt bestimmt und ihr seine Eindeutigkeit gibt, während Opfer von ihren Umständen, Gefühlen oder anderen Menschen gelebt werden. Ästhetische und ethische Lebensweise, das sind die grundlegenden Alternativen, mit denen wir durch die Welt gehen können. Macher schieben diese Welt an, während Opfer sich anschieben lassen.

Die Suche im Inneren

Wir kommen als Menschen nicht darum herum, eine Vorstellung unserer seelischen Vorgänge zu gewinnen. Die Ideen über die Seele, das Innere, selbst die Gefühle steuern jeweils dieselben Phänomene an. Mit der Bewegung der Romantik wurden die Gefühle des Menschen zum ersten Mal als eine Art Heilsquelle betrachtet. Niemandem käme es heute in den Sinn, die geistige Übermacht der Gefühle gegenüber den Gedanken ernsthaft zu bestreiten. Der Primat der Gefühle erscheint uns allzu offensichtlich. Gefühle korrumpieren unsere Gedanken nach gängiger Auffassung nicht nur, sie konstituieren sie. Es gibt eine Vielzahl eindrucksvoller Beispiele, die dies belegen. Nicht das Ich ist Herr über uns. Unsere wahren Herren heißen Leidenschaften, Emotionen, Stimmungen und Launen. Aber diese Ansicht war nicht immer federführend. Es gab vor langer Zeit eine abweichende Lehrmeinung.

Welche *Ideen* haben uns davon überzeugt, dass Gefühle in der Seele vorrangig sind? Auch hier geht es um die Tragweite von Ideen, nämlich einer übergreifenden Vorstellung davon, was Gefühle sind. Gefühle scheinen eine Vielzahl von Gedanken hervorzurufen. Nirgends wird diese Idee besser auf den Punkt gebracht als in der Vorstellung der »Rationalisierung« der Gefühle. Damit ist gemeint, dass wir *denken* können, aus diesem oder jenem Grund ein Fenster geöffnet oder an einem Kochkurs teilgenommen zu haben. Tatsächlich sind immer andere Ursachen am Werk, und was wir darüber denken, ist nur eine intellektuelle Ausrede. Was immer Menschen tun, sie tun es aus ihren Gefühlen, nicht aus Gedanken heraus. Der Mensch erscheint gefühlsgeleitet. Gedanken sind keineswegs nur Äste, die aus den Bäumen der Gefühle herauswachsen. Gedanken sind *keine* rationalisierten oder sublimierten »Triebe«.

Wie im ersten Teil gezeigt, gibt es eine Frontstellung von Natur und Kultur: auf der einen Seite die »sozialen Zwänge« und Anforderungen der Kultur, auf der anderen die in der Kultur erschöpften Kräfte der Natur des Menschen, zerkratzt von gesellschaftlichen Konventionen. Wenn wir die asphaltierte Decke der Konventionen aufbohren, finden wir tief darunter eine unverbrauchte, frische, aber schwache Energiequelle. Dieses Bohrunternehmen nennt sich »Selbstfindung«. Wenn es bei uns ein Gebot gibt, ist es das, seine wahre Natur zu finden. Die Ideologie des Selbst macht blind für die einfache Wahrheit, dass man sich selbst nicht finden, sondern nur erschaffen kann. Wir können lange suchen, wenn wir *nur* suchen, finden wir nicht.

Die Romantiker behaupteten, dass, wer sich der Suche nach seinen inneren Quellen verweigere, kein authentisches Leben führe. Nur wer sich selbst gefunden habe, lebe wahrhaftig. Wahrhaftigkeit wird dabei mit Natur, hingegen Lüge mit Kultur identifiziert. Seither wird Kultur als etwas wahrgenommen, das den Menschen seiner wahren Natur entfremdet. Was aus den Quellen dieses authentischen Ich an Wasser fällt, ist gut und gehört verteidigt. Das führt dazu, dass selbst asoziale Wünsche, etwa das Verlangen, jemanden zu verprügeln, als authentisch gelten können. Es gehört zu den Perversionen dieser Selbstsicht, Aggression und Brutalität unter Umständen für authentischer zu halten als Humanität und Mitgefühl. Mitgefühl ist, wie bei Nietzsches Meinung über das Christentum, nur ein Surrogat kultureller Zwänge: »Im Grunde unseres Herzens sind wir allein.« »Jeder muss für sich selbst sorgen.« Moral wird für eine kulturell festgelegte Konvention gehalten. Aggression gehöre zur wahren Natur des Menschen. Wir sind dabei nicht sonderlich konsequent. Mal belegen wir alle Gefühle mit dem Urteil, sie seien gut. Aber dass jenes, was manche von uns zu Diebstahl, Banküberfällen oder Brandstiftung verleitet, dann nicht das wahre Ich des Menschen repräsentieren kann, läge auch auf der Hand.

All unsere Leidenschaften und Sehnsüchte heißen jetzt *Gefühle.* Bei den Alten bildeten viele der Leidenschaften den schlechten, nicht vorzeigbaren Teil unserer Seele. Schlechte Leidenschaften waren besserbar durch Tugenden. Gefühle sind *per definitionem* authentisch und in einer sehr modernen Sicht *gut,* das heißt nicht zu vervollkommnen. Der moderne Mensch *will* kein besonders moralischer oder moralisch schöner Mensch sein. Er will er selbst sein.

Während im antiken Denken durchaus Gefühle existierten, die man besser verjagt hätte, sind wir in unseren spirituell staubtrockenen Zeiten froh, wenn wir überhaupt etwas fühlen. Wir bejubeln mittlerweile alle größeren Gefühle, die in den Bahnhof unserer Seele einfahren. Das ist die Bejahung des Gefühls, ganz gleich, *was* gefühlt wird. Die affirmative Konzeption von Gefühlen macht die Ablehnung oder zumindest eine kritische Haltung den eigenen Gefühlen gegenüber unmöglich.

Es ist zutiefst irritierend, wie viel die alten Griechen schon über uns wussten. Sie glaubten, dem Menschen mangele es an bestimmten Fähigkeiten, Fähigkeiten, die *in uns* fehlten, die wir aber bräuchten, um ein sinnvolles, glückliches Leben zu führen. Der Kerngedanke dahinter war: Geistige Vermögen wie Weisheit, Tapferkeit, Besonnenheit und Gerechtigkeit müssen wir uns aneignen, *weil* sie »in uns« fehlen. In der Seele wird die Ordnung nicht vorgefunden, sondern geschaffen. Glück gelingt durch Besonnenheit. Besonnenheit ist etwas Wundervolles, das die wenigsten Menschen in sich vorfinden, aber das sie in jedem Falle besitzen sollten.

Auch Tapferkeit erweist sich noch als gegenwartstauglich. Das Gegenteil der Tapferkeit ist Angst. Angst gehört zu den menschlichen Grundgefühlen. Aus Angst meiden manche Menschen die Straße. Manche verlieren ihr Leben an ein *Gefühl*, das es ihnen unmöglich macht, ihr Dasein zu lieben. In ständiger Angst gehalten, wird ein Leben wertlos. Es gibt keinen Menschen, der durch Angst nicht schon einmal von lebensnotwendigen Dingen abgeschnitten war. Diese Angst zu überwinden gehört zur Aufgabe der menschlichen Existenz. Kein Medikament der Welt kann einem die Herausforderung abnehmen, die die Angst darstellt, eine Tugend zu leben. Tapferkeit gehört zu den Vermögen, die wir unbedingt für ein erfülltes Leben benötigen. Woher kommt die Einstellung eines Diogenes, sich über schwere Aufgaben zu freuen? Die Überzeugung, die eigene Seele könne nicht scheitern, beweist erst ihre Größe. Die Seele mag zerbrechen und zerbrechen und zerbrechen. Aber wir Menschen befinden uns in der einigermaßen paradoxen Situation, daran nicht zu sterben. Stattdessen ruft sie sich wieder und wieder ins Leben zurück.

Antike Tugenden verraten eine Menge darüber, wie wir sein müssten, um glücklich zu werden. Wer am Begriff Glück zweifelt, ersetze ihn durch Stolz. Wenn uns moralische Glanzleistungen nicht glücklich machen, so machen sie uns zumindest stolz. Stolz darauf, besser zu sein als zuvor. Die griechischen Tugenden sind zeitlos. Sie zeigen auf, wie wir wertvoll werden und wann wir einen Grund haben, stolz zu sein.

Den antiken Denkern ging der romantische Optimismus über das uns Gegebene ab. Sie sahen im natürlichen Herkommen der Seele etwas, das es durch harte Auseinandersetzung zu steigern galt. Die Aufgabe bestand darin, etwas aus sich zu machen. Menschen *sind* ängstlich und ungerecht, und ihre Handlungen sind unbedacht. Aber es geht nicht darum, was wir sind. Es geht darum, was wir sein könnten. Ein Mensch, der sein Leben im Kielwasser der Tugend steigert, wird in der Tat besser. Dieser Anspruch war nicht zu allen Zeiten verdächtig.

Wir halten heute unser wahres Inneres für grenzenlos gut. Wenn es um unser wahres Wesen geht, wollen wir es nicht beeinflussen, sondern freigraben. Die Suche nach dem Selbst muss einen beschämen. Es hat etwas Obszönes, wenn Millionen Menschen damit beschäftigt sind, »sich selbst zu finden«, während fast eine Milliarde Menschen verhungern. Wir besitzen alle Mittel, um das zu verhindern. Aber es ist uns nicht so wichtig. Wir müssen uns erst einmal selbst finden.

Dieses versprochene Selbst ist eine Substanz. Trotz der eindringlichen Warnungen, dass seit zweihundert Jahren niemand etwas Substanzielles gefunden hat, machen wir uns als Jugendliche auf, dieses Gestein einmal in Händen zu halten. Die Erzählungen der anderen über ihr Versagen lassen uns kalt, geht es hier doch schließlich um uns und nicht um sie. Das Scheitern *ihrer* Suche kann keine endgültige Antwort *für uns* darstellen. Zukünftige Forscher werden unsere Situation einmal beurteilen müssen. Was sie entdecken werden, wird sie sprachlos machen: Millionen Menschen saßen in gut beheizten Wohnzimmern und taten nichts, außer an der »Sinnlosig-keit ihrer Existenz« zu verzweifeln. Nicht, dass sie sich nicht gefragt hätten, was zu tun wäre. Nein, sie waren vollkommen überzeugt davon, nichts tun zu können.

Während in Äthiopien die Alten verhungern, weil sie den Kin-dern nichts wegessen wollen, fragt sich die moderne, eingemauerte Psyche, wie ihr Leben verlaufen wäre, wenn Eltern weniger harsch mit ihr umgegangen wären. Jeder von uns kann unzählige Ereig-nisse in seiner Vergangenheit freigraben, die ihn zu einem »psychi-schen Wrack« gemacht haben könnten. Seit dem Gebot, sein wahres Ich nicht zu verleugnen, scheinen nicht wenige sich genau deshalb zwanghaft in eben jenes Wrack zu verwandeln.

Niemandem würde heute in den Sinn kommen, etwas zu tun, das er nicht fühlt. Nach unserer Vorstellung sind alle Handlungen, zu denen wir keinen Wunsch verspüren, unauthentisch und kommen aus einer »Außenwelt«. Die Wünsche, die wir in unserem Inneren verspüren, verkörpern zweierlei: den Horizont und die Grenze un-seres Tuns. Dass das in der Geschichte der Menschheit einmal an-ders war, halten wir für ausgeschlossen. Keine Überzeugung halten wir für so unerschütterlich wie die, dass unser Inneres die *einzige* Möglichkeit bietet, authentisch zu sein. Diese Überzeugung trägt vie-lerlei Namen: Selbsterfüllung, Unmittelbarkeit, Übereinstimmung mit sich, Einheit. Wenn wir aufgefordert werden, etwas zu tun, das wir im Inneren nicht spüren, empfinden wir dies notwendigerweise als Zwang. Das führt schließlich zu der Handlungsanweisung, nur das zu tun, was wir in unserem Inneren auch »spüren« (»Sei du selbst!«). Wir orakeln das, was wir glauben tun zu müssen, aus un-seren *Gefühlen* heraus. Nie waren Menschen im Umgang mit sich selbst so esoterisch wie heute. Wir betrachten uns selbst als Me-dium, durch das unser Unterbewusstsein Impulse sendet. Als Me-dium führen wir die Anweisungen einer höheren Instanz aus. Das ist, was sich hinter den neuen Rufen nach Unmittelbarkeit verbirgt. Wir richten unsere Handlungen an Impulsen aus, die eine andere Stelle funkt. Indem wir das Unterbewusstsein *unmittelbar* wirken oder machen lassen, glauben wir, unserer wahren Natur näher zu sein. Wir glauben, dann mit uns selbst besser »in Kontakt zu treten«, da uns etwas in unserem Inneren vermeintlich notwendige Handlungen in Form von Eingebungen »spüren« lässt.

Damit soll nicht behauptet werden, dass das Gefühl des Augenblicks, die Empfindung, einfach nur *da* zu sein, nicht ungemein befriedigend ist. Menschen verbringen viel zu viel Zeit ohne jegliches Bewusstsein dafür, dass sie da sind. Aber ich bezweifle, dass Unmittelbarkeit der Fixstern unserer Handlungen werden kann und sollte.

Unsere Ansichten über uns selbst sind mitnichten präziser als früher. Was für uns das Unterbewusstsein ist, waren für die Menschen früherer Zeiten die Götter: ein unerschöpflicher Quell der Spiritualität. Die Religion ist vom Himmel ins Unterbewusstsein herabgefallen. Man beachte dazu die spirituelle Rhetorik, die die gesamte Selbstfindungsliteratur durchzieht, als handle es sich um den inneren Jakobsweg. Das Unterbewusstsein genießt in der psychoanalytischen Ratgeberliteratur einen Status der Heiligkeit. Die Impulse des Unterbewusstseins erhalten normative Bedeutung – das heißt, was »es« will, sollten wir auch wollen. Wir sind überzeugt, dass das Unterbewusstsein unsere innere Ordnung ist und sein sollte. Die Frage, ob es dort bessere oder schlechtere Teile gibt, kommt gar nicht erst auf. Wir behandeln jeden Impuls, ob schlecht, dumm oder trivial, als bilde er einen authentischen Teil unserer Natur, solange er nur dem heiligen Tempel des Unterbewusstseins entstiegen zu sein scheint.

Bei kritischer Betrachtung erscheint Unmittelbarkeit allerdings nicht gerade als wünschenswert. Wozu Menschen nicht alles unmittelbar imstande sind: Sie grollen und schaden sich oder lassen ihrer Wut freien Lauf. Im Namen der Unmittelbarkeit ließen sich sogar Kriege legitimieren, entspringen sie doch dem unmittelbaren Tun der politisch Handelnden. Bevor wir uns in kritiklose Abnehmer der Impulskräfte des Unterbewusstseins verwandeln, sollten wir wissen, dass das Unterbewusstsein nicht gerade etwas ist, das über jeden Zweifel erhaben wäre. Auf keinen Fall bringt es uns Menschen der Sphäre der Göttlichkeit in irgendeinem Sinne näher.

Was die meisten dazu bewegt, derart exzessiv nach und in ihrem Unterbewusstsein zu suchen, ist die fundamentale Ratlosigkeit darüber, was sie eigentlich tun sollen. Erst diese Ratlosigkeit macht verständlich, warum jemand in seinem Unterbewusstsein die einzige Möglichkeit zur Vervollkommnung und wahren Authentizität erkennt. War dieser Teil bei früheren Denkern der problematischste Teil des Menschen, genießt er heute absolute Autorität. Alle Hoffnungen, uns »selbst zu finden«, ruhen auf dem, was Freud das Unterbewusstsein nannte.

Die antike Philosophie mag den Begriff nicht gekannt haben, das Phänomen fesselnder übermächtiger Gefühle verstand sie außergewöhnlich gut. Was uns heute von den Vorstellungen der Alten trennt, zeigt sich in den unterschiedlichen Auffassungen, wie wir uns das Unterbewusstsein vorstellen – als eine Macht über uns, die wir nur abdrängen können um den Preis psychischer Störungen. Wir glauben, das Beste sei, mit dem Unterbewusstsein einen Pakt zu schließen.

Die Alten dagegen legen nahe, diese Macht zu bändigen. Sie wollten ihr eine Ordnung aufzwingen, die (noch) nicht in ihr ist. Dieser Gedanke erscheint uns heute vollkommen abwegig. Der Psyche eine Ordnung aufzuerlegen scheint wider ihre Natur zu sein. Aber genau dagegen trat die antike Philosophie an und behauptete, diese Ordnung, die sich etwa durch erlernbare Fähigkeiten wie Tapferkeit oder Besonnenheit der Seele herstellen lässt, sei ihre wahre Bestimmung. Für Freud war es wichtig, Impulse aus dem Unterbewusstsein darauf zu durchleuchten, wo sie herkamen, während beispielsweise für Platon wichtiger war, darauf zu achten, wo diese Impulse hinführten, und sie auch mal mit dem Baseballschläger abzuwehren. Der Pakt, den wir glauben, mit dem Unterbewusstsein schließen zu müssen, ist deshalb so problematisch, weil wir um unseres eigenen Wohlbefindens willen diese Impulse oftmals blockieren müssen. Wir müssen viele innere Tatsachen bekämpfen, wenn wir uns nicht ruinieren wollen. Die Vergangenheit mittels der Psychoanalyse aufzuarbeiten bedeutet, sein Leben an Wunden, Unglück und Katastrophen auszurichten. Freud, der die Seele als »Apparat« bezeichnete und genau so verstand, behauptete, wir müssten uns in den eigenen Wunden suhlen. Wovon und wie das genau reinigen soll, muss der Phantasie des Lesers überlassen bleiben.

In der Science-Fiction-Serie *Star Trek* gibt es einen Apparat, den Replikator, der Speisen herbeizaubert. Was wir zu essen wünschen, tischt der Replikator auf. Allerdings bedarf dieser Apparat einer grauen Urmasse, die er dann in gekochte Gerichte verwandelt. Das Bild, das sich die Psychoanalyse vom idealen Menschen gemacht hat, gleicht dieser grauen Masse. Vom Getriebe der Kultur zerbrochen und durch die Sozialisation sich selbst entfremdet, verwandelt sie sich in allerlei Speisen. Aber Sozialisation ist keine Indoktrination. Wir glauben, ohne die Akropolis, ohne Sklaven und ohne die Pnyx, wo die Athener Politik betrieben haben, bliebe uns verwehrt, einen Sokrates wirklich zu verstehen. Einzig auf Grundlage ähnlicher Erlebnisse in der Vergangenheit würden uns andere Menschen verständlich. Früher lagen ein paar Flüsse und Berge zwischen uns, um unser aller Gemeinsamkeiten zu vergessen – heute sind es ein paar Wunden. Erst die Annahme universeller menschlicher Gemeinsamkeiten lässt uns die Entscheidungen eines Atheners über eine Zeitspanne von 2500 Jahren verstehen.

Ich will nicht behaupten, Verletzungen aus der Vergangenheit seien irreal. Aber die Bedeutung, die wir ihnen geben, legen wir selbst fest. Mir geht es darum, darauf hinzuweisen, dass Philosophen erst auf die Idee kommen mussten, die Vergangenheit überhaupt als Last zu sehen und zu durchdenken, welche Folgen diese Interpretation hat. Warum gibt es keine positive Psychotherapie, in der man die Vergangenheit nicht nach Schäden und Lasten, sondern nach Kräften und Glück absucht?

Die gängigen psychologischen Theorien sind nicht in der Lage, sich vorzustellen, wie Menschen beispielsweise aus Sorge um die Zukunft handeln. Selbst die Hoffnungen in uns, die eindeutig auf die Zukunft gerichtet sind, werden von der Psychoanalyse als Symptome dessen gedeutet, was zurückliegt. Die Erkenntnis, die Edmund Burke in einem seiner Briefe offenbart, liegt definitiv jenseits dieses Horizonts der Psychologie: »Hoffnung und Furcht sind die bewegenden Einflüsse unseres Innern, da sie auf die Zukunft gerichtet sind. Der Mensch ist besorgt um etwas.«

Es erscheint unstrittig, dass Hoffnungen auf die Zukunft gerichtet sind. Aber Burke meint das nicht in diesem konventionellen

Sinne. Bei Pindar lässt sich deutlich radikaler finden, was Burke meint: »Dem wärmt das Herz/Und folgt durchs Leben/Des Alters Freundin,/*Die süße Hoffnung,/Die aller Menschen/Vielwandelbare Gedanken lenkt.*« Wann immer wir nach Gründen für unser Verhalten suchen, wir sind gewohnt, in der Vergangenheit das Omen dafür zu finden. In der Vergangenheit vermeinen wir Omen für all das zu finden, was Menschen sind. Burke und Pindar vertraten die exakt gegenteilige Auffassung: Sie wollten es in der Zukunft finden.

In der Regel bleiben wir bei unserer Lektüre alter psychologischer Auffassungen an der Oberfläche. Aber gerade das Irritierende ist das Nützliche. Nicht nur ist die Hoffnung für Pindar eine bestechende Fähigkeit von Senioren (»Des Alters Freundin«), nein, sie *lenkt* die Gedanken aller Menschen. Auch ein zweiter Blick auf Burkes Aussage lohnt sich deshalb, denn sie enthält noch eine Provokation für unsere Ansichten. Er benennt nicht nur die Hoffnung, die auf die Zukunft gerichtet ist. Burke schreibt Hoffnung *und Furcht:* »Hoffnung und Furcht sind die bewegenden Einflüsse unseres Innern, da sie auf die Zukunft gerichtet sind.«

Die Ängste seines Patienten sind das Letzte, was ein Psychotherapeut auf die Zukunft beziehen würde. Ein Mensch denkt für ihn nur, was er kennt. Furcht muss deshalb auf die Vergangenheit gerichtet sein, nicht auf die Zukunft. Uns fehlt der Mut zu einfachsten Beobachtungen. Die *Kraft,* die die Zukunft auf unser Denken und Leben ausübt, macht sie zu einer direkten Kontrahentin der philosophisch erschöpfend behandelten Kraft des Unterbewusstseins. Ich würde sogar behaupten, die meisten Ängste von Menschen haben mit der Zukunft und nicht das Geringste mit der Vergangenheit zu tun.

Burke behauptet weiter, dass der Mensch in Sorge sei um seine Zukunft – nicht um seine Vergangenheit. Diese Auffassung kann schon deshalb als widerlegt gelten, weil sich Psychologen seit der Veröffentlichung der *Traumdeutung* nur mit Patienten konfrontiert sehen, die in Sorge um ihre Vergangenheit sind. Die wenigsten kennen überhaupt abweichende Lehrmeinungen über ihre Gefühle – oder sie räumen ihnen nicht die Rechtmäßigkeit ein, die ihnen zustünde.

Wofür wir blind sind, ist die Tatsache, dass unsere Erwartungen uns Realität geben. Wir sind nicht gewohnt, unsere Gedanken als etwas zu betrachten, das sich aus dem offenen Horizont der Zukunft speist. Wir glauben, Gedanken kämen aus dem Unterbewusstsein. Wenn sich aber das Unterbewusstsein aus den vergangenen Erlebnissen zusammensetzt, bekommen wir nur zu sehen, was in der musealen Sammlung namens »Vergangenheit« hängt. Diese Ansicht gibt uns keine Zukunft. Sie hypostasiert die Vergangenheit. Wir *sind*, was einst war.

Es ist eine gefährliche Behauptung, dass wir den Blick nach hinten richten müssen, während wir in Wahrheit nichts so sehr bedürften wie den Blick nach vorne. Denn die Zeit, die vor einem liegt, reicht in der Regel aus, um mehr aus sich zu machen, als alle Vergangenheit je aus einem machen konnte. Wir sollten endlich eintreten in die Zeit, die vor uns liegt.

Der Tempel des Unterbewusstseins

Philosophen aller Zeiten haben sich den Kopf zerbrochen über das Wesen des Menschen. Sie haben ihre Erkenntnisse in Büchern niedergeschrieben, um sie späteren Zeiten zu überliefern. Heute glauben wir, mit diesen Erkenntnissen nichts mehr anfangen zu können. Tugendlehre? Das klingt nach Kirche. Wir bewundern vielleicht die Besonnenheit und den Mut an anderen Menschen, aber für die Erkenntnis unserer wahren Natur spielt das keine Rolle. Die Fähigkeiten, die wir für richtig halten, Fähigkeiten, die wir als gut, schön und groß an den Handlungen anderer Menschen empfinden, ahmen wir nicht nach, weil wir sie nicht »in uns« spüren. Es mag von Oskar Schindler edelmütig gewesen sein, Menschenleben zu retten. Ich fühle mich aber gerade unpässlich, wenn ich die entsetzlichen Bilder vom Völkermord in Darfur nur sehe. Es mag edel von Rupert Neudeck gewesen sein, Tausende Menschen vor dem Ertrinken zu retten. Ich spüre aber in mir, dass es nicht das Richtige für mich wäre, Menschenleben zu retten. Ohnehin habe ich schon etwas anderes vor, ich habe heute Morgen nämlich drei Konzertkarten gekauft.

Wir befinden uns in einem Zwiespalt: Auf der einen Seite wollen wir Größe beweisen, aber in uns finden wir keine Handhabung dazu. Unser wahrer Kern scheint vielmehr aus *mikropsychia* – Kleingeistigkeit – zu bestehen. Es kommt uns unauthentisch vor, mutig zu handeln, wenn wir entdeckt haben, dass wir nicht mutig *sind*. Der Versuch, etwas zu sein, das man nicht ist, erscheint uns als heuchlerisch. Aber was ist mit den Versuchen, ein bestimmter Mensch zu *werden*? Durchforsteten Oskar Schindler und Rupert Neudeck seit ihrem fünfzehnten Lebensjahr die Welt nach ein paar Menschen in Not, die sie endlich retten könnten?

Die Möglichkeit, besser handeln zu können, beschwört eine grundsätzliche Reflexion über das Verhältnis von Tun und Sein herauf. Es grenzt an Fundamentalismus, wie wir daran glauben, Handeln und »Sein« in Einklang bringen zu müssen (der Pakt mit dem Unterbewusstsein). In Wirklichkeit müssten wir ja gerade gegen das handeln, was wir »sind«, um besser zu werden. Jeder Mensch will *gut* sein. Und natürlich fällt das schwer, wenn dieser Wille von Aggression über Neid bis Rache durchsiebt wird. Aber die Irrlehre, wir müssten so handeln, wie wir es fühlen, ist ein Hauptgrund dafür, weshalb sich so viele Menschen selbst verachten oder als sinnlos empfinden.

Interessanterweise besagt die klassische Definition von Größe, dass man gegen die ureigenen Interessen handelt: »Groszmuth ist Edelmuth mit Selbstbesiegung« (Deutsches Wörterbuch der Brüder Grimm). Dennoch glaube ich, dass man weiterhin im eigenen Interesse handelt, nur nicht in einem egoistischen, sondern im Sinne der Menschlichkeit. Menschlichkeit nicht als ureigenes Interesse eines jeden Menschen zu verstehen wäre ein Unglück.

Wir gestehen uns nur widerwillig ein, dass die wahre Frontlinie nicht zwischen Sein und Handeln, sondern zwischen wünschbarem und realem Tun verläuft. Identität im Wortsinne sollte herrschen zwischen dem, was wir als die beste und schönste Handlung erachten, und ihrer Ausführung. Wir dürfen anders »sein«, als wir handeln. Aber wer ständig anders handelt, als er es für richtig hält, kann sich irgendwann nicht mehr selbst achten. Wir mögen noch so wenig Herr im Hause sein, die menschliche Seele wird niemals unfähig sein, sich selbst zu verurteilen.

Menschen sollten nicht handeln, wie sie fühlen. Sie sollten tun, was sie für *wünschenswert* halten. Handeln hat wenig mit dem Sein zu tun. Vollkommenes Handeln wird geboren aus der Frage nach *Idealität*. Dabei enthüllt sich ein wahres Wunder: Wir haben immer eine Ahnung davon, was das Beste und Schönste sein könnte. In jeder Situation. Statt sein Handeln an der Unmittelbarkeit auszurichten, sollte man öfters versuchen, diese Ahnungen in Wissen umzubauen.

Das gesellschaftliche Unvermögen, nach dem Besseren, Wertvollen und Schönen überhaupt nur zu fragen, ist omnipräsent. Wie oft wird in Fernsehdebatten bis zum Erbrechen diskutiert, wie wir alle sind und was geschehen ist, statt sich darüber zu verständigen, was wir als Gesellschaft für wünschenswert halten? Was bewiese mehr Größe, als mit der armseligen Welt vermeintlicher Tatsächlichkeiten zu brechen und die Wünschbarkeit des eigenen Tuns durchzusetzen? Hier liegt die große Hoffnung, das Richtige und Schöne zu tun.

Dieses Unvermögen erinnert an die geistige Elite der Weimarer Republik, als sie vor die Frage gestellt wurde, den Herrn zu beurteilen, der sich als »Führer« apostrophierte. Die Aporie in Bezug auf Worte wie Wahrheit, Schönheit, Richtigkeit erinnert an jene Wortlosigkeit. Auch damals stand man, aller gängigen moralischen Kategorien entledigt, vor dem Abgrund.

Wofür können wir uns entscheiden, wenn nicht für das, was wir für *ideal* halten? Für die Alten besaß der Mensch ein erotisches Verhältnis zu Idealitäten. Er wollte sich ihnen überall und jederzeit nähern, wo er sie auch erblickte. Der Mensch müsse das Beste sehen und erkennen lernen und dann sein Handeln daran ausrichten. Für die längste Zeit der Philosophiegeschichte war Idealismus keine unterlegene theoretische Perspektive, sondern eine Stütze dabei, wertvoll zu werden.

Die psychoanalytische Theorie fragt nach dem »Warum?«. Was wir tun, vollzieht sich nicht selten von selbst. Das Leben geschieht, und uns bleibt wenig anderes übrig, als erstaunt darüber zu sein. Wir sind verblüfft von dem, was an uns geschieht. Wir sehen den Menschen als Medium innerer Kräfte, Wünsche, Triebe und Impulse, die unkontrolliert in seinem Inneren kollidieren und im Sinne des stärksten Triebs als Handlung in die Außenwelt ausgreifen. Wir könnten ein ganzes Leben mit der Analyse verbringen, *warum* wir tun, was wir tun. Einigen gelingt es, Antworten zu finden. Anderen wird bewusst, dass sie *jeden* Boden, auf dem sie stehen, einschlagen können. Die Bodenlosigkeit der Seele und die Sinndeutungen, mit denen wir unser Tun befrachten – wo führt das hin?

Jeder ist heute in der Lage, eine Vielzahl von Hypothesen über das eigene Verhalten aufzustellen. Einerseits sind wir fasziniert von Erklärungsversuchen, andererseits fühlen wir uns, je mehr wir diesen Rohstoff zutage fördern, umso leerer. Wir lernen schon früh, den Gründen für unser Verhalten mit einer Härte »auf die Schliche«

zu kommen, die frühere Generationen schockiert hätte. Wir brutalisieren den Umgang mit uns selbst, denn wir wollen zum Magma unseres Denkens, unserer Gefühle und unserer Handlungen, ja unseres Wesens vordringen.

Jeder Mensch forscht sich in seiner Jugend nach Gründen aus. Ein Zwanzigjähriger will beispielsweise Lehrer werden. Er besitzt eine bereichernde Vision davon, andere zu unterrichten. Er freut sich darüber. Aber *woher* weiß er das? *Warum* freut er sich eigentlich, wenn er sich vorstellt, Lehrer zu sein? Er stößt schnell an die Grenzen seines Wissens. Warum will der Junge Lehrer werden? Vermutlich wird er etwas sagen in der Art, er könne gut mit Kindern umgehen. Oder er glaubt, etwas weitergeben zu wollen, das er selbst mühevoll herausfand. Vielleicht ist dieser zukünftige Lehrer ehrgeizig genug zu sagen: »Ich will uns eine größere Zukunft bereiten, dafür muss ich in die Seelen junger Menschen eingreifen.« Das sind drei denkbare Antworten. Aber im Gegensatz zu dem Beispiel fragen wir uns in Wirklichkeit nicht nur, warum wir dieses oder jenes wollen. Vielmehr schlägt die Frage nach dem Warum zudem schnell um in ein »Bist du dir sicher?«. Für uns ist die analytische Methode zu einer Zündschnur geworden, mit der sich alles in Brand setzen lässt.

Wir sind geübt darin, und die wenigsten geben sich mit Scheingründen zufrieden. Wir wollen zum Kern der Sache vordringen: Warum will jemand *wirklich* Lehrer werden? Was ist der wahre Grund? Unser Zwanzigjähriger glaubt, gut mit Kindern umgehen zu können? Warum glaubt er, gut mit Kindern umgehen zu können? Die meisten von uns sind es gewohnt, sich mit einer Taschenlampe direkt in die Pupillen zu leuchten. »Warum glaubst du, gut mit Kindern umgehen zu können?« – »Wegen dieser Kinder damals, die haben mich gemocht. Ich habe ihnen etwas bedeutet.« Aber wie kann er glauben, einer ganzen Schulklasse etwas zu bedeuten? Die Analyse unseres Tuns rekurriert auf den Glauben, der den Gegensatz zum Wissen bildet. Etwas zu glauben zeigt bereits die Ungesichertheit der Sache. Zu *wissen,* dass man vor einer Schulklasse besteht, gäbe dem Ganzen eine andere Färbung. Im Selbstzwiegespräch wird alles auf das Unumstößliche abgeklopft. Wir suchen Gewissheiten, wo es nur Möglichkeiten gibt. Woher will jemand, der kein

Lehrer *ist,* wissen, dass er ein guter Lehrer »ist«? Der Junge weiß es wirklich nicht. Aber um einer zu werden, muss er daran glauben.

Der Glaube schafft die Begabung, während *die Suche nach ihrer Existenz* sie zerschmettert. Schriftsteller wissen nicht, dass sie gute Schriftsteller sind – sie glauben es. Neben dem Literaturnobelpreis gibt es nur wenige wirklich überzeugende Beweise für ihr Talent. Nicht wenige Menschen suchen nach Gegebenheiten und Fakten, statt Fakten zu schaffen. Was hätte sich Nelson Mandela, über Jahre in einer Gefängniszelle eingesperrt, auf die Frage antworten sollen: »Bin ich großzügig?« Er hätte vielleicht Tatsachen gesehen, die dafür sprechen. Aber Sicherheit hat er durch sein Handeln gefunden.

»Erkenne dich selbst« stand einst am Apollontempel von Delphi. Wir sind geneigt, Selbsterkenntnis als buchhalterische Bestandsaufnahme zu verstehen. Sich zu erkennen bedeutet aber eigentlich, nicht zu katalogisieren, was da ist. Bei Selbsterkenntnis geht es nicht darum, ob jemand großzügig *ist,* sondern ob er es sein möchte und es lernen kann. Es geht im Grunde genommen nicht um Selbsterkenntnis, sondern um Selbstwerdung. Großzügigkeit war möglicherweise nicht *in* Nelson Mandela. Er hat sie von anderen erfahren. Ihre Kraft hat ihn beeindruckt. Er schöpfte vom Geheimnis der Großzügigkeit und wollte es weiter ausstreuen.

Die Frage ist, wie wir zum Einfluss nachahmenden Verhaltens stehen. Der Mensch verhält sich von seiner Natur her, das heißt in Gesellschaft, grundsätzlich mimetisch. Wir tun zu 99 Prozent am Tag Dinge, auf die wir selbst nicht gekommen sind und niemals gekommen wären, die aber extrem nützlich sind – Schreiben, Zeichnen, Kochen – oder die uns bei anderen gefallen haben. Was ist da »Sein« und was »Schein«? Wer unter dem Echten das versteht, was selbst geschaffen wurde, kommt nicht umhin zuzugeben, dass der Mensch in Gesellschaft nicht echt sein kann. Aus der normativen Unterscheidung der Antike zwischen gut und schlecht wurden mit dem Übergang zur Moderne die Pole Authentizität und Schein. Es kommt einem vor, als seien an die Stelle von gut und schlecht die Begriffe innen und außen getreten. Auf dieser Folie beurteilen wir uns und andere: Prominente »verbiegen« sich für ihren Schein in der Öffentlichkeit. Wir ächten jemanden, der etwas darstellen will, das er nicht ist. Aber was verrät uns eigentlich, was jemand *wirklich* ist?

Für die meisten ist das Unterbewusstsein der letzte befehlshabende Kommandeur in der Schlacht um Identität und Authentizität. Die Kriterien, die darüber entscheiden, was wir sind, hängen eng mit der Anschauung von Innenwelt und Außenwelt zusammen. Jedes echte Verhalten geht zurück auf einen wahren Kern im Inneren, während die Lüge in der Außenwelt liegt. Innen und außen, eigen und fremd, Authentizität und Entfremdung, das sind die Pole unserer Selbstauffassung. *Diese Pole reißen uns auseinander.* Denn wir sind kein isolierter, einmaliger Kern, der hinter dicken Mauern von der Außenwelt abgeschottet ist. Das wären wir vielleicht gerne. Deshalb prangt in unseren Innenstädten die ganze Künstlichkeit von Shoppingmalls. Die fensterlosen Einkaufsmeilen sind vielleicht die Zement gewordenen Monumente dieser toxischen Überzeugung. Aber es gibt das Außen nicht, dafür sind wir viel zu sehr verbunden mit der Welt.

Wären die großen Menschen der Geschichte nicht »von außen« inspiriert worden, hätten sie sich selbst entmutigt, wüssten wir heute nicht ihre Namen. Die Dichotomie von *Original* und *Kopie* kann das Denken erheblich lähmen. Unser Selbstverständnis als etwas Eigenes, als ein originales Selbst hängt auf verzweifelnde Weise davon ab, nichts von anderen zu imitieren. Jungen Menschen wird eingeimpft, sie müssten *ihr* Selbst finden – worunter offenbar nicht die Entdeckung der Welt, sondern die asketische Isolation des Unterbewusstseins verstanden wird. Die Lehre von der Selbstfindung ist obszön, weil sie alles ausschließt, was uns als Menschen inspirieren könnte. Die Wirkung von Vorbildern auf unsere Seele verbrennt im Bilderfeuer einer eingemauerten Seele. Das Denken in den Kategorien von Schein und Sein, von außen und innen fand seine Krönung in der Dialektik von Objektivität und Subjektivität. Der Schwindel der Objektivität besteht darin, so zu tun, als könnte der Mensch einen Hochsitz einnehmen, auf dem er nichts mehr will. Aber selbst wenn ein Mensch nichts mehr will, wirkt er gerade dadurch auf die Welt.

Was ist so verkehrt daran, Großzügigkeit nachzuahmen? Was ist so verkehrt daran, mutig zu handeln, auch wenn man vielleicht feige ist? Die Authentizitätsliteraten würden sagen, mutig zu handeln, obwohl man in sich keinen Mut verspüre, sei nicht wahrhaftig. Dabei gehört mimetisches Verhalten zu den Wesenszügen unserer Natur. Wir lernen durch das Beispiel anderer. Unser Handeln bliebe unerklärlich, empfänden wir Nachgeahmtes *wirklich* als unauthentisch. Authentizitätsfanatiker gilt es mit den Potenzialen zu konfrontieren. Die Verfechter der Möglichkeiten stehen den Soldaten der Sicherheit und des Wissens gegenüber. Die Grenzlinien unseres Geistes werden von letzteren abgesichert, von ersteren erschüttert. Je nachdem, was der Einzelne höher schätzt. Erschütterung oder Gewissheit, gehört er zu der einen oder anderen Armada des Geistes. Wenn wir wissen wollen, wie etwas *ist,* entscheiden wir uns gleichzeitig dagegen, wie es *sein könnte.* Wir mögen Großzügigkeit oder Mut bewundern und anhimmeln, aber wenn wir *wissen* wollen, fallen alle Tendenzen weg. Wer *ist* wirklich einfallsreich, leidenschaftlich, sehnsüchtig, groß oder mutig? Wer *ist* schön? Jemand, der sich dafür interessiert, was möglich ist, gewinnt an Tiefenschärfe. Mit Möglichkeiten ist es keine Qual, sondern eine Chance zu bestimmen, wer wir sind.

Vorbilder zeigen uns, wie wir sein könnten. Das gilt nicht nur für den einzelnen Menschen. Es gilt für Gesellschaften als Ganzes. Hätten vergangene Epochen abgelehnt, was von *außen* kommt, gäbe es uns nicht. Wären wir Geschöpfe, die nur sind, was sie im Inneren fühlen, kämen wir nicht weit.

Moderne Menschen mögen sich selbst nicht sonderlich. Aber ihr Denken hat sie in einen Käfig gesteckt, der offenbart, was sie im Kern ausmacht: Ausweglosigkeit! Doch es gibt immer Alternativen, es gibt immer konkurrierende Vorstellungen, Pläne, Handlungen und Ziele. Warum erliegen so viele den Stromstößen ihres Selbsthasses, statt sich dazu anzutreiben, besser zu werden? Um sich nicht schätzen zu müssen, setzen sie noch gewaltsam durch, hässlich und widerlich zu sein.

Viele richten sich nicht nach anderen, weil diese anderen bösartig wären, sondern weil sie glauben, nicht so zu *sein.* Sie bewundern Nelson Mandela für seine Großzügigkeit. Aber sie sind felsenfest davon überzeugt, dass es für ihr Leben nicht authentisch wäre, großzügig zu sein. Alles, was *wird*, findet in einer Zwischenwelt der Wirklichkeit statt, die den Authentizitätsanhängern Albträume bereiten muss. Wissen und Sicherheit kämpfen gegen Glauben und Möglichkeit. Skepsis und Pessimismus stehen Idealität gegenüber.

Nach Gründen zu fragen ist nicht falsch. Aber es trägt Züge eines Denkens, das die menschliche Seele nicht gerade kultiviert. Wer sich daran abarbeitet, bleibt letztlich immer ohne sichere Antworten. Wir haben es in der Hand zu bestimmen, was wir sein wollen – und es ist nicht nur legitim, sondern auch notwendig, sich an anderen Menschen zu orientieren. Wir sind anderen zu Dank verpflichtet, vor allem jenen, die unsere Fähigkeiten entdecken, lieben und fördern – in den seltensten Fällen sind wir das selbst. Was wir alles tun wollen, liegt oft viel weniger in uns als um uns herum.

Welche Bedeutung hat es, wenn wir nach dem Warum unserer Handlungen fragen? Weshalb bauen wir Rohstoffe ab, die uns angebliche Wahrheiten offenbaren? Weil wir Gewissheiten suchen. Wir brauchen Sicherheit. Die wenigsten merken: Weit weniger hängt davon ab, was sie sind, als davon, was sie sein wollen. Die Frage nach dem »Bist du sicher?« lässt die Seele in einen Schacht rutschen, der kein Ende kennt. Die Art von Gewissheiten, die wir in der Welt finden, fehlt in der Seele. Die menschliche Seele hat keinen physikalisch sicheren Boden. Analytisches Denken hätte auch einen John F. Kennedy davon abbringen können, Präsident zu werden. Dürften wir stolz darauf sein, seine Karriere zu verhindern, indem wir ihn auf seine Gewissheiten hin abklopfen, wo es nur Möglichkeiten gibt? Was wusste der junge Kennedy davon, ob er das Zeug zum Präsidenten hatte?

Die Psychoanalyse unterstellt die niedrigsten und schlimmsten Gründe für menschliches Verhalten. Der Zwanzigjährige, der Lehrer werden will, fördert mit dieser Methode allerhand zutage: von Kinderliebe über Geld, die Sicherheit, die verbeamtete Berufe mit sich bringen, bis hin zu der Macht, die er ungehemmt über einen Haufen Halbstarker ausleben will. Man sollte den Grad an Selbstverachtung hören und verstehen lernen.

Als die Psychologie geklärt zu haben meinte, dass Schönheit sexuelle Ursachen habe, wurde Schönheit über Nacht obsolet. Im Rumpf freudianischer Kulturtheorie steckt ohnehin der Verdacht, die größten Werke des Menschen seien mehr oder weniger unterdrückte und sublimierte Formen der Sexualität. Inwiefern entwertet diese Auffassung die Heftigkeit, mit der uns diese Werke sonst erschüttern? Der Stern der Werke sinkt. So ist es mit allem, was wir über uns zu sagen wissen. Was wir an Größe, Wert und Schönheit hervorbringen, fasziniert nicht mehr so sehr wie die Frage, warum wir so und nicht anders handeln.

Ich erinnere mich an einen Zeitungsverleger, der eine seiner Villen an eine ihm unbekannte Frau verschenkte. Die halbe Stadt interessierte einzig, *warum* er das getan hatte. Nicht oberflächlich oder vage, es interessierte sie schonungslos bis in Details. War die Frau ihm wirklich unbekannt? Wollte er von Skandalen ablenken? Niemand achtete darauf, welche Unermesslichkeit diese Tat hätte auslösen können. So ist es oft, wenn jemand etwas unfassbar Schönes tut. Christian Schwarz-Schilling, der ehemalige Postminister aus der Regierung Kohl, tritt nach zehn Jahren zurück, weil er die Tatenlosigkeit der Bundesregierung angesichts des Völkermords in Bosnien-Herzegowina nicht ertragen kann. Ein Akt politischer Schönheit, nicht einfach wegzusehen, sondern sich hinzustellen und zu sagen: »So geht es auf gar keinen Fall weiter.«

Das damalige Desinteresse bezeichnet Schwarz-Schilling bis heute als die bedrückendste Erfahrung überhaupt. Wo ich diese Geschichte auch erzähle, gibt es im Raum immer mindestens einen, der offen ausspricht: »Er wollte doch nur von seinen Skandalen ablenken.« Wenn all der Schlamm von der Geschichte abgewaschen ist, bleibt Schwarz-Schillings Rücktritt als ein Diamant zurück. Wir sollten uns an die Möglichkeit erinnern, Widerstand zu leisten, nicht mitzumachen. Viel zu viele politische Kräfte dieses Landes, die gerne als talentiert bezeichnet werden, verwandeln sich im Ernstfall, wenn es darum geht, Menschlichkeit zu beweisen, in Schoßhunde, die niemals einen Rücktritt dazu einsetzen würden, ihr Land aufzuwecken.

Wir zerschlagen mit dieser Art die Bedeutung von Taten ebenso wie Gedanken. Wer einen bedeutsamen Gedanken hat, kann sich dessen emotionaler Auswirkung entziehen, indem er analysiert, warum er ihn denkt. Wir rauben Gedanken – und sogar Gefühlen – ihren Stachel, wenn wir fragen, woher und wie er zu uns kam. Jeder Wert wird durch Regress auf Vergangenes, wenn nicht aufgehoben, so doch stark demoliert. Auf dem Feld der »Psyche« mag es genau darum gehen. Für die Seele geht es um die Bedeutung selbst. Der analytische Blick stellt uns ein Bein, das die Bedeutsamkeit einer Handlung zu Fall bringt.

Die Mut- und Kraftlosigkeit des gegenwärtigen Geistes hat viel mit der Regression auf die eigene Biographie zu tun. Diesem Prinzip unterliegt ohnehin unser Gefühlsleben: Es ist vergleichbar mit Muskeln, die wir durch unser Bewusstsein trainieren. Gleichgültig, worauf wir uns konzentrieren, auf welche Gefühle wir eingehen, diese Gefühle steigern sich, *weil* wir auf sie eingehen. Sei es Furcht oder Liebe, Hoffnung oder Trauer. Die Frage nach dem Warum treibt einen Pflock in den Sinn von Gefühlen, der sie verwundet. Aber Gefühle sind keine Feinde. Im Weltbild der Psychoanalyse sind sie vielleicht abgeirrte Splitter tieferer Schmerzen und Wunden. Aber weshalb sollten sie in Wirklichkeit nicht die Hilfsboten einer schützenden Macht sein? Gefühle lassen uns fiebern. Die Psychoanalyse versucht diese Unruhe zu behandeln. Aber Gefühle werden uns nicht gesandt, um ihre Wirkungsmacht durch Analysen abzuschmelzen. Gefühle sind dazu da, uns hochzutreiben. Sie leiten uns an, etwas zu erreichen. Wer vor seinem Fernseher mit einer psychometrischen Unruhe sitzen bleibt, ist selbst schuld. In dieser Unzufriedenheit liegt die Garantie, sich selbst zu steigern. Selbststeigerung hängt stark davon ab, wie unzufrieden man mit sich selbst sein kann. Ohne innere Unruhe verliert man den Drang, sich selbst zu bestimmen.

Statt darauf zu achten, was seelische Erscheinungen mit uns machen, achten wir darauf, wo sie herkommen. Wir wollen nicht wissen, wie die Städte aussehen, die sie bauen wollen, sondern wir fahnden nach ihrem Geburtsort. Mit der Herkunft ist es so eine Sache – was verrät der Geburtsort über die Kunst des Architekten? Vermag das Wissen über die Herkunft des Gefühls zu verraten, worauf es hinauswill? Was ist für uns bedeutsam: Werk oder Ursache?

Viele weichen mit Vorliebe ihren Gefühlen aus, während es darauf ankäme, sie *zu empfinden* und zu sehen, wo sie hinführen wollen. Wer zu lange auf den Stamm und die Wurzeln eines Baumes schaut, vergisst darüber die Früchte.

Was sind Gefühle?

Jeder Mensch hat einmal erlebt, wie sich die Welt für ihn vollkommen änderte. Wie sie durch eine Begegnung, eine Geschichte oder eine Entdeckung anders wurde. Wie ist das möglich? Wie ist es möglich, die Welt in kurzer Zeit völlig anders wahrzunehmen? In der Tat, diese Revolution der Wahrnehmung hat mit fundamentalen Umwälzungen in die Gefühlswelt zu tun. Wenn sich »die Welt« für uns ändert, meinen wir damit, dass sich unsere Gefühle ungewöhnlich stark verändert haben.

Psychologen und Biochemiker glauben, des Rätsels Lösung liege in der chemischen Zusammensetzung des Gehirns. Der Revolution im Geist, so glauben sie zu beweisen, gehe eine Revolution in der Zusammensetzung der Botenstoffe voraus. Wann immer wir etwas fühlen, lasse sich zeigen, dass irgendwo in unserem Körper eine Drüse Unmengen von Hormonen ausschütte. Je mehr Hormone, desto ungewöhnlicher die Wahrnehmung. Wodurch werden unsere Gefühle verursacht?

Ich sagte einem mutlosen Freund einmal, das Geheimnis der Welt liege im Phänomen der *Fürsorge*. Zwei Tage später berichtete er mir, seine Welt habe sich folgenschwer verändert. Seit er darauf achte, wie fürsorglich manche Menschen sind, *verstehe* er besser. Menschen, so mein Freund, ließen sich grundsätzlich einteilen in die, denen es an Fürsorglichkeit mangle, und in die, durch die ihm etwas höchst Seltenes widerfährt. Durch sie falle Wasser auf ihn – aus einem Staudamm menschlicher Wärme.

Meine Grundtheorie ist, dass Gefühle vom *Verständnis* einer Situation abhängen. Wenn jemand ein neues Haus bezieht und der neue Nachbar ihn auf ein Atomkraftwerk in der Nähe des Hauses aufmerksam macht, ändert sich für ihn alles. Gewiss, die Wirkung hält nur so lange an, bis er vielleicht bemerkt, dass das ein Scherz war und da gar kein Atomkraftwerk steht. Aber was geschieht, wenn derselbe

Nachbar beginnt, Geschichten von den Menschen zu erzählen, die das Haus vor hundert Jahren erbaut haben? Wie ist es mit den Andeutungen in unserem Leben, mit all den versteckten Fingerzeigen und Hinweisen? Aus Anhaltspunkten entstehen ganze Gefühlswelten.

Wir *verstehen* die Wirklichkeit immer in einer bestimmten Weise. Dieses Verständnis stimmt selten mit ihr überein. Gefühle sind gebunden an unsere Auffassung von der Wirklichkeit, und diese Auffassung ist intellektueller Natur. Auffassungen sind gebunden an Vorstellungen, Konzepte und Ideen. *Alles, was wir uns vorstellen, fühlen wir.* Diese Einsicht ist eine erkenntnistheoretische Sprengladung. Bislang gelten Vorstellung und Erfahrung als Gegensätze. Erfahrung muss gemacht, nicht imaginiert werden. Aber weil wir phantasiebegabte Wesen sind, können wir Erfahrungen *in unseren Vorstellungen* machen. Ich kann mir denken, wie es ist, jemanden zu quälen, ohne ihn wirklich zu quälen. Ich kann in Bücher über den jungen Stalin eintauchen und Erfahrungen sammeln, die ich real nie gemacht habe. Viele unserer bedeutsamsten Erfahrungen stammen nicht aus physikalischen Erlebnissen, sondern aus geistigen.

Wir müssen Situationen zwangsläufig verstehen, um sie auch zu fühlen, selbst um den Preis des Missverstehens. Wir haben die Möglichkeit, sie stets neu zu verstehen und neu zu deuten. Einmal auf diese Beobachtung gestoßen, vertieft sie sich zu einer tragenden Idee: Die Welt *ist* für uns, wie wir sie verstehen.

Unseren Gefühlen unterliegt *immer* eine Weltauffassung. Die Philosophen nennen diese Auffassung auch Weltbild oder Weltanschauung. Machen wir uns die Bedeutung dieses Weltbildes klar: Es stellt den Löwenanteil aller seelischen Aktivität.

Gefühle werden freigesetzt, je nachdem *wie* wir die Welt verstehen. Eine Frau rennt voller Ärger aus dem Haus, weil sie ihre Situation so versteht, dass jeden Moment ihr Zug abfährt. Sie ärgert sich, dass sie nicht auf die Zeit geachtet hat. Und als sie erfährt, dass die Bahn Verspätung hat, ändert sich wieder alles – ein einziges Auf und Ab. Ein alter Mann weiß nicht genau, wann er stirbt. Aber er lebt die letzten Jahre im Bewusstsein, dass sich das knappe Fenster seiner Möglichkeiten schließt. Beide haben die Freiheit, ihre Situation anders zu verstehen.

Die Erkenntnis der Bedingtheit der Gefühle von Vorstellungen nutzen Schriftsteller seit Jahrhunderten mit Romanen aus. Wie viele Amerikaner verdanken ihre Existenz Salingers unauslöschlicher Darstellung der arglosen Kleinkinder im *Fänger im Roggen?* Niemand wird jemals die Begegnung mit Salingers Allie vergessen, der Gedichte auf seinen Baseballhandschuh schrieb, damit er während des Wartens auf dem Spielfeld etwas zu lesen hatte. Jeder, der das Buch gelesen hat, erinnert sich an die Außergewöhnlichkeit der Welterfahrungen, die Salinger zu bieten hat. In Büchern finden wir die Deutungen, die wir als Menschen so dringend brauchen. Wir lernen, dass unsere Auffassungsgabe nicht die einzige ist. Geschichten greifen chirurgisch in unsere Vorstellungskraft ein und verändern *uns*. Stalin hat Schriftsteller in einer bemerkenswerten Ansprache im Jahre 1932 als *Ingenieure der Seele* bezeichnet. Bedauerlicherweise erkannte er klar, wie sehr die »Sekundärerfahrung« aus Büchern auf die Seele wirken kann. In der Regel bestreiten wir den Gedanken, die Demokratie versorge uns mit einer Reihe von Vorstellungen, aufgrund derer wir fühlen, was wir fühlen, Vorstellungen, von denen die meisten Menschen nicht wissen, dass es überhaupt Vorstellungen sind, bis sie auf ihre Konkurrenten stoßen. Erst durch die Alternativen erfahren wir, dass wir ohne bestimmte Vorstellungen andere Menschen wären.

Bei genauem Hinsehen erweisen sich nicht Gefühle als Grundlage von Gedanken, sondern Ideen und Vorstellungen als Grundlage von Gefühlen. Das ist eigentlich nichts Neues. Die Ideengeschichte weiß das seit Jahrtausenden. Der menschliche Intellekt ist das Medium, in dem sich der Mensch ausstattet, vorstellt und verändert. Für manche mögen Gedanken und geistige Arbeit schwer und die Leidenschaften leicht und süß sein. In unseren Erfahrungen lässt sich immer auch das Gegenteil finden.

Gefühle sind nicht stärker als der Geist. Gefühle mögen Teil des Geistes sein. Aber eine Vorrangstellung vor Ideen, Gedanken, Weltbildern und Vorstellungen – haben Gefühle nicht. Im Gegenteil, Gefühle entstehen durch Phantasie, Geist und Interpretationen. Wir haben die Phantasie, um nicht an der Wirklichkeit zugrunde zu gehen.

TEIL III

Der Wert des Menschen

Handlungen als Interpreten der Gedanken

Ohnmachtsgefühle angesichts einer Weltbevölkerung von sieben Milliarden Menschen sind zwar verständlich, aber vollkommen unwirklich. Der Sozialpsychologe Stanley Milgram griff 1967 die Frage auf, über wie viele Ecken sich zwei beliebige Personen auf der Welt kennen. Er verschickte Briefe an zufällig ausgewählte Testpersonen, die er mit der Bitte versah, sie an einen Börsenbroker in Boston weiterzuleiten. Wer die Zielperson nicht kannte, sollte den Brief einem Freund zustellen, bei dem eine Bekanntschaft mit dem Börsenbroker möglich schien. Im Schnitt lagen zwischen Start- und Zielperson sechs Zwischenstationen. In einigen Fällen kamen auch nur zwei Übergänge vor. Über sechs Ecken stehen wir mit dem Präsidenten der Vereinigten Staaten, mit allen Rockstars und vor allem: mit allen Kriegsopfern in Japan, allen Hungernden in Äthiopien und mit den Angehörigen von Toumani Samake, der an den neuen Mauern der EU-Außengrenzen ermordet wurde, in Verbindung. Milgrams Experiment illustriert, dass sich die Taten einzelner Menschen auf die ganze Welt auswirken können.

Eines ist klar: Unser Wert ist in einem absoluten Sinne offen. Wir scheitern daran, den Wert eines Menschen zu beweisen, wie wir etwa die Existenz des Atomkerns beweisen können. Die Gegenwart vermutet den Wert eines Menschen in seinem Selbst: Entweder er findet ihn *dort,* oder der Platz ist leer, und wir stürzen in höllische Selbstzweifel. Die Wahrheit sieht so aus: Der Wert des Menschen manifestiert sich in seinem Tun. Die einzige für uns wahrnehmbare Spur der Kraft und der Bedeutung einer Seele drückt sich in dem aus, was sie tut. Wert haben wir in dem Maße in uns, wie wir etwas tun, das wertvoll ist. Unser Wert ist ungeklärt. Er ist auffindbar, haltbar, und manche zerstören ihn. Die Zerstörung des Selbstwertes erinnert an die Geschichte des Piloten, der die Bombe nach Hiroshima flog und schließlich Selbstmord beging.

Die Unsicherheit in der Frage des eigenen Wertes ist unerträglich – aber genau darum geht es: sie auszuhalten. Das Leben fordert uns dazu heraus, uns wertvoll zu machen. Das gelingt nur, wenn wir das tun, was wir für das Wertvollste halten, das wir tun können. Wertvoll fühlen wir uns, wenn wir etwas Wertvolles tun. Die Unfähigkeit der Gesellschaft, auch nur darüber nachzudenken, was wertvoll ist, blockiert Handlungen und schadet Seelen.

Wert und Sinn sind keine Gefühle, die uns *zustoßen*. Wert und Sinn sind intellektuelle Errungenschaften, für die wir kämpfen müssen. Der Glaube an den eigenen Wert hängt direkt davon ab, was wir tun. Handeln und Selbstwertgefühl gehen Hand in Hand. Anderen zu helfen hebt einen Bedeutungsschatz, der dramatisch in unser Selbstwertgefühl eingreift. Ich kann mir noch so sehr einbilden, wertvoll zu sein, wenn ich nichts tue, was ich für wertvoll, schön oder atemberaubend halte, werden Depressionen meinem Selbstwertgefühl widersprechen. Gefühle sind die besten Interpreten unseres Tuns.

Wir müssen nur eines tun: aufhören, *nichts* zu tun. Die Selbstachtung eines Menschen steigt nicht frei Haus, sie steigt durch Taten. Es ist unsere Aufgabe als Menschen, *Geschichte zu schreiben*. Zwischen Menschen verhält es sich wie in der Chaostheorie mit dem Flügelschlag des Schmetterlings. Wer auf die Straße tritt und einen Menschen anhält, ihn in ein Gespräch verwickelt und ihm etwas Ehrliches sagt, wirkt auf die Welt. Er verändert etwas. Wir hinterlassen täglich Spuren. Die Frage ist, ob wir je darüber nachgedacht haben, dass sie schöner sein könnten.

Wenn uns ein Glaube fehlt, dann der an die Nützlichkeit unseres Tuns. Wir sollten voraussetzen, dass wir etwas bewirken und wichtig für die Menschheit sind (oder werden). Die nächste Religion, die gestiftet werden muss, ist eine, in der nicht Gott, sondern die Menschheit an oberster Stelle steht, eine Religion, die nicht die Existenz Gottes voraussetzt, sondern die Existenz der Wirkung jedes Einzelnen. Gegen nihilistische Lebensvernichtung existiert nur eine Medizin: Gutes tun. Uns ist es jederzeit möglich, Gutes zu tun. Das oberste Gebot dieser Religion lautete: *Du sollst helfen!*

Wir sollten uns nicht mit Zweifeln aufhalten, ob wir etwas ausrichten. Wir sollten fragen, ob wir mehr tun können. Ob wir etwas bewirken, sollte uns weniger beschäftigen als das unschöne Detail, dass schlussendlich wir selbst es sind, die das verhindern. Handlungen sind die besten Interpreten der Gedanken. Wir müssen die Überzeugungen, die sich in uns abgelagert haben, prüfen und fragen, welchen Einfluss sie auf unser Denken haben und ob es unmöglich ist, sie auszuwechseln. Die Scheidung zwischen subjektiver Wertung und objektiver Wirklichkeit lässt sich unmöglich aufrechterhalten, weil die Realität zutiefst von *unseren Vorstellungen* gemacht wird. Vorstellung und Wirklichkeit gehören für die menschliche Situation zusammen. Das Beste, was wir uns vorstellen können, ist kein Gedanke, der schwächer ist als »unser Gefühl« – das Beste ist kein Idealismus, sondern Realismus. Wir mögen aus dem Inneren keinen Impuls vernehmen, der gebietet, über eine Sache nachzudenken. Aber ist die Idee, wie unser Leben besser wäre, einmal erfasst, kann das sehr starke Gefühle hervorrufen. Das Desinteresse an der Erschließung dessen, was das Beste ist, bedeutet einen Verlust von Kraft. Der Unglaube an *die Macht des Geistes* lässt Realität ärmer werden. Ärmer, als sie *ist*.

Wir gehen davon aus, dass die Wirklichkeit nicht schön ist. Es ist erstaunlich, wie viele Menschen Hässlichkeit ertragen, und bestürzend, wie wenige sich dagegen wehren. Mit der Hässlichkeit haben wir uns religiös abgefunden. Wir glauben an unsere Kreatürlichkeit, an die tierischen Ursprünge, und sie bedeuten uns mehr als alles, was wir erreichen könnten. Schönheit ist etwas für Idealisten. Aber die Abwesenheit von Schönheit ist keine Neutralität, sondern Brutalität und Hässlichkeit. Menschen müssen notwendig an der Vorstellung zugrunde gehen, nicht schön handeln zu können.

Der Wohlstand Deutschlands ermöglicht es vielen, ihre Träume in die Tat umzusetzen. Materiell wird es unnötig, sich mit anderen Menschen zu verständigen – für sie zu arbeiten oder sie überhaupt zu ertragen. Ein ausreichend hoher Kontostand ermöglicht, die gesellschaftlichen »Zwänge«, die alle unsere Vorväter noch demütig hinnehmen mussten, aufzulösen. Wer im Lotto gewinnt, kauft sich an irgendwelchen Hängen, deren Existenz ihm bis dahin nicht einmal bekannt war, eine Villa und entzieht sich dem Würgegriff der Zivilisation. Viele glauben ernsthaft, ein von der Gesellschaft unabhängiges Leben wäre wesentlich angenehmer. Wir mögen über das Geld verfügen, uns von einer verhassten Gesellschaft vollständig zu trennen, über das geistige Rüstzeug, diesen Zustand zu überleben, verfügen wir nicht. Womit wir es zu tun haben, sind zwei unterschiedliche Auffassungen, wozu Geld eigentlich da ist. Für die einen ist es dazu da, den Irrweg in eine selbstzerstörerische Befreiung von der Gesellschaft einzuschlagen. Den anderen dient es dazu, Ziele durchzusetzen – nicht abseits, sondern *in* und *mit* der Gesellschaft. Der Reichtum der einen verdankt sich ja bei genauer Betrachtung einzig der Gesellschaft. Als gesellschaftliche Aufgabe verstanden, ist Geld nicht dazu da, damit wir uns endlich vom ganzen Rest isolieren können, sondern um uns mit ihm zu verbinden. Man kann nicht behaupten, dass wir besonders viele wohlhabende Menschen in unserer Gesellschaft kennen, die sich wirklich zum Wohle des Landes oder – besser – zum Wohle der Menschheit einsetzen.

Es zeugt von Ideenlosigkeit, im Nachgang marxistischer Ideen Zwangsenteignungen zu fordern. Es geht nicht immer nur darum, wo das Geld ist, sondern auch vor allem darum, *wie* es eingesetzt wird. Wessen Phantasie nicht weiter reicht, als sein Geld in einen Ferrari oder eine toskanische Villa zu stecken, der missversteht, wem er seinen Wohlstand zu verdanken hat und welche Aufgaben ihm daraus erwachsen. Er oder sie wird es spüren, an irgendeiner Autobahnausfahrt dieser Welt oder im Vakuum einer Villa. Die härtesten Verfechter der Sinnlosigkeit des Lebens sind stets Menschen, die sich innerlich von der Gesellschaft abgekapselt haben.

Wer inmitten der Gesellschaft steht, fragt selten nach Sinn – er lebt ihn. Er fragt auch nicht nach seinem Wert – er erfährt ihn. Der Menschheit etwas zurückzugeben – weniger in Spenden als in Projekten und Taten – ist eine elementare Tugend. Xenophon gibt dem Reichen im *Hieron* einen Rat. Hieron solle, statt die Eingangshallen seiner Villen die Häuser seiner Stadt verschönern; davon hätten alle etwas.

Wohlstand ist nicht die Chance auf einen Schleudersitz aus der Gesellschaft, wie viele denken. Man muss damit etwas für die

Gesellschaft anzufangen wissen. Reichtum birgt die Chance, die Gesellschaft zu verschönern, die Kultur voranzubringen und den moralischen Fortschritt der Menschheit in einer Weise zu organisieren, wie es der Politik nicht gelingt. Keiner exerziert das seit Jahrzehnten besser vor als Rupert Neudeck, der mit zweistelligen Millionensummen, die er allerdings nicht qua Geburt besitzt, sondern in der breiten Bevölkerung einsammelt, in den entlegensten Gebieten dieser Erde in unser aller Namen Menschenleben rettet.

Kulturen als Kapseln

Bevor das Osmanische Reich 1453 Konstantinopel eroberte, brachte der Handschriftenhändler Giovanni Aurispa 238 antike Manuskripte in Italien in Sicherheit. Dieser Wissensimport löste ein intellektuelles Erdbeben aus, dem wir erst die Erfindung der modernen Demokratie und die Entdeckung der Rechte des Menschen verdanken. Ohne Aurispa keine Renaissance, keine amerikanische Verfassung, keine Französische Revolution, keine Erklärung der Menschenrechte. Die demokratische Verfassung der Bundesrepublik Deutschland, das Grundgesetz, ist nicht zufällig an das politische Modell Amerikas angelehnt – und wurde 1949 eingeführt. Die amerikanische Verfassung wiederum verdankte sich einer hitzigen Debatte unter Intellektuellen und Politikern über die Ursachen des Untergangs der antiken Regierungsformen. Sie studierten die alten Texte, um eine Verfassung zu entwerfen, die allen bekannten Zerstörungen trotzen konnte. Was sie wollten, war ein System, das sich nicht erschöpfen ließ, einen Staat, welcher der Natur des Menschen Rechnung trug. Die Kenntnisse der amerikanischen Gründerväter über die Antike sind ohne die von Aurispa geretteten Manuskripte undenkbar.

Die in den Vereinigten Staaten entworfene Verfassung hat beinahe zweieinhalb Jahrhunderte überstanden. Aber für Menschen, die sich nicht für Politik interessieren, die sich von ihrer Gesellschaft lossagen, wurde sie nicht ausgelegt. Unsere geistige Verfassung ist der vielleicht größte Stresstest für unsere politische Verfassung.

Unsere Demokratie ermöglicht es, das Zusammenleben von achtzig Millionen Menschen ohne größere Schwierigkeiten zu organisieren. Diese unglaubliche Leistung nehmen wir als selbstverständlich hin. Doch die nihilistische Auffassung von der Gleichwertigkeit aller »Kulturen« – demokratischer wie diktatorischer –, die unserer politischen Verfassung jeglichen Wert abspricht, führt dazu, dass unser Wert relativiert wird. So manche Intellektuelle verachten die

»Doktrin« der Menschenrechte. Sie verweisen auf die lange Liste der kapitalen Missbräuche des Westens. Sie sehen keinen Unterschied darin, ob ein Staat im Namen einer Rassenideologie oder im Namen der Menschenrechte in den Krieg zieht. Die neuen Mythen werden von Denkern wie Giorgio Agamben erzählt, der so lange über »das Lager« der Nationalsozialisten nachdenken konnte, bis für ihn nicht nur die Grenzen zwischen Täter und Opfer verschwanden, sondern er auf die Einsicht verfiel, dass auch Demokratien ihre Lager eingerichtet hätten (»Guantanamo«), mit denen sie sich stabilisierten. Doch Gesellschaften stabilisieren sich nicht durch die Einrichtung von Konzentrationslagern, wie Agamben behauptet, sondern destabilisieren sich durch sie. Der moralische Tod Hitlerdeutschlands wurde durch das besiegelt, was Agamben als stabilisierenden Faktor identifiziert zu haben meint. Diese Form von Reflexion über den Holocaust hat etwas Widerwärtiges, das sich auch in der Deutung anderer Völkermorde wiederholt: die Scheinerkenntnis, dass es keinen wirklichen Schuldigen gibt, dass alle irgendwie Schuld tragen, man denke nur an die Bordelle und Spielcasinos im Warschauer Ghetto, an die Judenräte oder die muslimischen Bosnier, die ihre serbischen Angreifer »provoziert« hätten.

Unweigerlich fallen einem bei dieser Denkunschärfe die Worte von Leo Strauss aus der Einleitung von *Naturrecht und Geschichte* über das Verhältnis der Siegermächte zu Deutschland ein: »Es wäre nicht das erste Mal, dass eine im Feld besiegte und gleichsam in ihrer politischen Existenz vernichtete Nation ihre Bezwinger der vornehmsten Frucht ihres Sieges beraubt hätte, indem sie ihnen das Joch ihres eigenen Denkens auferlegte. (…) Die Mehrheit der Gebildeten, die noch an den Prinzipien der Unabhängigkeitserklärung festhalten, interpretiert diese Prinzipien (…) als eine Ideologie oder einen Mythos.«

Kosmopolitisches Denken unterliegt immer der Gefahr der Renationalisierung. Es ist heute teilweise gar nicht mehr nachvollziehbar, als welche Verräter die Intellektuellen während des Ersten Weltkrieges behandelt wurden, die nicht an ihr Land, sondern an die Menschheit denken wollten. Im Namen von Kultur, Volk oder Sprache gegen die politischen Forderungen der Menschenrechte oder die Globalisierung zu wettern ist eine Neuauflage des alten Verrätervorwurfs.

Das Einmalige an unserer politischen Verfassung ist, dass die Regierungen sich bemühen müssen, den Bedürfnissen und Wünschen der Bürger nachzukommen, während alle anderen Verfassungen mit den Bedürfnissen der Führungsriege bereits vollständig ausgelastet sind. Uns ist menschliches Leben nicht gleichgültig. Und wir haben eine politische Vision ausgeprägt, die in der Lage ist, Milliarden Menschen den Wert zu geben, der ihnen zusteht. Den Kampf um die Durchsetzung dieses Wertes dürfen wir nicht scheuen, es ist unsere Pflicht, ihn zu führen.

In keiner Debatte um unseren Wert wird die visionäre Kraft der Grundsatzentscheidung gewürdigt, die in unserer politischen Verfassung enthalten ist und die wir jeden Tag aufs Neue leben. Es ist die Entscheidung, den Menschen *kompromisslos* als etwas Wertvolles anzusehen. Welche politische Provokation diese Anerkennung für alle anderen politischen Regime darstellen muss, liegt auf der Hand. Humanität ist, global gesehen, eine Utopie, für die es sich mehr denn je zu kämpfen lohnt. Wenn die schwedische Regierung aufgrund der Menschenrechtssituation den Kampf mit Saudi-Arabien aufnimmt, ist sie mental weiter als die Bundesregierung, die diese Diktatur ernsthaft mit den neuesten Panzern beliefern will.

Wir sind eine Kultur unter vielen, und für einige Intellektuelle scheint es als ausgemacht, dass *jede* Kultur denselben Wert besitzt: Es gebe keine höheren oder niederen Kulturen. Der amerikanische Imperialismus in Nahost und die europäische Arroganz in Südeuropa jagen einigen Intellektuellen einen solchen Schrecken ein, dass sie unseren Wert nicht länger sehen. Es erscheint zynisch, aber tatsächlich wurde das Sterben von Menschen in den letzten Jahrzehnten mit der Begründung nicht abgewendet, was uns denn einfalle, ein Urteil über kulturelle Eigenheiten anderer zu fällen und uns einzumischen.

Wir sind deshalb zu einer Art Zuschauer geworden. Wir sind die wahren Gutmenschen. Denn wir finden uns mit jeder Realität ab, wie schlimm sie auch immer aussehen mag. Wir sind bereit, buchstäblich *alles* hinzunehmen. Die Wirklichkeit ist nun einmal, »wie sie ist«. Zu dumm, dass Realität nicht aus dem Nichts zusammenströmt, sondern dass sie gemacht wird – und zwar von uns Menschen. Während die Aufrichtigeren die Schrecklichkeit der Wirklichkeit »ertragen«, wird diese Wirklichkeit von den weniger Aufrichtigen geschrieben. Die großzügige Haltung der Wertfreiheit, weil Realität für erstere ohnehin nur etwas »ist« – und nicht gemacht wird –, hat zur Folge, dass die Welt durch letztere tatsächlich ärmer, skrupelloser, ohnmächtiger wird. Wertfreiheit bestätigt sich selbst, weil evident »ist«, dass wir ziemlich wertlos sind. Das intellektuelle Lager hat sich in zwei Flügel geteilt. Beide halten die Erosion des Geistes nicht auf. Der eine Teil hat Nietzsches Diktum vom Menschen als wertsetzendem Tier verinnerlicht und verfolgt seither das Ziel, uns das »Tier im Menschen« nachzuweisen und ihm seine selbst gesetzten Werte als relativistisch wieder zu entreißen. Er raubt dem Menschen unter dem Sturmbanner der »Wertfreiheit« in letzter Konsequenz den Wert, indem er ihn als Tier behandelt. Der andere Teil glaubt weiterhin eisern an den *obersten* aller menschlichen »Werte«: den Wert des Menschen selbst.

Kultur, so glauben wir, determiniere Denken, Fühlen und Handeln der Menschen. Je unterschiedlicher die Kultur, desto unverständlicher sind uns deren Anhänger. Wenn es um afrikanische, islamische oder asiatische Diktaturen und ihre Verbrechen geht, sind die Versteher ihrer kulturellen Eigenheiten nicht weit, die uns weismachen wollen, dass uns Urteile nicht zustünden.

Das ist der vorläufige Zenit des Kulturrelativismus. Wir glauben nicht an die eigene Bedeutung. Die milliardenschweren Konsummarken mitsamt einer im Herzen vereinsamten Bevölkerung (in dieser Reihenfolge) stellen irgendwie kein Vorbild mehr dar, das sich bewundern oder loben lässt. Die Rechte des Menschen, wie wir sie postuliert haben, scheinen zu verblassen angesichts all der Nachteile, die unsere Kultur mit sich brachte – angefangen bei der Naturzerstörung über die Misshandlung von Tieren bis hin zum Einfluss der Lobbyisten.

Einige werfen uns vor, die Globalisierung sprenge altehrwürdige Traditionen. Aber wie ehrwürdig ist eine Tradition, die ihren Anhängern den Wert abspricht? Wie viel Ehrfurcht müssen wir einem patriarchal geführten Staat entgegenbringen, der seine Bewohner verachtet und mit Massenvernichtungswaffen in Schach hält? Wenn Menschen sich aus ihrer althergebrachten Ordnung verabschieden, um in die Städte zu ziehen, muss das keine Folge der bösen Globalisierung sein. Wahrscheinlicher ist, dass sie sich vom Einfluss erpresserischer Clans und Stämme frei machen wollen. Menschen werden nicht von Wolken der Macht, von Kulturen, Sitten, Traditionen oder vom Koran regiert. Menschen werden immer von Menschen regiert.

Was ist so falsch an der Globalisierung, in der Menschen Handel betreiben und neue Märkte suchen, wie es schon die Hochkulturen der Antike getan haben? Die Globalisierung ist als Phänomen so alt wie die Zivilisationen, die Intellektuelle für ihr Fortkommen nicht vernichteten, sondern benötigten. Globalisierung ist nichts, wodurch wir andere Kulturen sich selbst entfremden. Ein einheitliches Recht und verschwindende nationale Grenzen als Gefahr zu sehen braucht schon eine Menge Ignoranz.

Menschen wollen und müssen hassen. Aber allzu oft entscheiden sie sich für den altvorgedachten, schablonenhaften Widerstand. Das ist das Drama unserer Tage. Wir wiegen uns allzu sicher in einem Hass auf den Kapitalismus. Wo ist eigentlich der Hass auf die Diktatur? Es fällt jungen Menschen heute leicht, gegen den Kapitalismus zu wettern. Gegen ihn wähnt man sich *per definitionem* auf der richtigen Seite. Aber ein Blick auf die lange Liste der Gegner des »Kapitalismus« – eigentlich verstecken sich dahinter die Phänomene des Handels und der Wertschöpfung – zeigt nicht gerade die integersten Gestalten. Die drei größten Massenmörder der Geschichte wussten sich einig im Kampf gegen den Kapitalismus. Der Hass auf den Kapitalismus stützt sich auf imposante Zahlen und Bilder wie aus der Zeit des Sklavenhandels, Zahlen und Bilder, mit denen die dezidiert antikapitalistische Geschichtsschreibung von Kommunismus und Nationalsozialismus locker mithalten konnte.

Nicht »die Globalisierung« zerstört Kulturen, sondern diese werden von Menschen zerstört, wenn sie in ihren Kulturen keine Bedeutung, sondern nur noch Grausamkeit erkennen. Sind wir wirklich Zerstörer von Kulturen, wenn jemand seine traditionelle Kultur aufgibt und sich für den Umsturz zu einer Demokratie einsetzt? Das gilt für den Westen wie für Afrika. Die Bekanntschaft mit unserem politisch festgeschriebenen Wert des Menschen muss »fremde Kulturen« provozieren. Was ist so verkehrt an mündigen Bürgern, die sich von ihren alten Bräuchen emanzipieren, wenn diese sie real gefangen halten? Die Ethnologen sprechen von Identitätsverlust. Aber der größte Irrtum besteht darin, in der Kernidee unserer politischen Verfassung kein überlegenes Identitätsangebot zu sehen. Unser politisches System ist kein unideologisches Gebilde, nur weil es uns Ideologiefreiheit lässt. Manchen von uns täte zumindest die Kenntnis der großen Ideen Demokratie und Menschenrechte gut. Nur weil einem selbst überlassen ist, was er oder sie denkt, ist das Gedachte noch lange nicht wahr. Globalisierung mag eine Gefahr für jemanden bedeuten, der *nur* Angehöriger eines Staates ist, jemanden, der viel Wert auf die Unterschiede und wenig auf die Gemeinsamkeiten der Menschen legt. Globalisierung ist in erster Linie die historisch einmalige Aussicht auf Humanität und die Durchsetzung der Rechte des Menschen.

Kulturen sind Schmelztiegel. Wann und wo immer zwei Kulturen sich berührten, haben sie sich vermischt. Wir sind heute zu ungeduldig, um diese Folge abzuwarten, und scheinen andere Kulturen sogar davor bewahren zu wollen. Den Begriff Kultur verwenden wir im Sinne einer Schutzkapsel. Die Metapher der Kapsel verleitet zu der Annahme, eine Kultur könne mit einer anderen kollidieren, was den Politikwissenschaftler Samuel Huntington veranlasst hat, ein jämmerliches Bild der Zukunft daraus zu stricken.

Das antike Rom verurteilte und verfolgte Juden und auch Christen, die aus dem von Jesus reformierten Judentum hervorgingen. Voller Abscheu blickten sie auf die eine Gottheit, die den Christen verbot, den vielen römischen Gottheiten Opfer darzubringen. In einer Zeit, als Steuerabgaben und politische Spenden sakralen Charakter besaßen, mussten die Römer Juden und Christen als Staatsfeinde betrachten. Das Insistieren auf einem einzigen Gott empfanden sie als bäuerliche Rückständigkeit. Was Christen verehrten, war für die Römer Zeichen von Primitivität. Weshalb übernahmen die Römer im 3. Jahrhundert n. Chr. dann aber ausgerechnet diese Religion?

Kulturen haben im Laufe der Zeit und zumeist *unvorsätzlich* ihre herbeikonstruierten Widersacher absorbiert. Kultur wird heutzutage verstanden als Kapsel, nicht wie früher: als Glanz. Zivilisationen haben auf diesem Planeten zwangsläufig sich mischende Grenzen. Kulturen sind in ihrem Gefüge stets im Werden begriffen. Ihre »Identität« ist nicht einfach da. Sie wird gemacht, erarbeitet und umgeschaffen. Nicht von anonymen Kräften, sondern von Menschen. Mit dem Mythos der Grundverschiedenheit von Kulturen ist es so weit her, dass sich noch jede Kultur innerhalb weniger Generationen in das verkehrt hat, was sie als ihren Gegensatz begriff. Ein islamisches Amerika ist weit wahrscheinlicher als der Kampf kollidierender Kulturkörper – das weitere Ausbleiben gesellschaftlicher Gelassenheit und die Verstetigung der Hysterie vorausgesetzt.

Die Nähe von Angehörigen unterschiedlicher Kulturkreise war nirgends so augenscheinlich wie in der Antike. Bezeichnenderweise gibt es im Altgriechischen keine vergleichbare Vorstellung von »Kulturen«. Alexander der Große veranlasste Massenhochzeiten zwischen Angehörigen seiner politischen Elite und persischen Barbaren. Die für europäisch gehaltenen Insignien der Macht, Krone und Zepter, entspringen just dem Großraum, der zentraler Schauplatz der Kreuzzüge war – veranlasst von den europäischen »Kronen«. Das Gerede vom Anderen, Fremden, Bedrohlichen hypostasiert eine beengende Atmosphäre der Andersartigkeit und Fremdartigkeit zwischen Menschen, die von Natur aus fehlt. Was sollen fremde Kulturen überhaupt sein, und welche Bedrohung soll von ihnen ausgehen?

Kulturen sind – wie Menschen – in der Wirklichkeit wesentlich vermischter, als wir uns das vorstellen. Bezeichnenderweise entstanden unsere Vorstellungen zu einer Zeit, als Deutschland sich für Kolonien zu interessieren begann. Der heute grassierende Eurozentrismus hat etwas Tragisches: Während er vor hundert Jahren vielleicht tatsächlich Millionen Menschen vor der räuberischen Ausbeutung der Europäer hätte bewahren können, ist er heute ein intellektueller Komplize des Krieges gegen die Menschheit. Worin soll die traditionelle »Kultur« eines Patriarchats, geschweige denn eines Diktators, bestehen?

Die Wartehalle der Schwarzfahrer

Was sind wir Menschen? Die Medien ziehen die Antworten aus Statistiken hervor. Diese Statistiken bestehen aus ganzen Bergen von Daten. Je mehr Daten, desto näher glauben wir dem zu kommen, was wir *sind*. Nicht auf die Höhen und Gipfelleistungen eines Einzelnen kommt es bei statistischen Erhebungen an, sondern auf die Mittelwerte und Ausschläge nach unten. Das Interesse für das Allgemeingültige und besonders Verwerfliche überlagert das Außergewöhnliche. Aus Statistiken lässt sich vielleicht eine Tendenz zum Nationalismus oder Rassismus ablesen, aber keines der Phänomene, die uns interessieren sollten, wie Genie, Schönheit oder Größe. Mittelwerte enthalten vielleicht eine Aussage darüber, wie wir durchschnittlich »sind«, aber sie schweigen sich darüber aus, wie gut wir werden könnten. Statistische Werte besitzen für uns symbolische und zwingende Kraft. Wie es ermittelt wurde, so soll es sein.

Wenn unsere Motive statistisch ermittelt werden, dann werden möglichst viele Motive erfasst und möglichst viele Menschen befragt. Unter der Last der Datenmengen bricht dann endgültig zusammen, was wir ein Ideal nennen. Journalisten stürzen sich auf die spektakulären Abweichungen nach unten, die Forscher bewerten das Mittelmaß. Aber keiner schert sich wirklich um Ideale. Statistiken verleiten dazu, aus sich selbst einen Maßstab zu machen. Die Quantität der Masse ist das, woran wir Menschen messen. Aber für das Streben nach Schönheit kann eigentlich das, was ist, nicht wirklich bedeutsam sein. Große Menschen haben sich nie an dem orientiert, was ist, insbesondere dann nicht, wenn die Realität ihnen nicht genügte. Im Gegenteil, Genies setzten immer schon in die Welt, was sie darin vermissten. Sie haben die Phantasie, um nicht an der Wirklichkeit zugrunde zu gehen. Aber nicht, um sich in eine fiktive, bessere Vorstellungswelt zu flüchten, sondern um mit Vorstellungskraft die Welt zu verändern.

Aus Statistiken geht nicht hervor, wie wir handeln könnten, sondern wie wir handeln. Moralische Gipfelstürmer werden als naiv weggelächelt. Dieser Ansatz beansprucht, realistisch zu sein. Damit wird Realität zu Brutalität. Wenn wir jemandem sagen, er solle »realistisch« sein, dann raten wir eigentlich, sich nichts vorzumachen. Der Begriff Realität enthält schon fast den Imperativ »aufzuwachen«. Er suggeriert eine tiefe Abneigung gegen jeden Hauch von Idealität. Was wir Ideal nennen, gilt als Fiktion, während Realität grundsätzlich nicht fiktiv ist.

Warum interessieren wir uns überhaupt für statistische Mittelwerte? Viele halten die Antwort für selbstverständlich. Aber mir ist das nicht klar. Warum gilt die gesamte Konzentration, gerade die von Forschung, Intellektuellen, Politik und Medien, immer nur den Mittelwerten oder den Ausschlägen nach unten? Was ist mit den Ausschlägen nach oben? Da werden Schlammvorstellungen vom Menschen und seinen Taten entworfen.

Unsere Gesellschaft ist überzeugt davon, dass Menschen zuallererst ihre eigenen Interessen verfolgen. Man gibt sich überrascht von den Helden, die dann wider Erwarten in die Fluten springen, sich vor Busse werfen, ja, ganze Kriege verhindern, *wenn es darauf ankommt* (in der experimentellen Ermittlungssituation kommt es selten darauf an). Wir sind aufrichtig überrascht von einer Vielzahl von Menschen, die den Wahnvorstellungen von unserer Realität nicht so ganz entsprechen.

Beim Nachdenken über das beste Handeln stößt man auf die tiefe Unwilligkeit, sich selbst zum idealen Verhalten zu zwingen. Wir fragen uns kaum je, was das Schönste, Beste oder Großzügigste wäre, was wir in unserem Leben tun können. Warum? Weil andere es nicht tun. Was nützt es, wenn ich das Beste tue und alle anderen schlecht bleiben? Ein Trugschluss, der allen Fällen unterlassener Hilfeleistung zugrunde liegt.

Humboldt hat vielleicht die Grenzen der Welt gesehen. Wir müssen die Grenzen des Menschen erkunden. Wo liegt unsere größte Beschränkung? Unser größtes Hindernis? Es schwingt nach einem langen Tag in der Frage mit, was man eigentlich hätte tun sollen. Die meisten Menschen kommen mit dieser Frage dahinter, dass sie eigentlich pausenlos Getriebene sind und nichts so machen, wie sie es sich wünschen. Aber nicht, weil sie sich in der Gewalt einer Himmelsmacht sehen, sondern aus reiner Bequemlichkeit stellen sich die meisten von uns diese Frage schlicht nicht. Einmal angenommen, jemand sitzt in einer Besprechung. Er langweilt sich. Aber sorgt er dafür, dass die Besprechung endet? Nein. Er steht die Zeit durch. Die meisten Menschen fragen sich in Situationen, die ihnen unangenehm sind, nichts. Sicher, manche werden unhöflich und wütend. Sie hassen oder kritisieren. Aber eines tun sie nie, nämlich sich die Frage zu stellen: *Was ist das Schönste, das ich in dieser Situation tun kann?*

Die Antwort erzählt, was wir an einem »langen« Tag hätten tun können. Menschen könnten wunderbare Dinge tun. Die meisten Menschen leiden nicht unter einer schweren Kindheit oder einem schlimmen Chef. Sie haben geheime Leiden, die sich in Dingen äußern, die nur miserabel interpretiert oder unterschätzt werden. Die versteckten Leiden haben damit zu tun, sich selbst nicht als schön zu empfinden. Die wenigsten ahnen, dass sie nicht an ihrer Biographie oder unverarbeiteten Traumata leiden, sondern daran, dass sie ihre Handlungen als hässlich wahrnehmen. Sie wissen gar nicht, wie sie dagegen ankommen können. Die Frage nach der schönsten Handlung stürzt alles um. Was ist schöner als ein Mensch, der die Schönheit seiner Handlungen gebiert?

Welche Schönheit können wir selbst in auswegloser Lage noch in die Welt setzen? Seltsamerweise leben wir in einer Epoche, die um diese Frage herumirrt, weil sie den Glaubenssatz aufgestellt hat, dass es so etwas wie Schönheit nicht gibt und sie für jeden etwas anderes sei. Aber ohne diese Frage bleibt das Leben wertlos: Was könnte ich aus Schönheit tun? Welche Ereignisse der Schönheit will ich verantworten?

Unsere Vorstellung von Realität wird verheert von brutalen Einzelfällen, während rühmliche Ausnahmen den daraus folgenden Pessimismus selten noch grundsätzlich erschüttern können. Fast scheint es, als verfüge das Schlechte und Verwerfliche über einen unmittelbaren Draht zu unserer Seele. Als Menschen verhalten wir uns grundsätzlich nach den Vorstellungen, die wir uns von der Wirklichkeit gemacht haben. Nur halten wir diese Ideen in der Regel nicht für imaginär, sondern für real. Fragen wir jemanden, warum er es unterlässt, sich aus den Zwängen zu befreien, die sein Leben zermalmen, verweist er darauf, andere täten es ja auch nicht. Diese Strategie, die eigene Passivität mit Mutmaßungen über Dritte zu rechtfertigen, erinnert an die 22 Mitglieder der NSDAP, die 1963 im Frankfurter Auschwitzprozess gefragt wurden, warum sie keinen Widerstand geleistet hätten. Der moderne Mensch wartet ab, was andere machen. Alle warten ab.

Der Mensch ist ein Geschöpf, das auf Beispielgebung *wartet*. Wir sind angewiesen auf die Denkmäler für besonders großartige und schöne Handlungen. Die beste Medizin ist, das eigene Handeln nachahmenswert zu gestalten. Das ist eine nagende Botschaft: Im Laufe der Geschichte kam es immer wieder auf einzelne Menschen in einer Weise an, die die Mauern unserer engen Vorstellungskraft sprengt. Die Verantwortung, die auf den Schultern Einzelner lag, die die Welt tatsächlich veränderten, treibt Normalsterbliche regelmäßig zur Verzweiflung. Hätte es einige wenige in der Geschichte der Menschheit nicht gegeben, die das, was vermeintlich war oder vermeintlich möglich war, schlicht übergingen, würden wir heute noch in der Wildnis leben und Gazellen jagen.

Das Ausbleiben einzelner schöner Taten scheint dazu führen zu können, dass Millionen Menschen das Falsche tun. Den meisten fehlt schlicht die Gabe, sich ihre Möglichkeiten vorzustellen. Wenn in einem Erdbebengebiet die starken Vorbilder fehlen, kann das schnell zum Kollaps der staatlichen Zentralgewalt führen. Wir unterschätzen, dass wir ideal handelnde Menschen immer und überall brauchen, aber wohl nirgends so sehr wie in der Politik.

Es kommt auf Einzelne in unserer Geschichte dermaßen an, dass viele das als Zumutung empfinden und nur vorsichtig beginnen, die Abhängigkeit zu reflektieren. Im Negativen gab es vorsichtige Vorstöße, sich die Bedeutung von Gavrilo Princip, des Attentäters von Sarajevo, das den Ersten Weltkrieg auslöste, für das 20. Jahrhundert klarzumachen. Doch es ist bezeichnend, dass die Wirkmächtigkeit einzelner Menschen am Beispiel eines serbischen Nationalisten diskutiert wurde, dessen Tat Millionen den Tod brachte, nicht an einem Beispiel für politische Schönheit.

Wir besitzen keine adäquate Theorie für die Wirkmächtigkeit einzelner Menschen. Naturgesetzlichkeiten für die Wirkung einzelner Menschen zu formulieren scheitert an der Unwissenheit über Auftreten und Ausbleiben von Ausnahmeerscheinungen. Die Kettenwirkung menschlichen Handelns lässt sich wissenschaftlich zertreten wie Schnee. Es misslingt zumindest gegenwärtig, verlässliche Theorien über die Wirkung Einzelner zu formulieren. Die Bedingungen für bemächtigendes und eingreifendes Handeln bleiben in der Regel im Dunkeln. Anstatt an unsere Möglichkeiten als Menschen zu appellieren, werden sie zumeist im Sinne der eigenen Ohnmachtsgefühle heruntergespielt. Das menschliche Handeln verwischt sich, während die Betriebsamkeit der Städte, Kriege oder Fabriken den Eindruck erwecken, der Gang der Geschichte könne auf den einzelnen Menschen verzichten.

Wir sind im Besitz einer Vorstellung von der Realität, die dann wiederum unser Verhalten anleitet und die Wirklichkeit auch so oder ähnlich ins Bild setzt. Wenn wir die Macht unserer Vorstellungen über die Wirklichkeit einmal verstanden haben, wird auch die Notwendigkeit deutlich, sich dem Studium des Besten zu widmen. Wir haben immer eine dumpfe Ahnung davon, was dieses Beste sein könnte oder wo wir es suchen müssen. Viele bestreiten die Existenz von Ausnahmeerscheinungen, sie werden als Phänomene nicht von allen Menschen in der Weise anerkannt wie etwa die Schwerkraft. Für uns bleibt unklar, was ein Wohltäter ist, weil sich schon in der oberflächlichsten Diskussion immer jemand findet, der die Existenz des Guten bezweifelt oder sich davon bedroht fühlt. Sich davon bereits verunsichern zu lassen und schließlich davon abzurücken, sicheres Wissen auf diesem Gebiet zu erwerben, verhindert, dass wir einen Maßstab für das finden, was wir tun sollten.

Was die dominierende Vorstellung der Realität intellektuell injiziert, ist ein Betäubungsmittel namens Ohnmacht. Anstatt uns darauf zu besinnen, etwas zu tun, berufen wir uns darauf, nichts tun zu *können*. Aber wenn unsere obsessive Suche nach Sicherheit uns blind macht für all das, was möglich ist, sollten wir vielleicht für einen Augenblick nach etwas anderem als Gewissheiten suchen.

Danach gefragt, warum jemand in einer Schlüsselsituation nicht eingegriffen hat, erwidert er sinngemäß: »Ich konnte nicht!« Menschen tun nicht, was sie für *ungewöhnlich, schön oder außergewöhnlich* halten, sondern was sie für normal und mittelwertig halten. Aber Schlüsselsituationen sind in der Regel nicht normal, und sie verlangen gerade deshalb nach ungewöhnlichen Taten. Da hilft die Außergewöhnlichkeit literarischer Vorbilder dann doch weiter als statistische Gewissheiten. Einmal darauf hingewiesen, dass Wirklichkeit nicht zwangsläufig so brutal und schlecht ist, wie sie in der Phantasie mancher erscheint, handeln Menschen überraschend anders. Es ist erstaunlich zu beobachten, wie wir uns unserer eigenen Wirksamkeit bewusst werden, wenn jemand an der Schraube »Realität« dreht. Wenn der Aktionsradius nicht um das Gegebene kreist, sondern um das, was sein könnte, tut sich Überraschendes. Wenn Möglichkeiten in Sichtweite geraten, rosten die Sicherheiten. Die Vorstellungsgrenze von der Macht der eigenen Handlungen ist eine elastische Grenze. Es kommt auf den Anspruch an, den wir an diese, unsere Handlungen stellen. Mit Träumen beginnt die Wirklichkeit.

Wirklichkeit als Vorstellung und Tendenz

Die Wirklichkeit der Welt muss immer interpretiert werden. Was wirklich ist, muss durch das Medium unserer Vorstellungen hindurch und dort entschieden werden. In letzter Konsequenz bedeutet das: Wirklichkeit wird gemacht. Weil Wirklichkeit mehrdeutig ist, legen wir sie auf Vorstellungen fest. Für die, die meinen, Wirklichkeit sei eindeutig, entscheiden andere, was Wirklichkeit ist – nicht sie selbst.

Wir reagieren nicht nur auf die Welt, wir reagieren auch unaufhörlich auf uns selbst, darauf, wie wir agieren. Es gehört zu den demütigendsten Erfahrungen überhaupt, nicht tun zu können, was man eigentlich tun will. Oder zu tun, was man eigentlich nicht tun will. Aber woher kommt dieses Bewusstsein davon, was man tun und lassen will? Wir empfinden tatsächlich in allen Lebenslagen den Wert unserer Handlungen. Um es in der gängigen Sprachregelung auszudrücken: Wie manche Tiere einen Instinkt für Nord- und Südpol besitzen, so besitzt der Mensch einen Sinn für Schönheit. Wir fühlen in jedem Moment instinktiv, ob das, was wir tun, schön ist oder nicht. Dieses Gefühl lässt sich nicht abschalten. Es ist immer da und sendet Hintergrundimpulse. Manche ignorieren sie, andere verklären sie. Aber dass wir in jedem Moment unseres Lebens einen Sinn für die Schönheit besitzen, ist eine Tatsache.

Was wir auch tun, wir stehen immer in einem bestimmten Verhältnis zu dem, was wir tun. Wir haben immer eine Meinung dazu, ob wir das jetzt gut oder schlecht finden. Dieses Selbstverhältnis ist immer schon da. Wenn ich jemanden vor Wut über eine Beleidigung anschreie, finden wir das intuitiv ziemlich hässlich, wenn da nicht etwas mich sogar ablehnt. Das Gefühl von Hässlichkeit, die Reaktion auf eine Reaktion, tritt nicht nur bei Handlungen auf. Sie begleitet verblüffenderweise alles, was wir denken, fühlen und tun. Wer sich fragt, ob das, was er gerade dachte, schön ist, bemerkt, dass ihm die Antwort darauf immer schon eineindeutig vorliegt. Der Sinn für Schönheit mag uns nicht bewusst sein, aber er begleitet uns tagtäglich durch alle unsere (Misse-)Taten. Der Mensch ist nicht nur ein *wert-, er ist ein schönheitsempfindendes Wesen.*

Wir verhalten uns permanent zu unserem Verhalten. Dieser Sinn mag uns mit uns selbst entzweien. Aber Entzweiungen, gerade wenn sie, wie hier, zur menschlichen Natur gehören, lassen sich nicht rückgängig machen. Es gibt nur den Weg nach vorne, die Möglichkeit, uns mit ihnen in Einklang zu bringen. Diese Auffassung verbirgt sich auch hinter dem Begriff *Identität,* Identität dessen, was man tut, mit dem, was man tun will. Wenn wir das, was wir tun, für wünschbar halten, sind wir Herr im Haus. Größe heißt nicht, wie Nietzsche meinte, fähig zu sein, Menschen etwas anzutun. Größe ist das Herrwerden über die eigenen Impulse. Größe ist die Fähigkeit, sich gegen sich zu stellen und aufzulehnen. Was immer wir tun, wir müssen darauf achten, wie wir zu dem stehen, was wir tun. Darin liegt eine Möglichkeit, Herr im eigenen Haus zu werden und mit sich in Einklang zu kommen. Es geht darum, das Gefühl, das einen zu dem überkommt, was man denkt, fühlt und tut, *nicht zu ignorieren.* Wir mögen nicht immer steuern, was wir denken, oft auch nicht, was wir fühlen und tun, aber wir verhalten uns immer dazu.

Jeder Mensch hat unzählige Wünsche. Aber die wenigsten sind sich bewusst, wie widerwärtig sie manche der Wünsche finden, die sie täglich antreiben. Es ist ein entscheidender Unterschied, einen Wunsch nicht nur zu haben, sondern ihn auch haben zu *wollen.*

In der Seele des Menschen herrscht eine *innere Gravitation,* die allerhand Wünsche von sich stößt, aber nur wenige anzieht. Diese Gravitation ist der Schlüssel. Den entscheidenden Gedanken liefert Kierkegaard am Rande einer Erläuterung über Freundschaft. »Welches ist das sichere Kennzeichen der Freundschaft? Das Altertum antwortet: *idem velle, idem nolle, ea demum firma amicitia*«. – »Dasselbe wollen, dasselbe nicht wollen, erst das ist feste Freundschaft.«

Genau um diese Freundschaft geht es. Nicht nur etwas zu tun, sondern es auch tun zu wollen. Und umgekehrt nur das zu tun, was man wirklich tun will oder schön findet. Ich möchte dazu anregen, das Wort »Selbstfindung« im Sinne von Selbstbewertung zu verstehen: »Wie finde ich mich?« Was halte ich von dem, was ich tue? Das Urteil darüber führt auf direktem Weg zu einer Vision, wie wir gerne wären. Selbstfindung enthält im Deutschen die Nebenkonnotation, sich selbst einzuschätzen. Es geht darum, eine Vorstellung davon zu entwickeln, wie man sein will. Und wir alle denken viel zu selten darüber nach, wie wir sein wollen. Nicht nur im Privaten, sondern gerade auch im öffentlichen Leben treibt uns eine gefährliche Gedankenlosigkeit an.

Aussagen wie die, dass wir ohnmächtig seien, besitzen bestenfalls feststellenden, aber keinen zwingenden Charakter. Wer im Menschen nach der Strenge von Naturgesetzen sucht, wird nicht weit kommen. Zwingender »Realismus« steht dem entgegen, was wir uns vorstellen können. Es gibt eine Menge Abfahrten vom Highway der düsteren Realität. Das gilt nicht nur für Antworten darauf, wie und was der Mensch vermeintlich ist, sondern auf nahezu jedem Gebiet. Ob Flüchtlingspolitik, Fremdenhass, Außenpolitik oder Umweltschutz – die meisten scheinen nur darauf zu warten, dass da jemand abfährt von den denkerischen Schnellstraßen.

In der Einsicht, dass wir es sind, die die Wirklichkeit bestimmen, liegt die Chance, diese Wirklichkeit zu ändern. Was auf dem Grund unserer Weltempfindungen liegt, ist das Gespür für unser Potenzial, für das, was wir werden können, selbst wenn wir es bislang nicht sind. Der erfrorene Mensch der Moderne neigt dazu, das Nachdenken über seine Potenziale – weil überflüssig – als ästhetisch einzustufen. Es hat viel mit Schönheit zu tun, wenn wir darüber nachdenken, wie die Welt sein könnte. Aber dieses Nachdenken ist weit davon entfernt, nur ästhetisch zu sein. Schönheit ist, wie Kierkegaard erkannte, in einer Welt ohne Wunder zutiefst ethisch. Rupert Neudecks Rettung von Zehntausenden Menschen war nicht nur ethisch richtig. Sie war schön. Die Verhaftung von Massenmördern wie Mladic, Milosevic und Karadzic war nicht nur ethisch geboten. Diese Verbrecher vor ein Gericht zu stellen und ihnen den Prozess zu machen war etwas Schönes. Gerechtigkeit ist etwas strahlend Schönes.

Schönheit mag kurz vor dem Übertritt ins Lexikon der ausgestorbenen Wörter stehen. Nicht wenige assoziieren mit dem Wort

Laufstegschönheiten und Oberflächlichkeit. Aber ist das Schönheit? Gibt es da niemanden, der eine zweite Welt heraushört? Goethe ließ sich über eine Art von Denker aus, der ein ganz besonderes Verhältnis zum Leben hat: »Dieser behandelt Schönheit so, wie Entomologen mit Schmetterlingen umgehen. Er fängt das arme Tier, nagelt es fest, und nachdem dessen prächtige Farben verblichen sind, liegt nur noch ein lebloser Körper aufgespießt da. Und das nennt sich dann Ästhetik.« Dies gilt auch für jene Kunst- und Theaterkritiker, die immer verständnislos vor dem stehen, was das Zentrum für Politische Schönheit veranstaltet, weil es nicht in ihre Theorien passt. Am radikalsten war in dieser Sache Heinrich Böll, als er Rupert Neudeck mit diesen Zeilen aus Deutschland verabschiedete: »Es ist schön, ein hungerndes Kind zu sättigen, ihm die Tränen zu trocknen, ihm die Nase zu putzen. Es ist schön, einen Kranken zu heilen. Ein Bereich der Ästhetik, den wir noch nicht entdeckt haben, ist die Schönheit des Rechts. Über die Schönheit der Künste, eines Menschen, der Natur können wir uns halbwegs einigen. Aber – Recht und Gerechtigkeit sind auch schön, und sie haben ihre Poesie, wenn sie vollzogen werden.«

Die Ausrichtung unseres Handelns am Sinn für Schönheit zahlt sich durch Selbstzuneigung aus. Wir müssen verwirklichen, was wir sein könnten. Potenziale entfalten eine Kraft über unser Leben, die es entscheidend steigert. Und wir müssen uns für einige dieser Potenziale entscheiden. Es gibt eine Vielzahl von Tendenzen. Der Mensch ist durch und durch Tendenz. In einem ontologischen Sinn ist er nicht schlecht, kriminell oder kaltherzig. Ontologisch repräsentiert er diese Eigenschaften neben allen anderen als Seinsmodi. Aggressivität waltet unbestreitbar in uns. Aber siedelt in uns nicht ebenso Versöhnung, Liebe, schlechtes Gewissen und Selbstverachtung? Es ist nicht feststellbar, was wir per se *sind*. Es ist nur feststellbar, was wir sein *könnten*. Die Entscheidung darüber, was wir sind und sein wollen, müssen wir persönlich verantworten.

Die Bestimmung des Menschen

Alle Theorien, die uns etwas über den Menschen erzählen wollen, arbeiten mit einem bestimmten Menschenbild. Jede wissenschaftliche oder gesellschaftliche Meinung über uns – auch wenn sie sich für noch so wertfrei hält – schreibt dem Menschen einen Wert oder Unwert zu. Jedes Bild, das wir uns von uns selbst machen, schätzt und stuft uns in einer gewissen Weise ein. Niemals bleibt es – auch nur im entferntesten Sinne – neutral.

Die einen setzen die Höllenhaftigkeit der Gesellschaft voraus. Manche Menschenbilder können den Ekel des Erfinders vor sich selbst kaum verbergen. Nur wird er im Bild selbst auf die Natur des Lebens verlagert. Das Gefühl der Sinnlosigkeit, behauptet beispielsweise der französische Philosoph Jean-Paul Sartre, sei eine Eigenschaft des Daseins und der Welt. Aber wie sinnvoll könnten unser Dasein und die Welt eigentlich sein? Andere Denker unterstellen, beim Menschen handele es sich um das bedeutsamste kosmische Ereignis überhaupt. Schriftsteller haben über Jahrtausende ihre Vorstellungen von uns Menschen in Büchern hinterlegt. Viele von uns halten diese Vorstellungen für übertrieben, antiquiert oder unbrauchbar. Wir glauben daran, dass Sozialforscher oder Neurobiologen auf der richtigeren Spur sind als ein Nabokov, ein Balzac oder antike Philosophen. Aber bereits die Untersuchungsmethode bestimmt, ob wir etwas Besonderes oder Schönes im Menschen sehen oder nicht.

Was Philosophen auf der einen Uferseite leugnen, wird auf der anderen beschworen: die Wirkmächtigkeit des Individuums. Resignation kämpft gegen die Schönheit des Wirkens, Ohmacht gegen die Kraft des menschlichen Willens. Was die eine Theorie vernichtet, konturiert die andere: den Wert des Menschen. Entweder der Mensch besitzt einen Wert, und es lohnt sich, um ihn zu kämpfen, oder aber der Mensch ist nur ein Tier, zufällig, ohne freien Willen, wertlos, ohne Unterschied, ob er existiert oder nicht. Die Erfahrung der totalen Kontingenz.

Durch jede Theorie *ist* der Mensch nicht, sondern er *wird*. Wir verhalten uns nach den Vorstellungen und Überzeugungen vom Menschen, die sich zutiefst in unserer Seele abgelagert haben. Wenn diese Vorstellungen nicht schön, sondern hässlich sind, zwingen sie uns, uns entsprechend zu verhalten. Keine einzige Vorstellung von uns Menschen ist dabei eine reine Feststellung von Tatsachen, vielmehr stempelt sie uns zu etwas. Sie bewirkt in unserem Inneren, was sie nach außen vermeiden will: ein Urteil über den Wert, eine Wertung – und sei es in Form von Wertlosigkeit. Keine noch so wertfreie Theorie kann sich dem Mechanismus entziehen, dass Menschen sich durch eine suggestive Vorstellung vom Menschen entsprechend zu verhalten beginnen. Entweder verblasst der Wert des Menschen durch ein gewisses Menschenbild, oder dieses Menschenbild konturiert ihn. Während wir über Jahrtausende im Weltbild vieler Denker hochgehalten wurden, erleben wir heute unsere Relativierung. Wir sind in das Zeitalter unserer Bedeutungslosigkeit eingetreten.

Im Menschen einen vernünftigen Willen zu sehen entfaltet eine Eigendynamik. Den Denkern, die sich einem Regime vermeintlicher Tatsachen verschreiben, entgeht diese Eigendynamik, die wir für ein gutes Leben brauchen. Der Respekt vor uns selbst entfaltet eine neue, eine zweite Welt, die besser ist als die ursprüngliche. Mit Sicherheit sind wir in der Lage, ohne Respekt vor uns selbst zu leben. Das belegen schon die zahllosen Diktaturen. Aber die Frage ist, ob Menschen, wenn ihre Vorstellungen vom Menschen sie dazu zwingen, sich selbst oder andere zu verachten, ohne den Respekt vor sich und uns allen auch *gut* oder schön leben können. Das Gute und das Schöne betrachtet die Wissenschaft als Wertungen. Aber Achtung bringt dieses Gute ganz offensichtlich hervor. Viele Wissenschaftler wollen beides vermeiden: Respekt und Wertung. Wer von jemandem berührt wird, für den er aufrichtig Achtung empfindet, der übernimmt eine Vielzahl der Eigenschaften und Handlungen dieses Menschen. Das kann eine Lieblingsbar sein, eine Getränkesorte, ein Buch oder ein Hobby. Der junge Soldat Ferdinand begegnet in Célines

Reise ans Ende der Nacht der Amerikanerin Lola. Ferdinand bringt dieses Phänomen auf den Punkt, wenn er in seiner unnachahmlichen Art bekennt: »Lola hat mich neugierig auf die Vereinigten Staaten gemacht.«

Was wir in der Liebe erfassen, der Zauber der Flammen, die auf alles übergreifen, was der Geliebte berührte, dieser Brand greift auch über auf den Menschen, den wir respektieren. Aber heute glauben wir, bei Respekt und Ehrfurcht handele es sich um Zufallserscheinungen und unsere Vorstellungen und Ansichten hätten damit wenig bis nichts zu tun. Heute stößt es uns zu, jemanden zu respektieren (oder zu lieben). Wir erleben, dass wir unseren Gefühlen ausgeliefert sind. Viele Philosophen hingegen glaubten, um diesen Respekt müsse man sich bemühen. Menschen in ihrem Wert anzuerkennen führe nicht nur dazu, die Welt sinnvoll zu machen, sondern auch zu einer Form von Entlastung.

Es klingt allzu simpel: Wertschätzung bringt uns zu den Dingen, die die Menschheit bereichern. Wert bereichert, aber das Wertvolle empfinden wir nicht in Untätigkeit. Wert und Schönheit hängen organisch mit unseren Vorstellungen darüber zusammen, wie der Mensch angeblich ist. Das Gefühl der Ehrfurcht stößt uns nicht zu, wie viele glauben. Es ist das Bild, das wir uns von uns Menschen machen, das es zulässt oder verweigert. Es liegt in unserer Hand, den Menschen – und damit uns alle, den Einzelnen eingeschlossen – als wertvoll zu erleben.

Wie viel haben wir in den letzten Jahrhunderten durch die Relativierung des Menschen auf dem Kontinent des Geistes und der Phantasie verloren? Die großen Dichotomien von Individuum und Gesellschaft, »Außenwelt« und »Innenwelt«, Natur und Kultur, Hobbes' Kriegszustand in unseren Seelen und Darwins Kampf ums Dasein starren vor arktischer Kälte. Was wir brauchen, ist ein Paradigmenwechsel bei der Betrachtung des Menschen. Die Frage der menschlichen Werthaftigkeit ist empirisch nicht zu entscheiden. Wir müssen uns zu dieser Werthaftigkeit bekennen, und schon verwandelt sich auch die vermeintlich brutale Realität und Empirie in einen Garten Eden. Das Bild, das wir von uns Menschen haben, determiniert, *wie* wir andere und uns selbst sehen, mit ihnen oder uns umgehen – und wie wir uns entweder alle vergiften oder bereichern. Dieses Bild präjudiziert den Wert unseres Lebens.

Wir brauchen Menschen. Nicht, um uns vor uns selbst in Sicherheit zu bringen, sondern aufgrund unserer sozialen Natur. Weil wir uns *von Natur aus* mit anderen verbunden fühlen. Theorien und private Überzeugungen mögen das leugnen, ein einsamer Mensch wird trotzdem immer nach seinesgleichen schreien. Das Leben anderer ist die Voraussetzung für das, was wir *menschlich* nennen. Ein deutscher Philosoph hat das vor zwei Jahrhunderten auf schier unbegreifliche Weise in einen einzigen Satz gefasst: »Sollen überhaupt Menschen sein, so müssen es mehrere sein!«

Der Schriftsteller Max Frisch prophezeite einmal: »Auch der Düsenjäger wird unser Herz nicht einholen. Es gibt, so scheint es, einen menschlichen Maßstab, den wir nicht verändern, sondern bloß verlieren können.« Dieser menschliche Maßstab, den auch die überlegenste Weltraumrakete, der schnellste Computerchip, das weltumspannendste digitale »Netzwerk« nicht verändern werden, sind andere Menschen. Sie sind die Bedingung für Humanität, mögen einige Sozialforscher oder Psychotherapeuten auch noch so sehr propagieren, das Zusammenleben entkräfte und verletze uns nur. In Wirklichkeit brauchen wir genau dieses Zusammenleben, um überhaupt Mensch zu sein.

Eines unserer innersten Bedürfnisse ist es, menschlich zu sein. Jeder sucht nach einem Weg, human zu handeln. Das übersehen Politiker, Wissenschaftler und Journalisten gerne, die glauben, nicht nach Ratschlägen, sondern nach Erkenntnissen handeln zu müssen. Ohne einen Rat, wie wir human handeln können, verzweifeln wir. Nirgends lässt sich dieser Rat so sichtbar machen wie im Politischen. Und genau dort herrschen Ratlosigkeit und Unbarmherzigkeit. Verzweifelnde Ratlosigkeit macht manchen von uns vielleicht glauben, seine Existenz sei wert- oder die Welt sinnlos. Aber der Mensch trägt in sich die *Bestimmung zur Humanität*. Wenn es ihm gut gehen soll, muss er schön handeln. Und das bedeutet, er darf sich in seiner Mitmenschlichkeit nicht selbst – und schon gar nicht durch seine Vorstellungen – hemmen, sondern er muss ihr nachgehen. Wenn Menschen vor unseren Augen tagtäglich im Mittelmeer ertrinken oder in Mossul gehenkt werden, dann können wir das nur um den Preis des Verlusts unserer Menschlichkeit »aushalten«. Humanität ist ein kostbares Gut, und dieses Gut stellt gewisse Forderungen an uns. Es ist natürlich sinnvoll, nicht nur aufs Mittelmeer zu schippern und die ertrinkenden Menschen aus dem Wasser zu ziehen. Politisches Denken und politisches Handeln implizieren als Allererstes die Frage, warum die meisten Menschen überhaupt so verrückt sind, über das Mittelmeer und nicht auf dem Landweg »in Sicherheit« zu fliehen. Was die militärische Abriegelung der Außengrenzen der Europäischen Union angerichtet hat und jeden Tag neu anrichtet, beginnt der größte Teil der Öffentlichkeit gerade erst zu verstehen. Dafür sind Politiker verantwortlich. Wir können und sollten sie für ihre Taten niemals aus der Haftung entlassen. Es sind keine anonymen Strukturen, die zum Aufbau von Frontex geführt haben. Wir leben in einem transparenten politischen System. Abstimmungsergebnisse lassen sich nachvollziehen, Verantwortliche in Entscheidungsketten lassen sich identifizieren. Es sind Einzelne, die mit einem unbedingten und fanatischen Willen zur Inhumanität dazu übergegangen sind, die jahrhundertealte Tradition abendländischer Humanität in eine monströse Fratze zu verwandeln. Diese Menschen dürfen nicht ungeschoren davonkommen. Sie gehören vor ein Gericht gestellt. Und nur dann, wenn wir über die »Schreibtischtäter« dieser Welt richten, nur wenn wir Thomas de Maizière und die oberste Riege des Bundesinnenministeriums nicht davonkommen lassen mit dem Satz »Man kann ohnehin nichts tun!«, besteht überhaupt Hoffnung auf Besserung.

Humanität braucht Menschen, die unser aller Wert zu einer Frage ihrer Ehre machen, Menschen, die diese Untätigkeit als Niederlage der Humanität nicht nur empfinden, sondern auch zutiefst persönlich nehmen. Es geht um eine Niederlage, von der man sich nicht erholen kann, solange sie andauert. Die Hinterbliebenen der russischen Invasion Tschetscheniens im Jahr 1999 werden in ihrem Kampf um Gerechtigkeit völlig alleingelassen. Wir müssen ihnen beispringen. Sich ergeben oder aufgeben kommt nicht infrage. Den menschenverachtenden Vorstellungen eines Diktators nicht den Krieg zu erklären wird sich immer rächen.

Die humanitäre Bestimmung des Menschen fordert von den einen mehr als von den anderen. Wir sind eine arbeitsteilige Gesellschaft. Und gerade der Kampf um die Menschlichkeit, der Kampf um ihre Verteidigung lässt sich arbeitsteilig organisieren. Wir sind dazu nicht nur in der Lage, wir müssen es tun. Zu glauben, wir könnten Menschen auf der Flucht aufhalten, ist eine Illusion. Wir müssen ihnen helfen. Und zu glauben, wir könnten sie ertrinken und sterben lassen, ist noch verrückter als die Vorstellung, unsere Grenzen abzuriegeln und schon sei das politische Problem von Diktatoren, die ihre eigene Bevölkerung bombardieren, gelöst.

Mit der Aktion des Zentrums für Politische Schönheit »Die Toten kommen« haben wir dieses Europa nicht nur vor sich selbst erschreckt, sondern auch das Getriebe der Bürokratien mehrerer Länder gestört, die Toten schnell zu begraben. Die verstorbenen Einwanderer wurden anonym verscharrt. Ich bin dankbar, dass ich Zeuge des Wunders werden durfte, dass gegen alle Regeln der Wahrscheinlichkeit, gegen alle politischen Widerstände, zwei europäische Einwanderer nicht nur zu Menschen zurückverwandelt wurden, sondern ihre Ermordung auch gesehen wurde und viele Mitmenschen ehrlich betroffen machte. In Berlin ragen jetzt Grabstelen aus dem Boden, die als Todesort »Internationales Gewässer« vermerken.

Epilog
Der Herzschlag des Nihilismus

Wenn Menschen am Ende des 21. Jahrhunderts danach fragen, wo Rat und Vorbilder abgeblieben sind, werden sie auf die nihilistische Demagogie unserer Vorstellungen stoßen: dass wir unsere eigenen Motive auf den Geschlechtstrieb oder auf traumatische Erfahrungen reduziert, den freien Willen geleugnet, den Neoliberalismus beschuldigt und Humanität zum naiven Traumtanz verklärt haben. Es ist nichts Ehrliches daran, den Menschen zu verabscheuen – jedenfalls nichts Ehrlicheres, als ihn zu bewundern.

Jede Zeit hat ihre Demagogen. Aber diesmal ist vieles anders: Unsere Agonie ist total. In der Theorie ist Humanität der wichtigste Grundsatz der westlichen Denktradition. Aber im realen Leben trichtern uns Demagogen tagtäglich die Hässlichkeit des Menschen ein. Wir legen uns mit unserem eigenen toxischen Menschenbild in Ketten. Es sind die Vorstellungen von unserem Inneren, die ein Wesen nahelegen, das wir nicht sein wollen. Vormittags pflichten wir dem Zeitungskommentator bei, dass alle Menschen gleich seien und gleiche Rechte genössen, nachmittags finden wir nichts Unaufrichtiges daran, dass für drei Viertel der Menschheit Visumszwänge bestehen, die sie daran hindern, sich auf diesem Planeten frei zu bewegen. Wäre es nicht unsere Pflicht, unsere Politiker darauf zu verpflichten, die Achtung des Menschen global durchzusetzen?

Wir müssen uns entscheiden. Jeder Einzelne muss sich bekennen. Was wir brauchen, ist keine Demokratie, die Staatsbürgerschaft aufgrund von territorialen Geburtsortskriterien vergibt. Wir brauchen Bürger, die sich zu ihrer, zu unser aller Werthaftigkeit bekennen und bereit sind, für diese Überzeugung Opfer zu bringen. Wenn man den Satz wirklich ernst meint, dass alle Menschen gleiche Rechte besitzen, dann dürfen die Menschen, die gerade geboren worden sind, in ein paar Jahren das Wort »Visum« gar nicht mehr verstehen. Für die

Probleme, die das »Visum« angeblich lösen soll, haben wir längst andere und wirkungsvollere Instrumente (wie etwa die Arbeitserlaubnis).

Unsere politischen Verfassungen setzen die Würde jedes Menschen voraus. Rechtspraktisch setzen sie aber nur den Wert der Staatsbürger ins Werk – nicht den Wert aller Menschen. Das Recht auf seelische Unversehrtheit, das Recht auf Entfaltung, Bildung, Gesundheit, nicht zuletzt das Recht auf Glück, diese Elementarrechte entstammen der Naturrechtslehre. Aber genau genommen handelt es sich nicht um Rechte, die sich aus unserer Wirklichkeit ableiten lassen. Es gibt eine Menge Menschen, die gedemütigt, vergiftet und ausgehungert werden. Es gibt kein göttliches oder in diesem Falle natürliches Gesetz, das uns vor diesen Taten beschützt. Dennoch verstehen wir intuitiv, dass es falsch wäre, einem Baby seine Würde abzusprechen. Weshalb? Die Antwort auf diese Frage liegt in der menschlichen Natur. Die Begründung dieser Rechte lässt sich an unserem Sinn für Schönheit ablesen.

Es wäre verständlicher, statt von Naturrecht von *Potenzial*recht zu sprechen. Wir besitzen die Veranlagungen zu Liebe, Wachstum, Vernunft, aber auch zu Frieren, Gewalt und Wut. Das Baby vereint das Potenzial, ein Mensch zu werden. Aber es wird nicht gelingen, Menschlichkeit nachzuweisen, solange sie nicht verwirklicht ist. Wir haben das Potenzial, wertvoll zu sein. Vor Jahrtausenden entdeckt und durch die Zeit überliefert, führte das Wissen um diese Potenziale schließlich zum *Schutz der Menschheit*. Die Menschenrechte blieben, als Gott starb. Der beste Weg, um die Gültigkeit der Lehre zu bestätigen, ist es dagegen, bleibende Beweise für unseren Wert zu schaffen. Wenn wir die Rechte des Menschen verteidigen wollen, dürfen wir uns nicht auf dem Erreichten ausruhen, sondern müssen jeden Tag aufs Neue unsere Werthaftigkeit *beweisen*.

Manche misstrauen den Menschenrechten, weil sie nicht auf der Macht beruhen, sich selbst (in ihren Worten: »von Natur aus«) durchzusetzen. Sie verstehen Rechte als Eroberungen. Aber sie ignorieren, wie kriminell Unmenschlichkeit jedem von uns vorkommt. Dass sich keine Regierung in der Geschichte (und keine Religion) dauerhaft legitimieren konnte über einen anderen Wert als Menschlichkeit. Wer immer ihn preisgab, tat dies um den Preis seiner Zukunft. Vergessen scheint das Wort eines französischen Denkers des 19. Jahrhunderts, dass das wichtigste Produkt, das aus dem Bergwerk kommt, der Bergmann ist. Die Tatsache, dass es Unternehmer gibt, die darüber anders denken, sollte uns beunruhigen und zum Handeln zwingen – nicht verwirren. Eines steht fest: Ohne ein klares Bekenntnis unserer Intellektuellen zur Humanität verspielen wir unsere Zukunft.

Einer, der diese Notwendigkeit vor über dreißig Jahren erkannt hat, ist der französische Philosoph Bernard-Henri Lévy. Er wird die Welt verlassen, ohne ein nennenswertes »großes« Buch geschrieben zu haben. Aber er ist der Émile Zola unserer Zeit: ein Intellektueller, der unerschütterlich Präsenz zeigt bei den Armen und Entrechteten. Kritiker werfen ihm vor, dass er Kriegsgebiete in weißen Hemden mit gebügelter Kragenweite durchschreitet. Dabei wird gerne vergessen, dass Lévy wenigstens dort war, während andere europäische Intellektuelle in den gleichen weißen Hemden in Pariser Cafés sitzen blieben. Das Obszöne ist nicht das gleißend weiße Hemd von Lévy, der im belagerten Sarajevo vor serbischen Scharfschützen in Deckung geht und unter Lebensgefahr Solidarität zeigt. Infam ist der Neid, der ihn vom Kaffeehaus für seine Anteilnahme und Größe angreift. Nicht wenigen gut betuchten Intellektuellen wurde erst durch die Fotos von Lévy klar, dass da in den entlegenen Steppen der europäischen Peripherie Kriege toben, die aber ihrer Anteilnahme nicht würdig sind.

2011 entbrannte in Deutschland die Frage, ob man denn zum Sturz des libyschen Diktators Gaddafi die Rebellen Libyens unterstützen dürfe oder ob damit erneut der Geist des Terrorismus gefüttert werde. Während die deutschen Intellektuellen nur darüber debattierten und in obskurer Weise zu bedenken gaben, wer diese Rebellen eigentlich seien, flog Lévy schlicht hin. Ich werde nie vergessen, wie er auf der Treppe eines Jets im befreiten Bengazi sein kurzes Statement in die Kameras sprach: »Ich habe gerade den Rebellenrat getroffen und werde jetzt meinem Präsidenten empfehlen, diese wundervollen Widerständler im Kampf gegen einen Diktator zu unterstützen.« Dann hastete er mit der gebotenen Eile ins Flugzeug, die Tür ging zu, und das Flugzeug hob ab. Keinen Monat später beseitigte die NATO auf Betreiben Frankreichs einen Diktator. Lévys waghalsiger Stunt, die französische Gesellschaft der Überzeugung zu versichern, dass die Rebellen in Bengazi im Krieg zwischen dem Islam der Aufklärung und dem Islam der Finsternis auf ersterer Seite stehen, war eine schöne Tat. Niemand wagt danach zu fragen, welche Bedrohung auch für Europa einem Gaddafi entwachsen wäre, der – ähnlich wie der syrische Diktator Assad – nicht gestürzt worden wäre.

Welcher deutsche Intellektuelle hat in den letzten zwanzig Jahren den belagerten, unterdrückten und bedrohten Menschen dieser Erde seine Anteilnahme ausgedrückt, indem er ihre Todesgefahr teilte? Welcher Intellektuelle hat ihnen versprochen, dass sie vom deutschen Volk nicht nur gesehen werden, sondern dass es alles daransetzen wird, die an ihnen begangenen Verbrechen zuoberst auf die politische Tagesordnung zu setzen? Die Rolle eines Intellektuellen besteht unter anderem darin, einer Gesellschaft ihre falschen Sorgen und Ängste zu nehmen. Wenn er es durch sein Werk zu Wohlstand gebracht hat, sollten ihm die stolzen, befreiten und verängstigten Menschen in Bengazi ein Flugticket wert sein. Während viele Schriftsteller nur über die Orte des Schreckens diskutieren, ist ein Bernard-Henri Lévy dort. Er ist einer der Denker, die das Gefühl ihrer Verantwortung für das Abrutschen dieser Welt nicht nur spüren, sondern die sich davon auch antreiben lassen.

Intellektuelle müssten von der Öffentlichkeit ständig daran erinnert werden, dass sie im höheren Auftrag der Menschheit stehen. Wenn nicht einmal die Intellektuellen die Interessen der Menschheit vertreten, wer dann? Sie könnten die Verteidigung der Menschheit organisieren und die Weltpolitik zum Eingreifen bewegen. Politiker machen sich im besten Falle für die eigene Bevölkerung stark.

Lévy gibt offen zu, einen Krieg zu führen. Es ist ein Krieg der symbolischen Handlungen zur Herstellung von Gerechtigkeit. Er sucht die Schäden, Kränkungen und Verhöhnungen der Opfer wiedergutzumachen – und damit nicht zuletzt unsere eigene Untätigkeit. Er will die Welt nicht retten, wie er sagt, sondern reparieren: »Denn sie liegt in Trümmern, immerzu.« Er setzt sich dafür ein, die Existenz des Bösen anzuerkennen. Das Böse wird niemals aus der

Welt verschwinden. Und deshalb müsse es angegriffen, ihm der Krieg erklärt werden. Lévy führt den Krieg angriffslustiger, unerbittlicher und unnachgiebiger als die meisten Humanisten. Demokraten muss es um politische Kompromisse gehen. Aggressiven Humanisten geht es um Gerechtigkeit.

Ohne ein klares Bekenntnis dazu, Menschen vor verbrecherischen Diktatoren zu schützen, wird mit jedem Menschenleben unsere Menschlichkeit und unser Anspruch auf eine humane Zukunft mitvernichtet. Das deutsche Grundgesetz erlegt den staatlichen Institutionen mehr Pflichten auf, als man meinen könnte. Auf den berühmten Eingangssatz über die Unantastbarkeit der Würde des Menschen folgt der weniger beliebte Nachsatz: »Sie zu achten und zu schützen, ist Verpflichtung aller staatlichen Gewalt.« Nicht Menschenrechtler, sondern ausdrücklich die staatliche Gewalt sahen die Väter des Grundgesetzes in der Pflicht, die Würde des Menschen zu schützen. Die Schlüsselfrage ist dabei die territoriale: Wo ist die Würde zu achten? Muss alle staatliche Gewalt die Würde des Menschen nur innerhalb der deutschen Staatsgrenzen schützen? Wo endet die Staatsgewalt innerhalb der Grenzen der Europäischen Union? Wo endet sie bei einem Einsatz chemischer Waffen gegen ganze Stadtviertel?

Meiner Einschätzung nach stehen wir vor der wichtigsten Entscheidung in der Geschichte der Menschheit. Politisch haben wir die Humanität durch die Erklärung der Menschenrechte vorformuliert und konstituiert. Jetzt ist es an der Zeit, sie in unser Handeln zu übersetzen. Nicht ein blindes Bekenntnis zur deutschen Sprache oder zu *unserer* Kultur, sondern *das Bekenntnis zum Menschen* muss die Initialzündung sein, die wir als Gesellschaft benötigen. Wir müssen darüber aufgeklärt werden, welche politische Macht das Denken und die Vorstellungen über uns Menschen entfalten können und längst entfaltet haben. Wenn wir uns Menschen durch das Glas der Begriffe Triebe, Hormone, Akteur, Psyche oder Gewalt sehen, stellt sich schnell die Überzeugung ein, wir seien die Mühen gar nicht wert. Damit öffnen wir erst den Abgrund, der auch künftige Generationen von der eigenen Sinnlosigkeit überzeugen wird. Wenn wir über den Wert des Menschen verhandeln, steht nicht weniger als unsere Zukunft auf dem Spiel, politisch wie persönlich.

Wir können uns vorstellen, dass das menschliche Bewusstsein nichts anderes sei als Triebe und Chemie. Aber diese Vorstellung unterschlägt, dass der menschliche Geist von Bedeutung sein *könnte!* Wer glaubt, dass unser geistiges Erbe am Ende sei, vergisst, welche Möglichkeiten Menschen grundsätzlich haben. Eine Epoche voller großartiger geistiger Entdeckungen ist möglich. Aber nur dann, wenn wir selbst an uns glauben.

Wir leben in der Theorie gewordenen Unfähigkeit, die Welt des Menschen zu begreifen. Unser Alltag verläuft wesentlich humaner, als alle »wissenschaftlichen« oder philosophischen Theorien es zugestehen. Es herrscht ein schwerwiegendes Ungleichgewicht zwischen unserem nihilistischen Selbstverständnis und der Humanität, die im politischen Innenraum der Demokratie längst verwirklicht wurde. Noch siebzig Jahre nach Hitler herrscht das intellektuelle Grundgefühl, es gebe gar keine universellen Werte und die Menschenrechte seien lediglich der Versuch, mit schönen Worten unsere hässlichen Interessen zu kaschieren.

Die Ideale, die zur Entstehung der heutigen Demokratien geführt haben, werden gerade wieder im allzu bekannten Hexenkessel des Relativismus gekocht. Wir ignorieren schlicht, dass der Wert des Menschen, der Wert der Humanität unserer gesamten politischen Ordnung zugrunde liegen. Unsere Demokratien sind ein Werk der Aufklärung. Die Verbrechen des Nationalsozialismus verlieren ihre aufrüttelnde Kraft, sollten die Menschenrechte keine universellen Werte mehr darstellen. Durch den gegenwärtigen Nihilismus lassen sich alle Menschenmorde, gerade auch die, die sich an unseren eigenen Grenzen ereignen, intellektuell neutralisieren.

Die Idee der Menschenrechte ist nicht absolut. Sie herrscht nicht derart über uns, dass niemand sie missachten könnte. Wir sehen, wie Menschen andere Menschen umbringen. Es scheint den Massenmördern des 20. Jahrhunderts nichts ausgemacht zu haben, Millionen Menschen zu vernichten. Carl Schmitt, der führende Rechtsphilosoph der NS-Diktatur, prägte den Ausspruch, das Böse lebe lange, sehr lange. Wie ist das möglich, wenn Menschen doch das Wichtigste sind? Wir müssen lernen, es als einen Fluch zu betrachten, gegen den Wert des Menschen verstoßen zu können. Aber der Glaube, dieser Wert besitze deswegen keinerlei Durchsetzungskraft, ist dennoch ein Irrglaube. Unsere Bestimmung zur Humanität fordert deren Erfüllung schon in unseren Gefühlen und Grundstimmungen.

Menschen sehnen sich nach Humanität. Wann immer sie gegen die Gebote der Menschlichkeit verstoßen, verstoßen sie in merkwürdiger Weise gegen sich selbst. Viele wissen nicht, dass es Alternativen zu ihren Auffassungen gibt. Dass seit Jahrtausenden ein ideengeschichtlicher Kampf darum tobt, wie der Mensch gesehen werden kann und sollte. Viele sind dem Sicherheitsversprechen einer nihilistischen Demagogie erlegen. Was uns am meisten fehlt, ist ein Bekenntnis zur Möglichkeit unseres menschlichen Wertes – und die Suche nach Wegen, die uns dorthin führen.

Die Wirklichkeit verhält sich ambivalent zur Frage dieses Wertes. Je nach Ort, Zeit und Betrachtungsweise lesen wir verschiedene Antworten ab. Aber statt Beweise zu suchen, wo es keine Eindeutigkeit gibt, sollten wir die Antwort einfach selbst geben. Jeder von uns. Wir können uns unseren Wert nur schwer geben lassen. Die deutschen Fußballer tun das für den Hauch einer Sekunde und werden dafür abgöttisch geliebt. Aber wenn nicht wir uns unseren Wert geben, wer dann? Sich der Frage nach dem Wert des Menschen zu stellen bedeutet noch mehr. Die Auseinandersetzung mit dieser Frage verdeutlicht unsere ganze Hilflosigkeit. Diese Frage brennt in uns allen. Woran es fehlt, sind nicht die Antworten. Woran es fehlt, ist der Wille, diese Antworten selbst zu geben. Darin liegt eine Bedeutung, die wir nicht länger leichtfertig übergehen können.

Der Blick in die Vergangenheit zeigt uns, dass es Einzelnen gelungen ist, ihre Privilegien nicht nur zu legitimieren, sondern etwas höchst Wertvolles aus ihrem Leben zu machen. Ziehen wir einzelne Menschen ab, stürzen ganze Türme der Schönheit in der Menschheitsgeschichte ein. Die Geschichte zeigt uns die Möglichkeit, etwas bedeuten zu *können*. Was geschieht, wenn ich einfach annehme, dass die Menschen, denen ich begegne, wichtig sind? Wenn ich in die Welt rufe: »Es macht einen Unterschied, ob es dich gibt!« Wer diese Annahme wagt, und dazu dürfte heute viel Mut und Überwindung gehören, bemerkt, wie sehr Menschen das zu schätzen wissen. Die Wertschätzung der anderen vorauszusetzen ist für niemanden so wichtig wie für die Jugend. Die besten Lehrer sind jene, die sich ihre Schüler als Menschen *vorstellen,* die wichtig sein werden – für die Forschung, für die Wissenschaft, für die Zukunft. Das Talent eines jeden guten Mentors ist es, seinen Schützlingen zu vermitteln, dass *sie* den Unterschied machen. Wenn nicht sie, wer dann?

Was ist, wenn das, was einige Denker mit der Sinnlosigkeit des Lebens verwechseln, eigentlich dazu gedacht war, den Menschen *herauszufordern?* Wir müssen uns legitimieren. Innere Leere ist der Anstoß, wertvoll zu werden. Sinn lässt sich nicht »haben«, er wird gemacht.

Menschen, die nicht glauben, dass es auf sie ankommt, stoppen keine Rassisten, die durch die Straßen ziehen. Menschen, die nicht glauben, dass es auf sie ankommt, werfen sich nicht auf einen Terroristen, der sie bedroht. Ein amerikanischer Historiker bemängelte schon bei den Anschlägen des 11. September 2001 das Verdrängen der offensichtlichen Passivität der Crews und der Passagiere in drei der vier Flugzeuge. In dem Flugzeug, das auf ein abgelegenes Feld in Shanksville, Pennsylvania stürzte, muss etwas grundsätzlich anderes vorgefallen sein. Wir tendieren dazu, Milliarden in Sicherheitstechnik zu investieren, damit noch nicht einmal mehr eine Nagelfeile in ein Flugzeug geschmuggelt wird. Aber wir vernachlässigen die Schärfung der Reaktion in Momenten der Gefahr. Die Reaktion des Einzelnen, seine Geistesgegenwärtigkeit vor einer Zugtoilette, ist im Zweifelsfalle immer wichtiger als alle Versuche, Flughäfen sicherer zu machen. Wir werden niemals derart »sicher« leben, dass es auf das Verhalten des Einzelnen nicht ankommt. Die Milliardenausgaben für unsere »Sicherheit« – die Verschandelung ganzer Innenstädte mit der Hässlichkeit von Zäunen, Kameras und Leibwächtern – stehen in einer kausalen Relation zu dem Gefühl, dass es auf den Einzelnen nicht ankommt. Es kann nicht darum gehen, Teppichmesser an Flughafenschleusen zu finden. Es geht darum, wie jeder von uns darauf reagiert, wenn er sich einem Anschlagsversuch gegenübersieht.

In der Aktion des Zentrums mit dem Titel »Kindertransporthilfe des Bundes«, mit der wir 55 000 Kinder vor Assads genozidaler Kriegsführung in Sicherheit bringen wollten, gibt es eine Urszene, die die politische Heldin der Rettungsmission – die amtierende Bundesfamilienministerin – verändert hat. Im »Appell an die deutsche Nation« verrät sie, wo sie damit konfrontiert wurde: »Für mich war der 11. März 2014 der Tag, an dem ich aufgerüttelt wurde. An dem Tag veröffentlichte UNICEF einen Bericht mit dem Titel ›Unter Belagerung: Die verheerenden Auswirkungen von drei Jahren Konflikt in Syrien auf die Kinder‹. Die darin geschilderten Schicksale und Verbrechen ließen mich nicht mehr ruhig schlafen. Als Mutter, als Mensch und als Mitglied der Bundesregierung machte mich dieser Bericht, von dem ich durch das Radio erfuhr, sehr betroffen.«

Hunderttausende Ingenieure, Beamte, Krankenschwestern hören Morgen für Morgen Radio. Was sie da hören, beeinflusst das kollektive Bewusstsein nachhaltiger, als Medienmachern bewusst sein dürfte. Der Bericht, den ein Journalist seiner Gesellschaft erstattet, kann Lebensentscheidungen umstürzen. Mir fehlt die Phantasie aller Berufsgruppen dieser Erde. Aber ich weiß, dass es auf die Phantasie jedes Ingenieurs ankommt, der mit berstenden Flüchtlingslagern an der jordanisch-syrischen Grenze konfrontiert wird. Tag für Tag. Ich weiß, dass er Fähigkeiten besitzt, die die Welt von Millionen auf eine Weise verändern kann, die nur schwer verstehbar ist. Der entscheidende Auslöser ist dabei der Glaube eines bescheidenen Ingenieurs, dass es auf ihn ankommt. In diesem Sinne dürfen wir die Macht von Menschen niemals unterschätzen. Das Morgengespräch im Radio, zufällig aufgeschnappt, kann aus einer unbedeutenden Ministerin eine entscheidende Vorkämpferin gegen die Verbrechen einer totalitären Diktatur machen.

Die Möglichkeit der eigenen Bedeutungslosigkeit ist genau dies: eine Möglichkeit. Bei der Misere der menschlichen Situation handelt es sich weniger um transzendentale Nachlässigkeit als vielmehr um eine unmittelbare Aufforderung. Wir sollen uns wertvoll machen. Und wir können dabei radikaler vorgehen als jemals zuvor in der Geschichte. Wir sollten das finden, was unser Tun wertvoll macht. Es ist der Anspruch jedes menschlichen Tuns, *wertvoll zu sein*. Zu wenige lösen diesen Anspruch heute ein. Nicht, weil sie scheitern, sondern weil sie den demagogischen Nihilismus unseres Zeitalters als Rechtfertigung nehmen, nichts tun zu können. Uns wurde die

Begabung mitgegeben, die Welt in Schutt und Asche zu legen. Aber wir besitzen auch die Fähigkeit, sie zu beschützen und mit Außergewöhnlichkeit und Schönheit zu bereichern.

Es führt ein Weg von unseren Seelen zu unserer Politik. Es ist eine magische Straße, die wir freilegen können. Blicken wir für einen Moment in die Straßenschluchten einer deutschen Großstadt. Wie können die Menschen so vor sich hin hetzen? Wie können sie durch den Tag gehen, wenn sie wissen, dass Hunderte Millionen Menschen leiden? Nach all dem, was passiert ist. Wie können sie aufrichtig den gestorbenen Michael Jackson beweinen und nicht sechs Millionen tote Kongolesen? Aristoteles hatte dafür einen Namen: *mikropsychia*. Kleingeistigkeit konzentriert und beschränkt Menschen auf sich selbst. Selbstbezogenheit ist eine Krankheit. Im Kleinen zeigt sich der große Staat. Er läuft hier überall herum, der große Staat, versprengt in seine 80 Millionen, fein säuberlich abgeschotteten Einzelteile. Historiker werden einst an unserer Zeit wenig Großzügiges und Wohltätiges erkennen können. Nur die nackte Barbarei der Privatheit. Wie können wir nicht reagieren? Tun wir also etwas, auf dass es besser wird. Tun wir etwas, auf dass die Menschen eines Tages zu sehen vermögen, dass die Qualität ihrer privaten Freiheit abhängt von *ihrer* Politik. Wir müssen alle lernen, Politik privat zu nehmen, persönlich verletzt und getroffen zu sein von dem, was wir nicht tun.

Wir brauchen Menschen, die jetzt einen Akt politischer Schönheit vollbringen. Wir brauchen Menschen, die einen Akt der Solidarität leisten. Und wenn sie damit nur feststellen: »Wir sehen euch. Wir schauen jetzt nicht weg. Wir sind auch entsetzt.« Wer glaubt ernsthaft, dass die Mautpläne der Bundesregierung der bestimmende politische Konflikt des Jahrzehnts sind?

Was, wenn der westliche Umgang mit dem nicht westlichen Weltteil stärker auf den Zustand unserer Seele wirkt, als wir wahrhaben wollen? Wenn durch uns Millionen Menschen ertrinken, verhungern und ausgebombt werden, eröffnet sich uns nur eine Perspektive: die der Unehre, die uns allen aufgebürdet wird aufgrund des Leids unserer Mitmenschen. Wie sollen wir stolz auf unsere Zeit sein, wenn wir zwar die Möglichkeit haben, Millionen Menschen vor dem

Tod durch Hunger und Krankheiten zu bewahren, wir diese Möglichkeit aber nicht nutzen? An dieser Bruchstelle in unseren Bemühungen um die Menschheit wird sich jetzt zeigen, ob es uns gelingt, unseren Wert zu statuieren und zu manifestieren. Die Menschheit ist nicht einfach da. Sie muss jeden Tag gesehen, gehalten und verteidigt werden. Die Humanität des Abendlandes – sie bleibt ungesichertes Territorium.